JN437292

개정판

알기 쉬운 세계경제

배기형 · 배영순 · 단지위 공저

도서출판 두남

불법복사는 지적재산을 훔치는 범죄행위입니다

저작권법 제97조의 5(권리의 침해죄)에 따라 위반자는 5년 이하의 징역 또는 5천만원 이하의 벌금에 처하거나 이를 병과할 수 있습니다.

개정판 머리말

본서는 학생들이 세계경제를 보다 쉽게 접근할 수 있도록 최근의 신문자료를 추가, 보완하여 세계경제와 관련된 용어는 물론 중요한 기본 개념들을 충실히 이해하고 이를 응용할 수 있도록 구성된 강의 교재이다. 세계경제의 흐름과 국제무역 및 국제금융 등을 중심으로 다루었으며, 세부적으로는 최근의 인공지능, 블록체인 등의 내용을 추가하여 좀 더 깊이 있는 내용을 담았다.

이를 위해 본서는 다음 몇 가지 점에 유의하여 저술하였다. 첫째, 비전공자가 세계경제를 쉽게 이해하고 응용할 수 있도록 평이하게 서술하였다. 둘째, 세계경제의 이론들이 현실 속에서 어떻게 적용되는 지를 사례 분석과 정책 문제에 많은 부분을 할애하여 현실과의 괴리감을 줄였다. 끝으로, 인공지능과 블록체인 등을 보완하여 향후 세계경제의 트렌드를 강조하였다. 많은 자료들은 언론사, 기업연구소, 외교부, 대한상공회의소 등에서 세계경제와 관련된 자료들을 수집하는데 많은 도움을 얻었다. 특히 본서의 참고내용은 언론사들의 내용을 많이 참조하였다.

특히 이 책을 만들기까지 뒷바라지를 맡아 주신 도서출판 두남의 전두표 사장님과 이승구 상무님을 비롯한 편집부의 여러분들에게도 진심으로 감사를 드린다.

저자들 나름대로 이 책을 준비하여 출판하게 되었지만 미흡한 부분이 있으리라고 생각한다. 앞으로 강의와 연구를 통해 보다 더 나은 책으로 발전할 수 있도록 노력할 것이다.

2019년 2월

군자관에서 저자들

차례 Contents

제 4 장 환율 / 85

제 5 장 국제경제기구 / 119

제 6 장 경제통합 / 133

제 1 장 세계경제의 트렌드

1. 세계무역의 추이[1)]

2005~2016년 기간의 세계수출 추이는 [그림 1]에 나타나듯이 2005~2008년 기간에는 연평균 15.6%의 증가율을 기록하였으나 2009년 -23.0%로 급격하게 감소하였다. 특히 세계금융위기의 기저효과에 힘입어 2010~2011년 기간 동안 세계 수출은 연평균 21% 증가하였으나 2012~2014년에 정체 상태(연평균 1.2% 증가)를 나타내다가 2015년과 2016년에는 전년대비 각각 12.5%와 3.1% 감소한 것으로 나타났다(2006년 1조 달러, 2008년 1조 5천억 달러, 2009년 1조 달러 미만, 2011년 1조6천억 달러, 2015년 1조 4천억 달러, 2016년 1조 2천억 달러).

세계무역이 둔화되면서 그동안 세계 경제성장의 견인차 역할을 해왔던 무역의 기능이 약화됨에 따라 세계무역이 GDP에서 차지하는 비중은 2005년의 22% 수준에서 2008년에는 25% 수준까지 상승했으나 2009년 세계금융위기의 여파로 크게 하락한 이후 2010년 이후 다시 반등했다. 하지만 세계무역의 GDP 비중은 2011년에 하락세로 반전된 이후 2015년에는 2005년과 비슷한 22% 수준까지 떨어졌다.

---

1) KIEP, 세계무역 둔화의 구조적 용인분석과 정책 시사점, 연구보고서 17-08, 2017.

▌그림 1▌ 세계 수출의 연평균 증가율(2006~16)

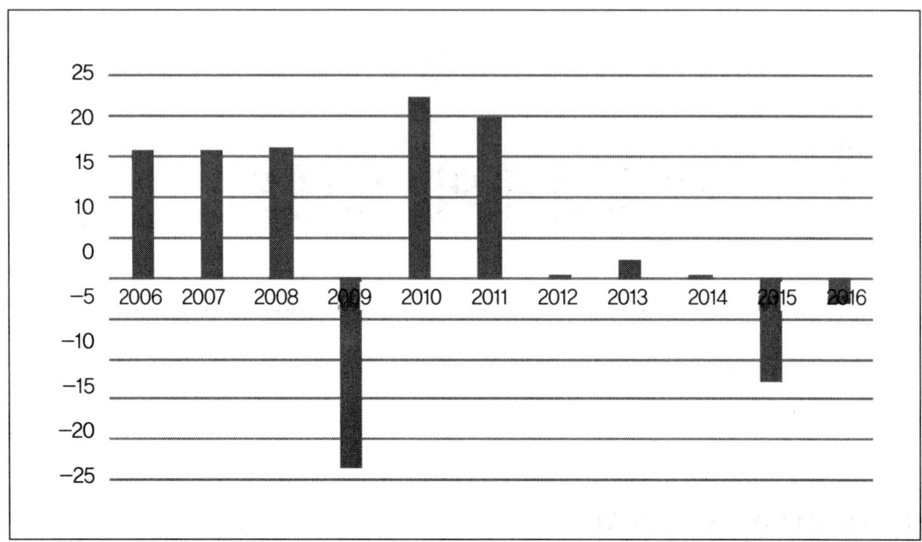

자료: IMF, Direction of Trade Statistics(DOTS), http://data.imf.org/?sk=9D6028D4-F14A-464C-A2F2-59B2CD424B85&ss=1390030109571(검색일: 2017. 4. 6).

▌그림 2▌ 세계 무역의 GDP 비중 추이(2005~15)

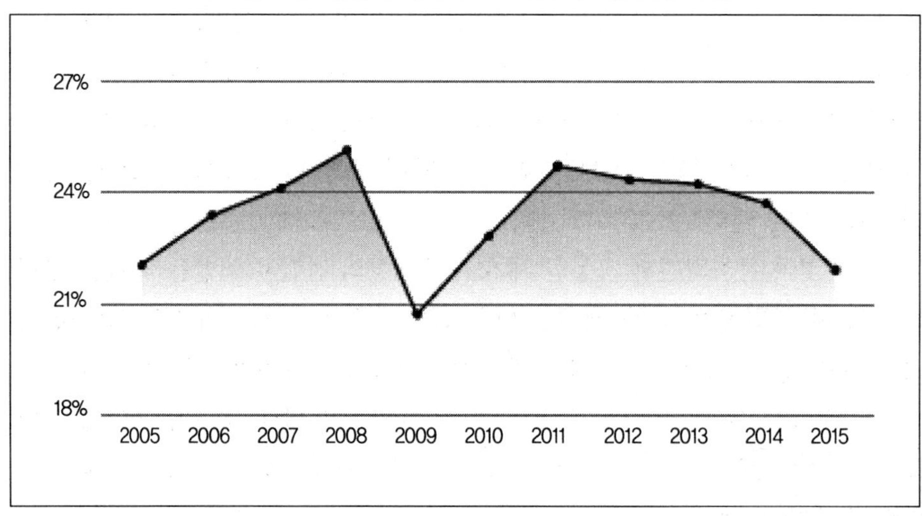

주: 세계수출입 평균치를 GDP로 나누어 산출.

이처럼 세계무역이 거의 10년 가까운 기간 동안 답보 상태에 빠져 있는 것은 매우 이례적인 현상이다. 이는 2009년 미국의 금융 불안으로 인한 세계금융위기에서 출발했지만 그 이후로도 EU의 재정위기가 해소되지 않고 있으며 그동안 세계무역을 이끌던 중국의 무역둔화, 일본의 경기회복 지연 등 다양한 요인에 기인한 것으로 보인다.

한편 개도권 국가들의 무역 규모가 선진권에 비해 빠른 속도로 증가하면서 세계무역에서 차지하는 경제권의 비중이 크게 변화하고 있다. 2005~2015년 기간에 선진권이 세계무역에서 차지하는 비중은 55%에서 43%로 하락한 반면 개도권의 비중은 41%에서 52%로 증가하면서 개도권이 세계무역의 중심축으로 등장하고 있다.

2. 세계적 경기부진과 원자재 가격 하락

제2차 세계대전 이후 2008년 세계금융위기 이전까지 세계경제는 높은 성장을 시현하였다. 특히 1990년대 중국의 급성장과 WTO의 출범, 그리고 2000년대 BRICs의 고성장 등에 힘입어 세계무역은 크게 증가하는 양상을 보여왔다.

그러나 2008~2009년 세계금융위기를 겪으면서 세계 성장률 및 무역이 급격하게 위축된 후 2010년대에 들어 저성장, 저물가, 저금리, 고실업률 등 소위 뉴노멀 경제의 특징들이 나타나고 있다.

유럽은 세계금융위기 발생 직후인 2009년부터 그리스 등 일부 국가의 재정위기가 남유럽 국가들로 확산되면서 EU 전체의 경제성장률이 크게 둔화되었다. 세계 GDP 성장률은 세계금융위기 발생 이듬해인 2009년에 -1.7%까지 떨어졌다가 2010년에는 4.3% 성장으로 크게 개선되었고, 이후 기간에는 2.5~3%의 성장을 유지하는 양상을 보이고 있다. 반면 EU의 경우 세계금융위기의 여파가 남아 있는 상황에서 재정위기의 불확실성이 가중됨에 따라 GDP 성장률이 2009년 -4.4%로 크게 악화되었으며, 2010년 그리스의 구제금융 신청 이후 2013년까지 세계 GDP 성장률 대비 EU의 경제성장률은 낮은 수준이다. EU의 경제성장률 둔화는 지출국민소득(GDI)의 절대적·상대적 감소를 유발하여 EU의 소비와 투자를 위축시켰으며, 이로 인해 EU의 수입수요가 크게 감소되었다. 즉 유로지역의 수입증가율은 세계금융위기 발생 이전의 1.5%에서 세계금융위기 발생 이후에는 0.0%로 크게 하락하였다.

2000년대 초반부터 세계금융위기 이전 기간 동안 세계경제가 성장하고 무역이 확대됨에 따라 국제 원자재 가격은 지속적으로 상승하였으나 세계금융위기 발생 이후 국제 원자재 가격은 2010~2012년 최고 수준을 기록했다가 급격히 하락하였다.

UN Comtrade에 따르면 세계 원유(HS 2709)의 수입액은 2000~2008년 동안 지속적으로 증가하여 2006년 1.0조 달러, 2012년 사상 최대치인 1.7조 달러를 기록한 이후 2013년부터 세계 원유 수입액은 감소 국면으로 전환되었으며 2015년과 2016년에는 전년 대비 각각 46.5% 및 23.1% 감소하여 2016년 현재 동 품목의 세계 수입액은 6,229억 달러를 나타내고 있다.

2010년대에 국제 원자재 가격이 하락하면서 주요 원자재의 세계 수입액도 크게 감소한 것으로 나타났으며, 특히 원유, 철광석, 동광, 알루미늄 등 4대 원자재의 세계 수입액 비중(세계 4대 원자재 수입액/세계 전체 수입액)은 2012년 10.5%에 이르렀으나 국제 원자재 가격의 하락으로 2016년에는 동 비중이 5.3%로 감소하였다.

3. 보호주의 확산

보호주의가 세계적 차원에서 확산되는 것이 최근 세계 무역둔화에 구조적 요인으로 작용하였다.

세계관세율은 1996~2015년 기간 중에 전반적으로 큰 폭의 하락 추세를 보이고 있다. 특히 2000년대 초반까지 세계관세율의 하락폭이 두드러지는데 이는 우루과이라운드 협상에 따라 관세인하에 대한 합의 및 이행이 이루어진 것이 크게 작용한 것으로 보인다.

전 세계적인 관세인하에도 불구하고 보호주의 확산에 대한 우려가 제기되는 것은 최근 새로운 형태의 무역장벽이 널리 확산되고 있기 때문이다. [그림3]에 나타나듯이 전 세계적으로 위생검역조치(SPS: 15,670건), 무역기술장벽(TBT: 21,923건), 덤핑방지관세(ADP: 1,970건), 상계관세(CV: 218건), 세이프가드(SG: 61건), 특별세이프가드(SSG: 633건), 수량규제(QR: 1,087건), 관세할당(TRQ: 1,274건), 수출보조(XS: 429건) 등의 비관세장벽이 널리 운영되고 있다.2)

특히 2008년 세계금융위기 이후에 전 세계적으로 무역제한조치 발동 건수가 지속적으로 증가하는 것으로 나타나고 있다. WTO의 통계에 의하면 2010년에 새로 발동된 무역제한조치는 324건이고 기존에 활용되던 무역제한조치가 해제된 건수는 57건에 달하였으나, 2016년 10월에는 1,263건이 신규 발동된 반면 408건의 무역제한조치가 해제되었다.

▌그림 3▌ 무역제한조치의 추이

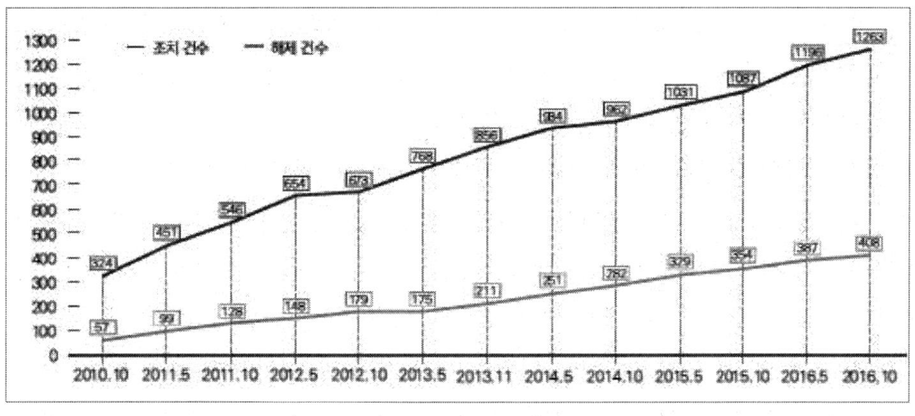

주: 2008년 10월 이후 새롭게 발동된 무역제한조치 건수를 조사한 결과.

이러한 무역제한조치가 해마다 크게 증가함에 따라 무역제한조치의 대상이 되는 교역비중이 크게 늘어나는 추세를 보이고 있다. 2008년 세계금융위기 이후 2012년까지 4년 동안 새롭게 발동된 무역제한조치는 세계무역의 3.5%에 영향을 미쳤으며 2008~2016년의 8년 기간 동안은 세계무역의 5.0%가 무역제한조치의 영향을 받게 되었다. 또한 G20 국가의 경우 2008~2012년과

---

2) WTO, https://i-tip.wto.org/goods/Forms/GraphView.aspx(검색일: 2017. 3. 10).

2008~2016년을 비교해보면 무역제한조치의 영향을 받는 수입 비중은 4.4%에서 6.5%로 증가하였다.

보호주의는 세계적 경기부진 시기에 더욱 확산되는 경향이 있다는 점을 감안하면 보호주의는 무역둔화를 초래하는 구조적 요인이면서 동시에 경기변동에 연동되는 측면도 있다. 특히 무역기술장벽, 위생검역조치, 덤핑방지관세 등과 같은 비관세장벽이 새로운 형태의 무역장벽으로 널리 확산되면서 보호주의에 대한 우려의 목소리가 커지고 있다.

4. 블록체인과 4차 산업혁명[3)]

2016년 다보스포럼에서는 전 세계 GDP의 10%가 블록체인에서 거래가 된다고 발표했다. 또한, 블록체인 기술을 적용할 경우 금융사는 거래 비용의 약 30%를 절감할 수 있고, 이는 2022년 기준으로 200억 달러에 달할 것으로 추정되고 있다. 세계경제포럼(WEF)에서는 2017년 안에 전 세계 은행의 80%가 블록체인 기술을 도입할 것이라고 전망했다.

외국 각국의 정부는 발 빠르게 블록체인 관련 규제를 풀고 달려가고 있고, 외국 글로벌 기업은 블록체인의 기술을 개발하고 확보하기 위해 사활을 걸고 치열하게 경쟁하는데, 정작 우리나라는 포지티브(Positive) 규제라는 낡은 틀에 갇혀 새로운 서비스를 시도조차 하지 못하고 있는 실정이다.

예를 들어 2016년 영국에서는 사물인터넷 지원 규제 계획을 수립하고, 역량 확대를 위한 IoTUK 정책을 개시하고 블록체인 기술의 연구·개발에 2015년에는 약 140억 원(2015년), 2016년에는 약 212억 원을 투자했으며, 호주는 블록체인을 국가 미래 기반 기술로 선정, 블록체인 전용 연구센터를 설립하고 다양한 시범 사업(CSIRO's Data61)을 진행 중이다. 중국은 위안화를 위한 블록체인 기반 전자화폐를 추진하고 31개의 중국 회사를 묶어 블록체인 협의체인 China Ledger Alliance를 발족했으며, 일본은 비트코인을 전자화폐로 인정하고 2020년 하계올림픽을 위해 다양한 시범 사업을 진행하고 있다.

---

3) 코인리더스, 2017. 11. 29.

하지만 우리나라는 블록체인 기술의 중요성을 아직 인식하지 못하고 있다. 그나마 금융위원회 주도로 은행권 블록체인 컨소시엄과 자본시장 블록체인 컨소시엄이 만들어져 시범 사업을 논의 중에 있다. 하지만 앞서 지적했듯이 포지티브 규제로 인해 새로운 서비스를 시도해 볼 수 없는 상황이다. 예를 들어 기획재정부는 지난 1월 13일, 블록체인 기반의 최초 전자화폐인 비트코인을 이용한 국외 송금을 외국환 관리법에 위반된다는 이유로 불법으로 규정했다.

블록체인 기술의 개발은 우리나라의 정보 주권을 지키는 길이다. 메인프레임이 개인용 컴퓨터(PC)로 바뀌는 시기에 마이크로소프트(Microsoft)가 윈도우(Windows)라는 운영체제로 전 세계 컴퓨터 시장을 장악했고, 인터넷과 모바일 시대로 바뀌면서 Google의 Android라는 운영체제로 스마트폰 시장을 장악했다.

이제 사물인터넷 등 4차 산업혁명의 시대가 되었다. 4차 산업혁명의 운영체제라고 할 수 있는 블록체인을 누가 주도하느냐에 따라 세계 경제의 판도가 바뀔 수 있다. 이것이 우리가 블록체인 기술의 개발 및 확보에 사활을 걸어야 하는 이유다. 만약 실패한다면 우리나라 국민의 금융 자산이나 헬스 데이터가 외국 기업이 주도하는 블록체인에 저장, 관리, 거래가 되어 의존도가 심화될 것이다.

"변화는 참으로 어렵다. 그러나 살아남으려면 변해야 한다."

시스코의 존 챔버 최고경영자의 말이다. 우리는 지금까지 성공 방식을 고집하지 말고 새로운 환경에 맞도록 우리 모두 변해야 한다. 4차 산업혁명 시대에는 단순히 기술 개발만으로 성공할 수 있는 것이 아니라 조직 문화를 바꿔야 성공할 수 있다.

패스트 팔로워(Fast-Follower)에 적합한 중앙 집권적, 수직적, 통일적인 톱타운(Top-Down)의 사고에서 벗어나 퍼스트 무버(First-Mover)에 적합한 분권적이고 수평적이며 자율적인 Down-Up 방식으로 바꿔야 한다. 블록체인은 이런 분권적, 수평적, 자율적 사고방식을 시스템으로 지원해 줄 것이다.

혁신은 새로운 시장을 만드는 것이 아니라 시장의 주체를 바꾸는 것이다. 블록체인 기술로 금융, 헬스 케어, 사물인터넷, 공공 및 행정 서비스, 정치 등 모든 분야의 주체가 바뀌고 있다. 다가오는 미래에는 세계 시장을 선도하는 선진 대한민국을 기대한다.

세계 경제지도 바꿀 블록체인 혁명, 한국도 치고 나가야

세계지식포럼 첫 날 열린 에릭 리 링크트인 공동창업자의 '대전환의 시대, 닷컴에서 블록체인으로' 세션에는 빈자리를 찾아볼 수 없을 만큼 많은 사람이 몰렸다. 블록체인이 개인정보 유출 등 최근 이슈로 떠오른 인터넷의 한계를 극복하면서 안전하고 빠르게 정보를 관리·유통할 수 있는 핵심 기술이라 관심이 높았던 것이다. 리 창업자도 "블록체인이 기존 인터넷의 약점인 신뢰 문제를 완벽하게 해결하고 단순 정보 제공을 넘어 가치 거래 시대를 열 것"이라고 강조했다. 블록체인을 한마디로 설명하면 분산처리 기술이라고 할 수 있다.

중앙 서버에 정보를 모아두는 대신 여러 곳에 분산된 디지털 원장에 보관하는 방식을 취한다. 중앙 서버를 관리하는 주체가 지금처럼 거대 기업이나 정부가 아니라 블록체인 프로그램이라 비용을 획기적으로 줄일 수 있고 온라인상의 개인정보 유출도 원천적으로 막을 수 있다. 블록체인의 쓰임새는 무궁무진하다. 금융과 물류에 활용하면 더욱 안전한 거래가 가능하고, 투표에 적용하면 부정선거 논란을 없앨 수 있다. 블록체인 기반 전자정부를 구축하면 행정의 효율성을 높이는 동시에 국민 신상정보가 불법적으로 새어나가는 것을 차단할 수 있다. 북유럽 디지털 강국인 에스토니아는 이미 블록체인 기술로 전자영주권을 만들어 큰 효과를 보고 있다. 자율주행과 스마트시티로 대표되는 초연결 사회의 안전성을 높이는 데도 요긴한 기술이다. 블록체인에서 나온 가상화폐는 투기 수단으로 오용되며 논란이 있지만 기존 통화시스템의 근간을 흔들 수 있다는 점에서 큰 파장을 일으키고 있다.

시장조사업체 IHS마킷은 지난해 25억 달러였던 블록체인 세계 시장 규모가 2030년 2조 달러에 달할 것으로 전망했다. 모든 분야에 블록체인 기술이 적용되며 엄청난 경제 효과를 창출할 것이라는 의미다. 국가들 간 블록체인 경쟁은 이미 시작됐다.

일본은 적극적인 가상화폐 육성 정책을 펼치며 블록체인 기술을 선도하고 있고, 중국도 블록체인 분야에 대한 투자를 늘리고 있다. 미국은 구글 등 정보기술 기업을 중심으로 주도권 잡기에 열을 올리고 있다. 우리 정부와 기업들도 관련 사업에 관심을 보이고 있지만 많이 부족한 편이다. 좀 더 치고 나가야 블록체인 기반의 4차 산업혁명 시대에 승자가 될 수 있다.

〈매일경제, 2018. 10. 12.〉

"블록체인, 세계 무역에서 1조 달러 가치 창출할 것"

블록체인과 같은 분산원장 기술이 향후 10년 동안 세계 무역에서 1조 달러 이상의 가치를 창출할 것이라는 보고서가 나왔다.

13일(현지시간) 블록체인 전문매체 코인텔레그래프 등 외신에 따르면 글로벌 컨설팅 업체 베인앤컴퍼니는 세계경제포럼(WEF)과의 공동 보고서를 통해 이 같이 주장했다.

세계 무역금융에서의 분산원장 기술 전망을 평가한 이 보고서는 분산원장 기술을 비롯한 새로운 기술 혁신이 무역과 관련 금융에 있어 비용을 절감하는 동시에 업무를 보다 쉽고 간편하게 만들어 줄 것으로 기대했다. 블록체인이 세계 무역에서 획기적인 발전을 이끌 수 있다는 얘기다.

베인앤컴퍼니와 WEF는 또 분산원장 기술이 현재의 무역금융 적자를 1조 5,000억 달러 가까이 줄일 수 있을 것으로 내다봤다. "분산원장 기술이 무역의 장벽을 제거하면서 1조 1,000억 달러의 새로운 교역량이 발생하고 기존 거래 중에서 9,000억 달러가 더 나은 서비스와 낮은 수수료를 찾아 분산원장 기술을 적용할 것"이라고 보고서는 예상했다.

실제로 세계 무역에서 블록체인 기술의 도입은 이미 가시화됐다. IBM이 세계 최대 해운회사인 머스크와 손잡고 만든 대규모 물류 블록체인 프로젝트 '트레이드렌즈'는 지난달 총 94개의 회사가 참여하기로 했다고 발표했다. 여기에는 전 세계의 항만운영사, 물류회사, 세관당국 등이 이름을 올렸다.

트레이드렌즈는 블록체인 기술을 통해 실시간으로 선박 도착 시간, 세관통과, 송장, 선하증권 등 물류 운송 정보에 접근할 수 있도록 해 효율적인 업무 진행을 가능하게 한다. 이를 통해 화물 운송 절차를 단순화하고 무역거래의 투명성을 제고할 수 있다. IBM과 머스크의 블록체인 프로젝트는 미국 관세국경보호청, 네덜란드 관세청 등에서 시범적으로 운영된 바 있으며 올해 말 완전한 상용화가 가능할 것으로 전망된다.

〈아시아경제, 2018. 9. 14.〉

5. 세계경제의 전망4)

1) 선진국 주도의 상승세 주춤

세계경기는 그동안 성장을 주도했던 선진국이 추가적인 동력을 찾지 못해 상승속도가 더 높아지지 못하고 있다. 미국은 법인세 감세로 기업투자가 늘면서 호조를 유지하지만, 유럽과 일본의 경기활력은 점차 약해지고 있다. 유럽은 수출 둔화로 성장속도가 떨어지고 일본은 소비가 살아나지 못해 부진이 지속되고 있다. 브라질, 러시아 등 원자재 생산 개도국들이 심한 부진에서 벗어나고 있지만 여전히 과거에 비해 미진한 회복에 머무는 상황이다. 특히 미국 금리인상 지속과 미·중간 관세보복이 세계경제에 부정적 영향을 미칠 것이라는 우려로 가계 및 기업의 심리도 하향흐름으로 돌아섰다. 또한 세계경기 상승세가 더 뻗어가지 못하는 이유로 우선 경기반등을 가져왔던 힘들이 점차 약해지고 있다. 그동안 세계적인 저금리와 이에 따른 자산가격의 상승이 소비와 투자를 확대시키는 요인으로 작용했으나 미국의 금리인상이 본격화되고 유럽의 양적 완화가 축소되는 등 글로벌 통화긴축 기조가 강화되고 있다.

금리 인상으로 자산가격의 상승세도 꺾였다. 미국 주가상승세는 유지되고 있으나 유럽, 일본, 중국 등 기타 대부분 국가의 주가가 약세로 돌아섰다. 글로벌 주요 도시를 중심으로 부동산 가격의 상승세도 멈춘 상황이다. 글로벌 금융위기 이후 투자 위축으로 기업 생산능력 이 부족해지면서 이를 채우기 위한 투자가 확대된 점 역시 이번 경기상승을 이끈 요인 이었지만 지난해와 올해 글로벌 투자가 크게 늘면서 생산능력 부족은 어느 정도 해소된 것으로 보인다.

---

4) LG경제연구원, 2019년 국내외 경제전망.2018.에서 요약 정리.

2) 약한 경기상승 탄력

일반적으로 경기의 상승국면에서는 초기에 상승을 이끌었던 힘이 약해지더라도 수요와 생산 및 고용이 선순환하면서 상승추세를 지속시키는 힘이 더해지게 된다. 그러나 최근 세계경제는 이러한 추진력이 약하다. 우선 생산확대가 가계소비로 이어지는 경로가 강하지 않다. 고용이 늘고 있지만 은퇴연령의 재취업 비중이 높아지고 전통서비스업을 중심으로 일자리가 확 대되면서 임금상승이 완만하게 이루어지고 있기 때문이다. 더욱이 글로벌 금융위기 이후 선진국 가계는 과거에 비해 소비확대에 보수적인 모습을 보이면서 전반적인 소비증가세가 과거 경기상승국면에 비해 미진한 흐름이다. 국가간 상생효과도 나타나지 못하고 있다. 1990년대 이후 세계화가 본격화되면서 교역을 통한 국가간 분업의 확대가 세계경제의 생산성을 높이는 데 크게 기여했지만 교역증가세가 그리 빠르지 않다. 이에 따라 세계교역 증가율은 연평균 4.6% 내외로 추정되는데, 이는 2003~2007 상승국면의 8.5%에 크게 미치지 못하는 수준이다.

이처럼 세계경기는 과거에 비해 짧고 미진한 상승국면을 마감하고 성장활력이 낮아지는 하강 국면에 진입할 전망됨에 따라 경기를 떠받치던 유동성 효과가 점차 사라지면서 기업투자와 건설수요가 위축되고 소비에도 부정적 영향을 미칠 것이다. 특히 미·중 통상마찰는 세계경제의 미래 불확실성을 높임으로써 기업의 투자 및 생산활동을 위축시키는 경로를 통해 세계경제에 부정적 영향을 미쳐왔다. 그러나 이러한 미·중 무역갈등은 직접적인 미·중간 교역 감소로 양국의 경기를 악화시키고 이에 따른 부정적 영향이 주변 국가로 확산될 것으로 보인다.

3) 세계경기의 하강 국면

이러한 세계경기의 하향국면은 다음과 같은 특징이 있다. 우선, 상승속도가 빠르지 않았던 만큼 하향세도 급격하기보다는 완만하게 이루어질 가능성이 크다. 1990년대 이후 경기상승 국면에서는 경기저점에서의 성장률과 정점에서의 성장률이 2~4%p까지 차이가 났지만 상승 국면에서는 저점과 정점의 성장률 격차가 0.6%p 수준에 머물 것이다. 이러한 점에서 볼 때 최근의 경기 회복은 본격적인 경기 싸이클 상의 상승국면이라기 보다 일시적인 반등으로 볼 수 있다.

또한 지역별로는 선진국 경기의 하향 폭이 상대적으로 클 것이다. 이는 이번 상승국면을 선진국이 주도한 데 따른 것이다. 미국, 유럽, 일본 모두 잠재성장률을 1%p 가량 뛰어넘는 호조를 보였으나 점차 잠재성장률 수준으로 성장세가 회귀할 것으로 보인다. 미국도 금리인상 및 통상마찰 영향으로 내년 하반기부터는 경기활력이 떨어질 것이며, 인도경제는 호조를 지속하고 원자재 개도국이 심한 침체에서 벗어나면서 개도권 전체의 평균 성장률은 4%대 중반 수준으로 크게 변하지 않을 것이다.

세계경기가 재반등하는 시점은 단정하기 쉽지 않다. 1990년대와 2000년대에는 중국효과, 인터넷 등 IT확산 효과가 장기적인 상승 추세를 이끌었으나 지금은 뚜렷한 상승 동력을 찾기 어렵다. 4차 산업혁명의 성과는 기대보다 빠르지 않은 것으로 보인다. 인공지능, 빅데이터를 중심으로 미래수요에 대비한 기업투자가 계속 늘어나고 있지만 실제 소비증가로 이어지는 데는 좀 더 시간이 필요할 것이다.

글로벌 고령화 역시 더욱 가속될 것이다. OECD 생산가능인구는 '16년 184만 명 증가에서 '18년 115만 명, '20년에는 49만 명 증가로 계속 둔화될 것으로 추정됨에 따라 세계경기의 하향 흐름은 최소 2~3년간 지속될 가능성이 크다.

이처럼 세계경제는 2010년대 초반 이후 이어지고 있는 3%대 초반 성장 터널에서 쉽게 빠져 나오기 어려울 것으로 보인다. 향후 세계경기는 과거에 비해 짧고 미진한 상승국면을 마감하고 성장활력이 낮아지는 하강 국면에 진입할 전망이다. 경기를 떠받치던 유동성 효과가 점차 사라지면서 기업투자와 건설수요가 위축되고 소비에도 부정적 영향을 미칠 것이다. 더 우려되는 것은 미·중 통상마찰로 세계교역의 위축, 미래 불확실성으로 인한 기업의 투자 및 생산활동 위축 등으로 세계경제에 부정적 영향을 미쳤으며, 나아가 이러한 부정적 영향이 주변 국가로 확산되어 갈 것이다.

세계 경기가 하강한다면

경기란 자본주의 경제의 순환 과정으로 호황과 불황을 주기적으로 반복하는 현상이다. 경기는 항상 좋을 수도 항상 나쁠 수도 없다. 사람의 힘으로 불황을 막을 수 있는 것도 아니고 사전에 예측할 수 있는 것도 아니다. 수많은 경제학자가 수많은 데이터를 이용해 수많은 시간 동안 경기를 예측하려고 노력했지만 성공하지 못했다. 역사적으로도 그렇다. 1920년대 후반 세계공황이 닥쳤고 2008년에는 글로벌 금융위기가 발생했다. 아무도 이 위기를 사전에 막지 못했고 위기가 닥친 후에야 부산을 떨었다. 이처럼 불황은 부지불식간에 엄습해 오고 여기에 구조적 문제까지 겹치면 경제위기로 번진다.

경기 변동이 신의 영역이라면 그 진폭을 줄이는 것은 인간의 영역이다. 경기가 하강하는 국면에 접어들면 정부가 나서서 나라 곳간의 돈을 풀고 중앙은행은 돈을 더 많이 찍어내서 하강의 폭을 줄인다. 정부가 경기 대응을 미리 예측하고 선제적으로 정책을 펴면 더할 나위 없이 좋겠지만 세계 어느 정부도 그럴 능력은 없다. 경기 상승이나 하강이 진행되는 도중에라도 진폭을 줄이는 정책을 펼 수 있으면 유능한 정부다. 그런 점에서 볼 때 이번 세계 경기 하강은 조짐이 좋지 않다. 경기 하강 폭을 줄일 수 있는 각국 정책이 사실상 마비됐을 뿐만 아니라 오히려 그 진폭을 확대하는 일들이 벌어지고 있기 때문이다.

과거 대공황 때는 미국이 국가 재정에서 돈을 풀어 경기 하강 폭을 줄였다. 글로벌 금융위기 때는 미국 유럽 일본 중앙은행이 막대한 규모의 돈을 찍어내 진폭을 줄였다. 하지만 현재 이들 국가는 더 이상 재정을 풀 여유도 없고 그렇다고 돈을 찍어내는 것은 더 어렵다. 오히려 그동안 막대한 규모로 풀었던 돈을 거둬들여야 할 형편이다. 여기에 미국과 중국이 무역전쟁을 벌이면서 세계 교역이 급속히 위축되고 있다. 교역이 위축되면 경기 하강 폭은 커지고 기간은 길어진다.

경기는 위축되는데 진폭을 줄일 정책 수단이 없다면 경기 하강에 따른 피해를 고스란히 떠안아야 한다. 기업이 만든 물건은 안 팔려 문을 닫는다. 근로자 소득은 줄고 실업은 늘어 고통이 커진다. 먹고살기 힘들어지니 사람들은 더 각박해지고 국가 간 다툼도 늘어난다. 심할 땐 전쟁이 발발하기도 한다. 시장이 개방돼 있고 수출에 의존하는 우리 경제는 세계 경기 하강에 더 민감하다. 미국과 중국이 기침하면 한국은 독감에 걸리는 식이다. 우리가 항상 세계 경기변동을 유심히 관찰하면서 순발력 있는 정책을 펴야 하는 이유다.

그런데 우리 정부의 정책은 거꾸로 가고 있다. 지난 11월 한국은행 금융통화위원회는 정책금리를 올렸다. 경기 하강기에 금리를 내리고 회복기에 금리를 올리는 통화정책의 기본과 동떨어진 대응이다. 경기 하강기에 정부는 세금을 덜 걷고 투자를 늘려야 하지만 우리 정부는 올해 세금을 계획보다 훨씬 더 많이 걷었다. 올해뿐 아니라 내년에도 세계 경기 하강에 적극적으로 대응하는 정책 방향이 보이지 않는다. 이런 식이라면 세계 경기가 본격 하강할 때 우리가 감내해야 할 충격은 훨씬 더 커진다. 경제적 충격은 정치적인 불안정으로 이어진다. 최근 프랑스 '노란조끼' 시위 사태가 이를 잘 보여줬다. 경제가 어려워진 가운데 정부가 유류세를 올리자 프랑스 시민들이 들고 일어났다. 처음엔 유류세 인상 반대 시위였으나 시간이 흐를수록 반정부 시위로 확산됐다. 프랑스 국민 70%에게 지지를 받아 화려하게 당선됐던 에마뉘엘 마크롱 대통령은 돌이킬 수 없는 정치적 타격을 입었고 자신이 내세웠던 개혁정책 대부분을 철회했다.

이처럼 경기 하강기에 국민은 먹고사는 문제에 훨씬 민감해진다. 우리도 경제가 어려워지면 내년 이후 정치적 긴장감이 훨씬 높아질 것이다. 경기 하강기에 정부는 그 진폭을 줄이는 데 경제정책의 초점을 맞춰야 한다. 마땅한 정책이 없다면 솔직하게 국민에게 이해라도 구해야 한다. 그래야 경제도 정치도 안정될 수 있다.

〈매일경제, 2018. 12. 17.〉

4) 보호무역주의의 재등장[5)]

미국을 시발점으로 한 보호무역의 부상으로 지난 수십 년간 세계 경제의 메가트렌드였던 국제자유무역 기조에 이상 신호가 발생하였다. 미국이 2017년 북미자유무역협정(NAFTA) 재협상과 환태평양경제동반자협정(TPP) 탈퇴 등을 추진하면서 세계적인 보호무역 전쟁이 시작됨에 따라 자국우선주의를 내세운 트럼프 미국 대통령의 등장, 영국의 유럽연합 탈퇴 등은 반(反)세계화와 경제 국수주의를 더욱 심화시켰고, 이런 추세는 전 세계로 확산되었다. 특히 보

5) 이승민 외 2인, 2018 글로벌 트렌드, 한국전자연구원, Insight Report 2018-03.

호무역의 확산과 더불어 2017년 상반기 G20 국가의 반덤핑조사 개시 건수는 총 123건으로 2016년 같은 기간 대비 24% 늘어났으며 미국의 반덤핑조사 개시 건수도 42% 증가(34건)하였다.

또한 미국은 2018년 3월 철강, 알루미늄에 고율의 관세를 매기기로 결정했고 중국산 1,300여 제품군에도 고관세를 매기는 등 전방위적 보호무역 정책을 시행하였다. 이러한 미국의 공격적인 보호무역 주의에 대해 중국은 미국산 콩, 자동차 등 106개 제품에 고관세를 매기기로 하고 미국 국채 매입 중단을 시사하는 등 즉각적 보복 조치를 취하였다.

▌표 1▐ 과거 보호무역주의에 따른 경제 충격

시기	대공황 (1929~1933년)	닉슨 쇼크 (1970년대 초)	트럼프 쇼크 (현재)
보호무역 정책	•미국 스무트-홀리법으로 2만 개 품목 역대 최고 수준 관세 부과(1930년 6월) •캐나다, 스페인 등 10여 개국 관세 인상	•1971년 닉슨 대통령 수입품 10% 과징금 부과, 달러·금 교환 중단 •일본 견제 위해 미국, 유럽 비관세장벽 강화	•미국 우선주의 내세워 관세정책 강화 •자유무역협정(FTA) 전면 재검토
경제적 파장	•1923~1933년 글로벌 교역량 63% 급감 •경제 블록화와 보호무역주의 심화 •파시즘 확산, 2차세계대전으로 이어져	•브레턴우즈 체제(달러 중심 금본위제) 종식 •1973년 1차 오일 쇼크 발생	•EU, 중국 등 보복조치 강구 •글로벌 무역전쟁 발발 위기

자료 : 매일경제(2018.03.04.)

보호무역주의의 부상은 특정 강대국 지도자에 의한 한시적 정책이 아닌 세계 경제의 구조적 변화를 반영한 것으로서 향후 세계 경제의 근본적 변화를 예고하고 있다. 제2차 세계대전 이후 GATT, WTO 체제 하의 보호무역은 주로 개발도상국들이 자국의 산업 보호를 위해 시행해왔으나 최근에는 미국, 영국 등 선진국들이 중심이 되고 있다. 또한 보호무역 정책이 이민, 해외직접투자 등 생산요소의 국가 간 이동에 대해서도 제한을 강화하려 한다는 점에서 광범위한 자국우선주의를 지향하고 있다. 이러한 보호무역, 자국우선주의의 배경에는 개발도상국의 노동공급 증가, 해외업무 위탁 증가, 선진국 중간-중산층 공동화 등이 있다고 볼 수 있다.

우선 개발도상국의 수출 증가는 개발도상국 노동력이 세계에 공급된 것과 같은 효과를 내었고 이는 결국 선진국의 비숙련 노동에 지급되는 임금 하락을 야기하였다. 이와 관련한 연구에 의하면, 1990년부터 2007년까지 감소한 미국 제조업 고용의 4분의 1이 중국산 수입품 증가에 기인한다고 하였다. 또한 생산프로세스 일부의 해외위탁 또한 주로 개발도상국에 노동집약적 업무를 위탁하는 형태로 나타나 선진국의 비숙련 노동자 임금 하락을 유인하였다. 그리고 개발도상국 노동공급 증가로 말미암은 선진국 내 중간-중산층 공동화는 선거권자들이 투표를 통해 보호무역 정책을 실현하도록 유인하였다.

보호무역, 자국우선주의 등장에 대한 이와 같은 분석은 미국 트럼프 대통령이 경제 세계화에 따라 일자리를 잃은 러스트 벨트에 기반한 지지층을 가진다는 세간의 평에 부합된다. 그러나 이는 결국 강대국들을 중심으로 한 보호무역, 자국우선주의는 일시적 정책 변화라기 보다는 경제 세계화, 기술발전 등에 따른 반대급부로 등장한 구조적 문제이다. 그럼에도 불구하고 국제자유무역은 개발도상국, 저개발국 등에게 여전히 유효한 경제 성장의 전략일 수 있다.

5) 경제 양극화 및 불평등 구조 확대[6]

자본주의 경제발전, 세계화, 산업구조의 변화, ICT 기술발전, 고령화, 제도적 요인 등에 의해 경제적 부와 소득의 양극화는 계속 진행 중이다.

2017년도 세계적 부의 규모는 280조 달러로 북미(36%), 유럽(28%), 아시아-태평양(20%)이 전 세계 84%의 부(wealth)를 소유하고 있다. 자본주의 경제발전과 세계화 과정에서 개발도상국의 노동집약적 상품이 선진국으로 수입되면서 선진국의 노동자 간 임금격차가 크게 확대되고 있다. 또한 산업구조 변화로 일반사무직, 생산직노동자, 기술공 등 1, 2차 산업 일자리는 감소하고 서비스산업의 일자리 수요는 확대되면서 산업간 양극화도 심화되고 있다. 미국 경

6) 이승민 외 2인, 2018 글로벌 트렌드, 한국전자연구원, Insight Report 2018-03.

제학자 Laknerd와 Milanovic 등은 세계화가 활발히 진행된 1988~2008년 기간 동안 고소득국가의 중하위 소득자층은 실질소득이 감소하는 등 세계적 양극화가 발생했으며, 특히 자동화기술의 발전 등에 따라 저숙련 노동자 고용이 감소하면서 소득과 자산의 양극화는 더욱 빨라질 것이라고 주장하였다.

6) 디지털 경제와 산업 구조 변화[7)]

4차 산업혁명 등이 시대적 화두로 부상하면서 디지털 기술에 기반한 경제활동인 디지털 경제의 중요성과 영향력이 지속적으로 증가하고 있다. 전자상거래, O2O 등 디지털 기술에 기반한 경제활동의 규모와 범위가 확대되어 가면서 기업 운영 방식, 정부의 정책 설계와 추진 등 사회 전반적 변화가 진행되고 있다.

2008년부터 2015년까지 ICT 상품의 세계 무역 규모는 12% 증가했고 2010년부터 2016년까지 OECD 회원국의 ICT 서비스 수출 규모는 40% 증가하였다. 전자상거래의 규모 또한 지속적으로 증가하고 있어 2020년에는 국가 간 전자상거래 규모가 9,940억 달러에 달할 전망이다.

이러한 디지털경제의 확대는 국경 간 데이터의 이동 또한 급격히 증가시키고 있는데 2021년에는 국경 간 데이터 이동량이 초당 1.9테라바이트에 달할 것으로 예측되고 있다.

전통적 국가 간 경제 교역을 대체해내가고 있는 디지털경제의 성장에 따라 세계경제 내에서 전통적 재화와 서비스의 비중은 2007년을 정점으로 감소하였다. 국제무역 증가에 따라 재화와 금융 서비스의 세계 교역량은 세계 GDP 대비 비중은 53%를 차지했으나 이후 디지털 재화 증가 등에 의해 40% 수준으로 감소하였다.

디지털경제의 확대는 새로운 비즈니스 모델과 시장을 창출하면서 산업 구조 자체를 바꾸는 원동력으로 작용하였다. 디지털 기술 혁신은 기업의 진입장벽 해제, 거래비용 절감, 가격 투명성 증가 등을 통해 기업환경을 변모시켜 역동적인 혁신 창업 생태계를 성립하였다. 한편으로는 디지털기술의 자본편향적

---

7) 이승민 외 2인, 2018 글로벌 트렌드, 한국전자연구원, Insight Report 2018-03.

특성, 네트워크 효과 등으로 인해 거대 다국적 기업이 세계 시장을 지배하는 현상도 발생하였다. 디지털경제의 발전은 업무 방식, 부가가치 생산 방식을 변화시키면서 유연한 노동, 임시적 고용, 시간제 고용 등 고용 시장에 새로운 변화를 유인하였으며, 디지털기술의 발전으로 비용이 감소하고, 글로벌 가치사슬을 통한 분업이 활성화되면서 무역이 성장하였으며, 특히 서비스 무역의 성장세가 크게 나타났다.

7) 세계 금융시장의 불안[8)]

2008년 글로벌 금융위기 이후 미국 등 경제 대국의 중앙은행은 '양적완화' 정책을 펼쳤다. 늘어난 돈은 실물경제보다 금융시장으로 쏟아졌다. 이러한 정책은 '새로운 취약성'을 낳았다.

해충을 잡으려면 살충제를 개발해야 한다. 다만 세월이 흐른 뒤 그 살충제에 면역력을 가진 더 강한 해충이 창궐할 수 있다. 문제를 해결하기 위한 수단이 새로운 문제를 일으킨다. 2008년 글로벌 금융위기가 발생한 지 10년이 된 2018년 가을, 세계 금융시장에서 실제로 일어나고 있다.

2008년 위기의 근본 원인은 미국 대형 은행들의 방만한 부동산 대출이었다. 2000년대 초반 이후 미국 은행들은 가계에 대한 고액 부동산 담보대출에 혈안이 되어 있었다. 상환 능력이 없는 저소득 가계에도 '겉으로만 유리한 조건(고금리를 저금리인 것처럼 포장)'으로 대출을 '살포'했다. 은행으로서는 일단 대출하면 이후 수년에 걸쳐 채무자로부터 일정한 금액을 받을 수 있다. 예컨대 10억 원을 빌려주면 10년에 걸쳐 15억 원(연 금리 5%로 가정)을 상환받는 권리를 갖게 되는 것이다. 은행들은 이 권리를 합치고 쪼개서 만든 '파생금융 상품'을 여러 나라의 다양한 금융투자자들과 사고팔면서 적잖은 재미를 누렸다.

빈사 상태에 빠진 세계경제를 구하기 위해 미국 등 경제 대국의 중앙은행은 이른바 '양적완화(중앙은행이 금융기관 보유 국채를 매입)'로 금융기관들에 엄청난 규모의 통화를 공급했다. 지난 10년 동안 미국·유럽연합(EU)·일본·중국

---

8) 시사IN, 2018. 11. 8.

의 중앙은행이 금융기관에 뿌린 돈이 무려 10조 달러를 훌쩍 넘는 것으로 추산된다. 이렇게 통화 공급이 늘어나면서 그 (본원)통화의 가격이라 할 수 있는 기준금리 역시 선진 각국에서 '사실상 0%'로 고정되었다. 이와 함께 은행들이 방만한 대출과 위험한 거래를 하지 못하도록 금융 규제를 강화했다.

문제는, 금융위기를 수습하기 위한 이런 정책이 '새로운 취약성'을 낳았다는 점이다. 선진 각국이 기준금리를 사실상 0%로 고정한 취지 중 하나는, 은행들이 싼 금리로 실물경제 부문에 대출해서 경기를 살리라는 것이었다. 언제나 그렇듯 현실은 기대와 매우 다르게 전개되었다. 늘어난 돈은 실물경제보다는 금융시장으로 쏟아져 들어갔다.

지난 10년은 금리가 극도로 낮은데도 불구하고 실물경제는 활성화되지 않은 시기이다. 비금융 기업들의 매출액 성장 역시 매우 느린 편이었다. 〈블룸버그〉에 따르면, 이런 상황에서 기업들이 쉽게 성장할 수 있는 방법은 어떻게든 거액을 빌려 경쟁 기업을 인수함으로써 단번에 기업 규모를 확대하면서 시장점유율까지 높일 수 있는 길이다.

예를 들어 세계 최대 통신회사인 미국의 AT&T는 올해 들어 미디어그룹 타임워너 등을 인수하는 데 모두 1,900억 달러(약 216조 원)를 투자했다. 그 자금 중 상당 부분이 빌린 돈이다. 순식간에 AT&T의 부채는 EBITDA(이자·세금·감가상각비 등을 빼기 전의 순이익의 4.4배에 이르렀다. 부채가 EBITDA보다 많을수록 해당 기업이 영업에서 번 돈으로 빚을 갚기는 어렵게 된다. 신용평가사 무디스와 S&P는 AT&T의 신용등급을 A-에서 BBB로 두 단계나 떨어뜨렸다.

신용등급은 '해당 기업에 돈을 빌려줘도 되는지'를 투자자들에게 알리는 지표라고 할 수 있다. BBB 이상을 '투자등급'이라고 부르는데 '빌려줘도 떼먹힐 위험이 크지 않다'로 해석할 수 있다. 다만 안심하고 빌려주는 대신 많은 이자를 기대해서는 안 된다. BBB 이하는 '투기등급'이다. '상환받지 못할 위험이 큰 대신 높은 이자를 받을 수 있다'라는 의미다. AT&T는 투자등급의 최하위(BBB)로 떨어지는 수모를 감수하면서까지 타임워너를 인수한 것이다. 식음료 부문 거대 기업인 닥터페퍼스내플 그룹은 큐리그그린마운틴(커피머신 제조사)

과 합병하면서 170억 달러의 빚을 졌다. 합병회사(큐리그닥터페퍼)의 부채는 EBITDA의 5.6배로 평가된다. 신용등급 역시 BBB+에서 BBB로 떨어졌다. 〈블룸버그〉는 미국 기업들이 BBB 등급으로 빌린 돈이 2조 4,700억 달러에 이르는 것으로 추산한다. 금융위기가 터진 2008년 말의 3배에 달하는 규모다. 지난 10년 동안 기업 부문의 악성 부채가 폭증한 것이다. 그 이유는, 기업과 투자자의 이해관계가 맞아떨어졌기 때문이다.

금융투자자들은 지난 10년 동안 지루하게 이어진 '저금리의 세계'에서 다소 위험하더라도 높은 수익률을 얻을 수 있는 투자처를 찾아 세계를 헤맸다. 기업 입장에서는 차라리 신용등급을 낮춰 투자자에게 더 많은 이자를 지급하는 쪽이 거액을 빌리기엔 유리했다. AAA보다 BBB 등급의 기업이 자금을 쉽게 조달할 수 있었다는 얘기다. 더욱이 기준금리 자체가 워낙 낮았기 때문에 투자자에게 이자를 더 줘도 그 금액의 절대 규모는 크지 않았다.

IMF 보고서는 이외에도 '새로운 취약성'이 선진국 자산(주식·부동산 등) 시장과 이머징마켓 등에서 축적되어왔다고 지적한다. 양적완화로 대량의 자금을 확보한 선진국 금융기관들이 실물경제보다 높은 수익률이 기대되는 자산시장과 이머징마켓에 투자하면서 거대한 거품을 만들어놓았다는 것이다. 이러한 취약성들이 특정한 계기를 만나 현실화되면 세계경기 침체, 나아가 금융위기로 이어질 수 있다. 불행히도 그런 계기가 형성되고 있다.

무엇보다 주요국들이 통화 긴축(기준금리 인상)을 이미 진행 중이거나 준비하고 있는 것으로 보인다. IMF 보고서는 "수년에 걸쳐 구축된 취약성이 금융환경의 갑작스러운 긴축으로 현실화할 수 있다"라고 우려한다. 지난 2016년부터 인상되기 시작한 미국의 기준금리는 지금도 역사적으로 낮은 수준이지만 내년까지 계속 오를 전망이다. 지난 50여 년의 경험에 비춰보면 미국의 기준금리가 오르면 크든 작든 금융위기가 발생했다. 가장 먼저 타격을 입은 새로운 취약성은 이머징마켓이다. 남미의 아르헨티나는 이미 국가부도 상태다. 터키·인도네시아·인도·파키스탄·남아프리카공화국 등도 위태롭다.

미국도 악성 기업 부채들이 산적되어 결코 안전하지 않다. 폭증한 BBB 등급의 기업들은 금리 인상이 진행되는 가운데 발생 가능한 외부 충격을 감당하기 힘들다. 부채비율을 개선하지 못해 투기등급으로 강등되면 기존 빚의 이자율이 오르는 한편 새롭게 돈을 빌리기도 힘들어진다. 이런 상황이 미국의 주요 기업에서 발생하면 미국은 물론 세계 금융시장이 혼란에 빠지게 된다. 10년 전 위기의 발원지는 가계의 주택담보대출이었다. 다음 위기는 미국 기업의 악성 부채로 시작될 수 있다.

IMF는 미국 트럼프 행정부가 중국 등 여러 나라에 개시한 무역전쟁에 대해서도 "세계경제에 심대한 리스크를 안길 것이다"라고 경고한다. 크리스틴 라가르드 총재는 세계무역기구(WTO) 개혁 및 국제무역 시스템의 개선을 요청했다. 그러나 트럼프 행정부가 바라는 것은 '규칙에 근거한(rules-based)' 국제무역 질서의 개선이 아니다. 경제와 군사 부문의 라이벌로 찍은 중국의 기세를 꺾는 것이다. 트럼프 행정부가 최근 북미자유무역협정(NAFTA)을 개정해 타결한 미국·멕시코·캐나다 협정(USMCA: United States-Mexico-Canada Agreement)은 노골적으로 중국을 겨냥한다. 캐나다와 멕시코가 중국과 자유무역협정을 체결하지 못하도록 했다. 글로벌 차원에서 전개되는 국제분업 체계에서 '세계의 공장' 구실을 해온 중국의 지위를 박탈해 핵심 제조업 및 하이테크 산업을 미국으로 되돌리는 것이 트럼프 행정부의 장기적 목표다. 라가르드 총재의 충고가 트럼프 대통령에게 통할 것으로 기대하기 어려운 이유다.

신용등급 기준

투자등급	AAA
	AA+
	AA
	AA-
	A+
	A
	A-
	BBB+
	BBB
투기등급	BBB-
	BB+
	BB
	BB-

※무디스와 S&P의 신용등급 기준
※신용등급이 높을수록 안정성 ⇧, 투자자가 받는 이자는 ⇩

2008년 금융위기에 대한 해결책이 다음 위기로 이어질 수 있는 취약성들을 만들어냈다. 취약성이 현실화될 계기들도 돌출하고 있다. 세계 각국이 새로운 국제협력 체제를 구축해서 금융위기의 가능성을 차단할 수 있을지는 아직 미지수다.

금리·유가·무역전쟁 3중고… 비관론 고조

세계 경제에 대한 비관론이 고조되고 있다. 최근 뱅크오브아메리카(BoA)–메릴린치가 펀드매니저들을 대상으로 실시한 설문조사에서 '세계 경제가 경기확장 사이클의 끄트머리를 지나고 있다'는 의견이 85%를 차지했다. JP모건체이스도 최근 발간한 투자보고서에서 3년 내 미국에서 경기침체가 발생할 가능성이 80% 이상이라고 관측했다. 1년 내는 28%, 2년 내는 60%로 추산됐다. 실제 경제지표도 둔화 신호를 보내고 있다. 제조업과 비제조업을 통틀어 세계 경기를 보여주는 JP모건·마킷 종합 구매관리자지수(PMI)는 2월부터 하락했고, 9월(52.8)엔 2년 만의 최저 수준으로 떨어졌다.

세계 경제 전망이 어두워진 배경으로는 고금리와 고유가, 그리고 무역전쟁이 꼽힌다. 2008년 금융위기 이후 경기를 부양하려고 주요국들이 추진해온 이른바 '제로(0) 금리' 시대는 10년 만에 막을 내리고 있다. JP모건체이스가 집계하는 주요 선진국 중앙은행의 평균 기준금리는 최근 1%를 넘었다.

미국 연방준비제도(Fed·연준)는) 기준금리를 연 2.00~2.25%로 0.25% 포인트 인상했다. 올 들어 세 번째 인상이다. 연준은 2020년까지 인상 기조를 유지할 의사를 내비쳤다. 유럽중앙은행(ECB)은 연말 양적완화를 종료할 예정이고, 일본은행도 출구전략을 모색하고 있는 것으로 알려졌다.

미국의 기준금리 인상은 세계 시장금리의 기준인 미국 10년물 국채금리를 7년래 최고로 끌어올렸다. 이 여파로 뉴욕 3대 지수가 폭락했고 뒤따라 세계 각국의 증시도 급락했다. 연준이 계획대로 금리를 빠르게 올린다면, 수년 안에 각국 주가 붕괴와 세계 경제 침체가 현실화할 수 있다는 우려가 제기된다.

현재 미국 증시는 기술주 중심으로 지나치게 고평가됐다는 시각이 일반적이다. 국채 등 장기금리가 낮아 투자자들이 주식시장에 너무 몰려서다. 따라서 장기금리가 정상화하면서 주식시장에서 돈이 흘러나오기 시작했다는 분석이다. 주가 하락은 가계자산 감소, 소비 하락, 실물경제 타격, 투자 위축이라는 악순환을 불러올 공산이 크다. 장기금리 상승에 따른 경기침체는 마땅한 경기부양 수단이 없기에 장기간 전개될 가능성이 높다.

미·중 무역전쟁도 세계 경제에 먹구름을 드리우는 중요 원인이다. BoA-메릴린치 조사에서 펀드매니저들은 근심의 최대 원천으로 무역전쟁을 지목했다. 도널드 트럼프 미국 대통령은 '미국 우선주의'를 밀어붙이며 7월 이후 2천500억 달러어치의 중국 제품에 고율관세를 부과했다. 이로 인해 '세계의 공장'이자 세계 경기를 견인해온 중국 경제는 둔화 추세가 뚜렷해지고 있다.

문제는 트럼프 대통령이 전선을 더 넓힐 태세란 점이다. 트럼프 대통령은 한국, 캐나다, 멕시코와 새로운 경제협정을 체결한 데 그치지 않고 일본, 유럽연합(EU), 인도, 브라질, 베트남 등과도 무역 역조를 개선하겠다고 벼르고 있다. 국제통화기금(IMF)은 미국발 보호무역주의 확산으로 세계 GDP가 장기적으로 0.1~0.4% 감소할 것이라고 분석했다.

국제유가 급등도 세계 경기 회복에 찬물을 끼얹는 요인이다. 2015년 배럴당 45달러대였던 두바이유는 최근 90달러에 육박하고 있다. 고유가는 인플레이션을 유발하고 원유 수입국의 경상수지 적자를 확대하며 환율에도 부정적 영향을 끼친다. 현대경제연구원에 따르면 유가가 10% 오를 경우 석유제품의 제조원가는 7.5% 상승 압력을 받는다. 반도체, 전자, 자동차 등의 산업에서도 원가상승 압력이 0.1~0.4% 생긴다.

최근 유가 급등세는 미국의 대(對)이란 제재가 촉발했다. 미국은 핵합의에서 탈퇴한 데 이어 이란의 달러화 매입 금지 등을 포함한 1단계 제재를 복원했다. 미국은 다른 나라들에도 이란과의 원유 거래를 끊으라고 압박했다. 비잔 남다르 잔가네 이란 석유장관은 "사우디아라비아, 러시아의 산유량이 현재 최고치라 이란의 공백을 메울 여력이 없다"며 "유가가 더 오르면 세계 경제가 침체할 수 있다"고 경고했다.

석유 한 방울 나지 않고 개방 경제인 한국은 3중고 모두가 치명타가 될 가능성이 크다. 그러나 내수시장은 작고 수출 의존도는 높아 대응책이 마땅치 않은 실정이다.

〈연합뉴스, 2018. 10. 23.〉

중국을 위한 기도문

차이나 쇼크가 전 세계 금융시장을 강타한 가운데 당신이 미국 일본 유럽 러시아 등의 지도자라면 매일 밤 어떤 기도를 하며 잠자리에 들겠는가. 뉴욕타임스의 칼럼니스트 토머스 프리드먼은 2일 세계 지도자들이 중국 경제의 연착륙을 간절히 기원하는 '중국을 위한 기도문'이라는 내용의 컬럼을 게재하였다.

"하늘에 계신 우리 아버지, 중국의 후진타오(胡錦濤) 주석이 건강과 안정을 유지할 수 있도록 해주소서. 그가 중국의 금융구조조정을 추진하고, 막대한 부실채권과 만연한 부패를 제거하는 데 꾸준하고 주도면밀하게 움직일 수 있도록 보살펴 주옵소서. 그에게 갑작스런 수입중단과 일방적 수출이라는 미친 듯한 경기억제책 없이 중국의 과열경제를 진정시킬 수 있는 지혜를 허락하소서. 주여, 우리가 최근 수년간 중국의 지도부를 '베이징의 도살자들'처럼 나쁜 말로 묘사한 것을 용서해주소서. 그것은 우리의 진의가 아니었나이다. 우리는 '베이징의 은행가들'이라는 말을 사용하려 했나니, 이는 중국의 경제가 아시아 전역의 성장을 촉진하고 일본을 고무시킬 뿐만 아니라 세계 전역의 수입품을 빨아들이고 있기 때문이옵나이다. 부디 중국의 지도자들이 120세까지 살게 하여 주옵시고 그들이 살아 있는 동안 중국이 매년 9% 경제성장률을 유지할 수 있도록 해 주옵소서. 아멘."

〈헤럴드경제, 2004. 5. 3.〉

세뇨리지 효과

'세계경제의 불균형'이 몇 해째 국제사회의 화두다. 핵심은 미국의 쌍둥이 적자다. 천문학적인 재정적자와 경상적자를 메우려 미국이 끌어들인 부채(외채)는 2조 5천억 달러에 이른다. 국내총생산의 20%를 훌쩍 넘었다. 선진국 기준으로 보면 위험 수준을 넘어 파산을 걱정할 할 만하다. 그런데도 재무부는 계속 채권을 팔고 세계 각국은 미국 자산을 사들이는 데 여념이 없다. 아무도 미국의 지급불능을 우려하지 않는다. 본디 돈을 찍으면 교환가치에서 발행비용을 뺀 만큼의 이익(화폐주조 이익)이 생긴다. 그 중에서도 기축통화국, 곧 국제통화를 보유한 나라가 누리는 이익을 통상 ‘세뇨리지 효과’라 일컫는다. 단순히 말해 1달러짜리 지폐의 액면가에서 제조비용을 뺀 차액이 그것이다. 과거 중세 때 군주(프랑스 말로 ‘세뇨르’)가 재정을 메우려 금화에 불순물을 섞어 유통시킨 데서 온 말이다. 세계경제의 불균형은 이런 달러의 지위가 크게 위협받고 있음을 에둘러 표현한 것이다. 쉽게 말해 중국의 최대 흑자를 미국의 최대 적자로 버티는 불균형 상태를 더는 ‘달러 찍어내기’로 지탱하기 힘들어졌다는 얘기다. 이젠 다른 나라가 미국 국채나 회사채를 사주지 않으면 달러는 붕괴하는 구조가 고착화했다. 세계경제가 오랫동안 미국에 편중된 단극 성장을 한 결과다. 이런 구조의 ‘갑작스런 조정’이 단지 미국만의 문제가 아닌 것도 비극적 현실이다. 과거에도 미국이 적자 구조를 조정할 때마다 세계는 큰 홍역을 치렀다. 1980년대 일본의 자산거품과 장기침체, 90년대 중남미와 아시아 나라들의 금융위기 등은 달러 자산의 가치 조정과 밀접히 연관된 문제였다. 교과서적인 해법은 미국이 총수요를 억제하는 길이지만, 미국의 행보는 그리 급해 보이진 않는다. 투자의 귀재 워런 버핏이 3년 전부터 지속적으로 달러를 팔고 있는 이유를 곰곰이 생각해 볼 때이다.

〈한겨레, 2006. 1. 22.〉

8) 생산가능인구 감소 시대의 경제성장과 노동시장[9]:경제위기의 발생

일본에서 생산가능인구가 감소한 1995년은 1991년 부동산버블 붕괴를 시점으로 ‘잃어버린 20년’이 진행되고 있던 시기였다. 또한 유럽의 생산가능인구 감소가 본격화되기 시작한 2010년대는 글로벌 금융위기의 여파가 남유럽 재정위기로 이어지면서 유럽의 저성장이 본격화되고 유럽이 제2의 일본이 될 것이라는 우려가 높아진 시기이다.

경제위기를 촉발시킨 직접적 원인으로 일본의 경우 부동산 버블붕괴, 남유럽은 금융 위기 이후 과도한 재정적자 등이 지적되지만 인구구조 변화 역시 위기와 무관하다고 볼 수는 없을 것이다. 핵심 생산계층이자 소비계층인

9) 이근태·이지선, 생산가능인구 감소 시대의 경제성장과 노동시장, 엘지경제연구원, 2017.3.8

15~64세 인구 둔화는 생산능력을 떨어뜨릴 뿐 아니라 수요를 위축시키는 요인이 되기 때문이다. 더욱이 재정적자 및 국가부채 확대 역시 고령화가 가져오는 중요한 부작용으로 알려지고 있다. 고령화와 생산가능 인구 감소는 위기대응력과 회복력을 약화시킴으로써 위기발생에 일조하고 침체를 장기화하는 역할을 한다.

(1) 일본

1990년대 이후 일본의 경제위기를 촉발시키고 침체를 장기화시킨 원인으로 부동산 버 블붕괴에 따른 경제 및 금융시스템 혼란과 엔고에 따른 수출경쟁력 상실, 금융구조조정 실패와 디플레를 막지 못한 정책 실패 등이 지목되지만 일본의 인구구조 변화도 중요한 역할을 한 것으로 지적된다.

인구구조 변화에 따른 수요위축 역시 일본의 성장세를 떨어뜨린 경로로 작용했다. 일본의 부동산거품을 가져왔던 주요인은 1980년대 엔고불황을 극복하기 위한 저금리와 부동산개발을 통한 내수확대 정책이었는데 거품이 붕괴된 원인으로 주력 주택 구입 연령이었던 35~54세 인구가 1990년부터 감소추세로 돌아서면서 주택수요가 줄어든 점이 지적되기도 한다.

버블붕괴를 겪었던 다른 나라들과 달리 일본은 수요위축의 충격에서 장기간 벗어나지 못했다. 미래에 대한 불안으로 일본가계는 소비를 줄이고 저축을 늘리는 방식으로 대응했고 이에 따른 소비성향 저하가 수요를 위축시키는 악순환이 장기화된 것이다. 주력 소비연령인구의 감소는 소비악순환을 심화시키는 역할을 했다. 1980년대까지 주요 내구재의 보급률이 이미 높아진 상황에서 30~ 40대 주력 소비연령인구가 감소하면서 수요확대를 주도할만한 수요부문이 없었다는 구조적 수요저하설이 침체 장기화의 원인으로 제시되고 있다. 또한 일본의 인구구조 변화는 재정악화를 통해서도 침체를 장기화시켰다. 고령인구는 증가하고 세금을 납부하는 생산가능 연령 인구는 감소하면서 재정적자가 누적된 것이다. 더욱이 젊은 층에 비해 고령층의 정치적 영향력이 확대되면서 재정건전화 개혁이 이루어지기 어려웠다. 결국 국가부채 비중이 단기간 내에 급증하면서 국가신뢰 도를 떨어뜨리고 위기극복을 위한 대응을 어렵게 하는 요인이 되었다.

(2) 남유럽

글로벌 금융위기는 인구구조 변화와 무관하지 않다. 미국 서브프라임 모기지 부실, 선진국의 부채를 확대시켰던 로벌 임밸런스는 미국 주택구입연령 인구의 감소 및 선진국의 전반적인 고령화와 관련된다. 남유럽 재정위기 역시 생산가능 인구 감소와 밀접히 연관된다. 2008년 포르투갈을 시작으로 2009년 아일랜드와 스페인, 2013년 그리스까지 위기를 겪은 남유럽국가들은 모두 생산가능인구 감소기에 접어들었다. 남유럽국가들은 1970년대까지만 해도 출산율이 선진국 평균보다 높았지만 1980년대 이후 출산율이 빠르게 떨어졌으며 이는 현재 20~30대 인구 감소로 이어졌다. 1980~90년대 평균 출산율은 이탈리아가 1.39명으로 OECD 최하위 수준이었고 스페인, 그리스, 포르투갈 역시 1.5~ 1.6명으로 OECD 평균보다 낮은 수준에 머물렀다.

출산율 급감으로 노동시장에 진입하는 신규인력 감소가 2000년대 이후 지속된 데다 유로화 출범에 따른 환율고정 으로 수출경쟁력이 약화되면서 남유럽국가들의 잠재성장 능력이 둔화되었다. 그러나 정부가 실질금리를 낮게 유지하면서 주택경기가 호조를 보이고 재정지출 확대로 소비도 늘면서 경제성장률은 다른 유럽국가들에 비해 높은 수준을 유지했다. 결국 국가부채 급증에 따른 국가신뢰 위기를 맞아 성장세가 급락했다. 더욱이 생산가능인구 감소가 내수위축 요 인으로 작용하면서 남유럽 국가들의 수요 감소를 부채질했다. 현재 남유럽은 저성장이 출산율을 더욱 하락시키는 악순환에 빠져 있다. 청년실업률 은 여전히 40%를 넘어서는 수준이고 전체 청년실업자 중 장기실업자 비중이 30%를 넘어서고 있다. 청년들의 소득 불안으로 출산율이 1.2명 수준으로 하락했으며 최근 일자리를 찾아 이민을 떠나는 청년들도 늘고 있어 중기적으로 인구감소 추세가 가속될 우려가 크다.

(3) 독일

생산가능인구 감소가 모두 경제위기 및 성장저하로 연결되는 것은 아니다.

독일은 1998년부터 생산가능인구가 감소세로 돌아섰지만 성장률 변화는 크지 않았다. 독일 경제는 이미 1990년대 중반부터 통일의 특수가 사라지고 재정부담과 사회혼란 확대 로 저성장과 고실업이 지속되면서 '유럽의 병자'로 불리고 있었다. 이러한 상황에서 생산가능인구가 감소추세로 돌아섰지만 이는 성장에 큰 영향을 주지 않았다. 생산성 저하로 노동투입형 성장을 하던 상황에서도 노동부족에 따른 성장의 차질이 크지 않았던 것은 9%를 넘는 높은 실업률로 산업예비군이 많았기 때문이다.

독일경제는 대외비중이 높아 생산가능인구 감소에도 불구하고 급격한 수요위축은 피할 수 있었던 것으로 보인다. 당시 독일의 대외수요 비중은 40%를 넘어서 일본의 두 배 이상이었다. 더욱이 2000년대 초반 이후부터는 노동생산성 이 빠르게 높아지면서 노동력 부족을 극복할 수 있는 힘이 되었다. 유로존 가입으로 통화가치가 낮게 유지되면서 제조업의 역내외 수출이 크게 늘어나고 고성장하는 중국으로 기계 및 소재 등 중간재 공급자 역할이 강화되는 등 독일에게 유리한 환경변 화가 생산성 상승으로 이어졌다. 오랫동안 지속되어온 경기침체에도 불구하고 높은 R&D 투자를 유지해온 점과 독일 특유의 듀얼시스템(Dual System)을 통해 숙련을 요하는 기계, 자동차 등 전통제조 업에서 노동경쟁력을 유지해왔다는 점도 생산성 향상의 배경으로 꼽히고 있다. 경제위기에 따른 수요위축 현상이 발생하지 않았던 독일은 생산가능 인구 감소에 따른 인력부족을 제조업 생산성 향상으로 극복해내면서 상대적으로 높은 성장을 유지해온 것으로 볼 수 있다.

1997년과 2008년 가을의 기억

그동안 두 차례의 경제위기를 겪었다. 1997년 외환위기 때는 반도체를 맡고 있었다. 반도체는 당시 재계의 효자 사업이었다. 삼성과 현대, LG 등 반도체 3사가 모두 미국과 영국 등 해외에 반도체 공장을 짓겠다고 앞다퉈 나설 정도였다.

그러나 위기 발생 직전, 핵심 제품이던 16메가 D램 가격이 개당 50달러대에서 3달러대로 급전직하로 추락하는 데는 그리 오랜 시간이 걸리지 않았다. 한보철강에 이어 삼미, 기아차, 쌍방울, 해태 같은 대기업이 줄줄이 쓰러진 데 이어 반도체 가격마저 폭락한 것이 위기의 징조였지만 국제통화기금(IMF) 구제금융을 예상한 사람은 아무도 없었다. 모든 정보를 손아귀에 쥐고 있던 정부도 현실을 냉정하게 바라보지 못한 채 보고 싶은 것에만 눈길을 돌렸다. 결과적으로 국민이 끔찍한 대가를 치러야 했다.

그로부터 10여 년 뒤, 글로벌 금융위기가 닥쳤을 때는 그 진원지인 미국에 있었다. 1년간 연수를 위해 2008년 늦여름 미국 동부에 도착한 얼마 뒤부터 현지 한국인들로부터 질문 공세에 시달렸다. 원·달러 환율이 1,000원대에서 1100원대로 올라섰는데, 언제쯤이면 다시 1,000원대로 떨어질 것 같으냐는 것이었다. 달러를 한국에서 송금받는 입장에서는 환전 시기에 따라 손익에 큰 차이가 나기 때문이었다. 그러나 야속하게도 원·달러 환율은 그날 이후 이듬해 초까지 1,500원대로 줄곧 내달렸다. 한미 통화스왑의 극적 체결이 없었다면 아마도 고통의 시간이 훨씬 연장됐을 것이다.

위기는 예고 없이 다가온다. 경고의 목소리가 없지 않지만 대개 소수 의견에 그친다. 그보다는 안도의 목소리가 훨씬 더 크게 들린다. '경고'가 '안도'에 묻히는 가장 큰 이유는 기득권층에겐 태생적으로 위기를 회피하고 싶어하는 심리가 강하기 때문이다. 위기가 닥치는 그 순간까지 "위기는 없다"고 외치는 것이 바로 기득권층이다. 위기는 기존 질서를 무너뜨리는 폭발력이 있다. 기득권을 오래도록 누리려면 '판'이 깨져서는 곤란하다. 그리고 기득권 최상층에는 권력이 있다. 권력을 쥔 사람들이 위기론을 싫어하는 이유다.

문제는 위기가 닥쳤을 때 더 큰 피해를 보는 쪽은 정작 기득권층이 아니라 취약계층이라는 사실이다. 기득권층은 대개 위기에도 버틸 수 있는 수단을 다양하게 갖고 있다. 그에 비해 취약계층은 위기의 충격을 온몸으로 받아내다 피멍이 든다. 거리로 내몰린 '한계' 직장인들이 그랬고, 셔터를 내려야 했던 영세 자영업자들이 그랬다. 하루 벌어 하루 사는 일용직 근로자들이야 더 말할 것도 없었다.

지금도 권력은 "위기는 턱도 없다"는 투로 행동한다. 그러나 위기를 경고하는 목소리가 시나브로 커지고 있다. 외국인 투자자들이 해외로 돈을 빼내가기 시작했고, 성장률 전망은 하루가 멀다 하고 낮춰지고 있다. 빚더미에 올라 있는 가계는 이자 쓰나미를 예상하면서도 아무런 대비책을 세우지 못할 정도로 취약하다.

일본이 '잃어버린 20년'에 들어서기 직전 생산가능인구가 줄어들기 시작했다는 사실도 꺼림직하다. 우리나라도 지난해를 정점으로 생산가능인구가 줄기 시작했다. 미·중 무역전쟁과 이탈리아의 유럽연합(EU) 탈퇴 움직임도 그 끝을 예상할 수 없어 불안하다.

이럴 때일수록 정부는 낙관론을 경계해야 한다. 무조건적인 낙관이야말로 시야를 흐리는 최대의 적이다. 경고에 귀를 기울여야만 대비책도 나온다. 그래야 위기가 닥쳐도 덜 당황하게 된다.

〈매일경제, 2018. 10. 30.〉

불확실성 걷히기 시작한 인도 경제

2001년 미국 투자은행 골드만삭스가 제기했던 유망 신흥시장 '브릭스(Brics)'에 인도가 포함된 것은 13억 인구가 펼쳐 보일 잠재력이 결정적이었다. 2008년 미국 월가 파생금융상품 시장의 버블붕괴로 시작된 글로벌 금융위기 역시 인도를 포함한 신흥국 시장가치를 상대적으로 돋보이게 만들었다. 그러나 개혁개방 20년차를 맞이한 2010년까지도 인도경제의 고질적 문제인 빈약한 제조기반, 곤궁한 재정형편, 자원 배분을 관장하는 정치 과정의 비효율성은 여전히 방치되어 왔다. 특히 취약한 제조 기반은 인도경제의 불안정성을 키운 걸림돌이 되었다.

2014년 모디 총리의 집권은 인도 경제의 내부적 모순이 해결되고 불확실성이 걷힐 수 있는 계기를 마련했다. 모디 정부는 고성장 정책을 추진하는 한편 부패 척결과 사업 환경 개선에 주력하고 있다. 최근 5개년의 연평균 성장률이 7.4%로 비교적 높은 수준을 유지하고 경제안정성이 높아지면서 작년 11월 국제 신용평가기관 무디스는 인도 국가신용도를 Baa3에서 Baa2로 한 단계 올렸다. 브릭스 담론이 제기된 이후에도 들쭉날쭉했던 외국인직접투자 순(純)유입액은 2015년부터 플러스로 돌아서, 2017년 최고치를 경신했다. 국제유가 안정세 덕택에 원유수입 부담이 크게 줄고, 루피화가 큰 등락을 보이지 않는 것도 한 몫 했다. 국제투자자들의 인도경제에 대한 신뢰 또한 최근 수년 새 크게 높아졌다.

그럼에도 불구하고 외국 기업들이 인도 투자를 고려할 때 여러 가지 제약 조건이 뒤따른다. 인도 투자의 최대 걸림돌은 토지 확보 이슈다. 낡고 경직된 노동법도 토지와 더불어 생산지로서 투자매력도를 떨어뜨리는 요인이다. 정부 정책의 불확실성 또한 외국 기업들의 투자를 주저하게 만든다. 소비시장이 소규모로 대륙 곳곳에 파편화됐다는 점도 한계로 지적된다. 마지막으로 인도 소비시장의 특징인 낙후된 유통환경 역시 외자 기업들의 투자를 주저하게 만드는 요인이다. 모디 정부는 기업 친화적 이미지를 내세워 조금씩 불확실성 요인을 걷어내 왔다.

모디노믹스에 포함된 '메이크 인 인디아(Make in India)'는 고용창출과 소득증대를 모색하는 제조업 육성 정책이다. 외국기업, 특히 한국기업의 입장에서는 25개에 달하는 메이크 인 인디아 업종 가운데 전자, 자동차, 석유화학 등에 관심이 크다. 이런 가운데 소프트뱅크(Softbank), 알리바바(Alibaba), 텐센트(Tencent) 등은 전자상거래 관련 현지 업체에 지분 투자 규모를 늘리고 있다. 기존 전자상거래 시장은 주로 로컬 업체 위주로 경쟁구도가 형성되었지만 인도 시장에 한해 글로벌 ICT 기업들의 각축전이 조성되는 분위기다.

인도는 예상보다 느리게 발전해 왔지만 모디 정부 이후 시장친화적 방향이 어느 정도 정착되면서 외자기업들의 진출 속도가 생각보다 빨라지고 있다. 우리 기업들은 모디식 개혁개방이 진전될 경우 인도 특화된 접근과 함께 잠재력이 조기 발현될 사업영역을 구체적으로 선정해 나가는 작업이 필요하다.

〈박래정 외 2인, 불확실성 걷히기 시작한 인도경제, 엘지경제연구원, 2018. 7. 10.〉

미통상법 제301조와 슈퍼301조

흔히 '불공정무역조항'으로 일컫는 제301조는 Section 301~309조까지를 '일반 301조'라고 통칭하며 미국이 무역상대국의 불공정한 무역행위로 피해를 볼 경우 광범위한 영역에 걸쳐 보복할 수 있도록 한 규정이다. 외국의 불공정 무역 관행에 대한 보복조치를 규정한 일련의 조항을 '제301조'라 지칭하는 것은 동 규정들이 『1974년 통상법』 제3절(title), 특히 제301조에 의해 변경되고 대폭 확대된 데에서 유래되었다. 역사적으로 볼 때 제252조 및 제201조와 유사한 대통령의 보복조치 권한은 거의 200여년 동안 존재 했으나 『1974년 통상법』에서 대통령이 미국의 수출품에 대해 불공정하게 차별을 한다고 결정하는 경우 해당 국가로부터의 수입을 제한할 수 있는 권한을 부여하기 시작하였다. 미국 대외무역에서 가장 강력한 정치적 구제수단 중 하나로, 국제통상협정에서 미국의 권리나 이익이 침해당할 위험에 처해있거나 외국의 무역관행이 부당하거나 불합리하거나 차별적인(unjustifiable, unreasonable, or discriminatory)경우에 적용된다.

슈퍼 301조는 『1988년 종합무역법』에서 제301~309조에 보복조항인 '제310조'를 추가해 이를 '슈퍼 301조'라고 하며 무역상대국을 포괄적으로 우선협상대상국으로 지정해 무역협상을 하고, 고율의 관세 부과 등 강력한 보복조치를 할 수 있게 한 조항이다.

〈설송이, 미국 통상법의 주요 내용과 시사점, 한국무역협회, 통상리포트, VOL.18, 2018〉

연간 수출 6,000억 달러 돌파

1948년 2월, 화신무역상사는 화물선 앵도(櫻桃)호를 부산항에서 출항시켰다. 태극기를 달고 해외로 취항한 첫 무역선이다. 이 배에는 우뭇가사리의 일종인 한천(寒天)과 마른오징어 같은 건어물이 실려 있었다. 앵도호 선원들은 홍콩과 마카오에 머물며 이 상품들을 팔고 현지 상인들과 추가 무역협상을 벌였다.

앵도호가 취항한 1948년 한국의 수출액은 1,900만 달러. 수출대상국도 중국과 일본 등으로 한정돼 있었다. 건어물과 계란, 사과, 배 같은 농수산물과 아연, 흑연, 철광석 같은 광물이 주요 수출품이었다. 1959년 동광 메리야스가 미국으로 스웨터 300장을 수출한 것을 시작으로 의류, 신발 같은 공산품이 농수산물을 대체해 갔고 1980년대에는 경공업 제품이 주요 수출품목 상위권에 이름을 올렸다. 그리고 2000년대 들어선 반도체, 자동차, 선박 같은 첨단 고부가가치 제품 수출이 그 자리를 차지했다.

산업통상자원부와 관세청은 28일 11시 12분 기준으로 올해 수출이 6,000억 달러를 돌파했다고 밝혔다. 70년 전에 비해 수출이 3만 배 이상 늘어난 셈이니 격세지감이다. 1995년 1,000만 달러를 수출한 이후 23년, 2011년 5,000억 달러를 수출한 이후 7년 만에 일군 쾌거다. 연간 수출 6,000억 달러를 넘은 것은 미국, 독일, 중국, 일본, 네덜란드, 프랑스에 이어 우리나라가 세계에서 일곱 번째다.

역대 최대 수출 기록을 달성한 것은 반갑지만 속내를 들여다보면 마냥 좋아할 일만도 아니다. 반도체 수출 의존도가 지나치게 높기 때문이다. 2014년엔 전체 수출액에서 반도체가 차지하는 비중이 11%였지만 올해는 21%까지 올라갔다. 세계적인 반도체 '슈퍼 사이클'의 덕을 본 측면이 크다. 그러나 내년 공급과잉이 예상되면서 이런 호황도 끝물이라는 전망이 나오고 있다. 실제로 지난달 반도체 출하량이 16.3% 줄어들면서 2008년 12월 이후 가장 큰 폭으로 감소했다. 과거 옷이 마른 오징어 자리를 차지하면서 수출이 비약적으로 늘어났듯, 이제 또 다른 도약을 위해 반도체 이후를 준비해야 할 때다.

〈동아일보, 횡설수설, 2018. 12. 29.〉

중국이 세계 패권을 쥐고 싶다면

중국은 지난해 3월 한반도 사드(고고도미사일방어체계, THAAD) 배치 이후 다양한 경제 보복 조치들을 취했다. 일부 조치들은 해제됐지만 아직 해결되지 않은 것들도 많다. 그나마 해제되는 조치들도 느린 속도로, 불투명하게 진행된다. 이번처럼 해제했다가 다시 거둬들이는 경우도 있다. 시쳇말로 '지네 맘대로'다. 중국에 대한 우리 감정이 좋을 리 없다.

맘 같아선 다 집어치우고 싶지만 그럴 수 없는 것이 중국 시장이다. 관광산업을 보자. 사드 이전인 2016년 한국을 찾은 외국인 관광객 수는 1,724만 1,823명. 이 중 절반에 가까운 806만 7,722명이 중국인이었다. 지난해 사드 영향으로 416만 9,353명으로 급감했지만 여전히 2위인 일본인 관광객(231만 1,447명)의 두 배에 육박한다. 지난 14일 행사를 위해 베이징을 찾은 안영배 한국관광공사 사장은 "우리 관광산업의 미래를 위해 시장 다변화가 필요하지만 그래도 제1 주력 시장은 중국"이라고 했다. 관광뿐이 아니다. 대부분의 산업에서 중국은 이미 세계에서 가장 큰 시장이 됐다. 중국 자동차 시장은 지난 2009년부터 세계 최대다. 지난해 한 해에만 2,887만 9,000대의 자동차가 팔렸다. 전세계 신차 판매의 30%에 해당한다. 올해는 더 많은 3,000만 대 가량이 판매될 것으로 예상된다. 2위 미국(1,750만 대 전후)의 두 배 수준이다. 게다가 중국의 1인당 GDP(국내총생산)은 아직 1만 달러(지난해 기준 8,582달러)에도 못 미친다. 앞으로도 성장 여지가 크다.

이런 규모의 경제와 성장성은 중국이 가진 가장 강력한 무기다. 적어도 경제면에서는 중국이 미국보다 더 매력적일 수 있다. 당장 우리가 그렇다. 지난해 우리나라 총수출에서 차지하는 비중은 중국 수출이 24.8%, 미국이 12% 였다. 지리적으로도 미국보다 더 가깝고 중간재 수출 등 산업적인 시너지도 중국 쪽이 낫다. 경제면에선 미국보다는 중국이 잘 되는 것이 우리에게 더 유리할 수 있다는 얘기다. 미국이 무역전쟁을 시작으로 본격적인 중국 견제에 나선 것도 이런 영향력 때문일 것이다.

안타까운 현실은 중국의 이런 강점이 미국과의 무역전쟁에서는 그리 힘을 쓰지 못하고 있다는 점이다. 안보면에서 미국과의 동맹이 중요한 한국이나 일본은 물론, 미국의 '자국 우선주의'와 충돌했던 EU(유럽연합)도 중국과 손을 잡지 않았다. 오히려 미국이 제기하는 중국의 불공정 무역관행 주장에 더 머리를 끄덕인다. 중국이 천문학적인 자금을 쏟아붓고 있는 '일대일로(육해상 실크로드)' 사업도 곳곳에서 마찰이 빚어지고 있다.

먹고 사는 문제는 안보만큼이나 중요하다. 그럼에도 미중간의 무역전쟁에서 중국이 외로운 싸움을 벌이고 있는 것은 힘의 차이 때문만은 아니다. 다른 국가와의 외교, 경제 운용 등에 있어서 지나치게 자기중심적이지 않았는지, 힘의 논리로 몰아붙인 것은 아닌지 돌아볼 필요가 있다. 마음을 얻는 자가 천하를 얻는다. '중국이 잘 돼야 우리도 좋은데 중국이 잘 되는 것이 싫은' 아이러니. 이를 깨는 것은 결국 중국 자신의 몫이다.

〈머니투데이, 2018. 11. 28.〉

퍼펙트 글로벌 스톰(Perfect Global Storm)

글로벌 경제시스템과 지구 환경시스템에 대한 동시적 쇼크를 극복하지 못할 경우 닥치게 될 글로벌 재앙을 의미한다.

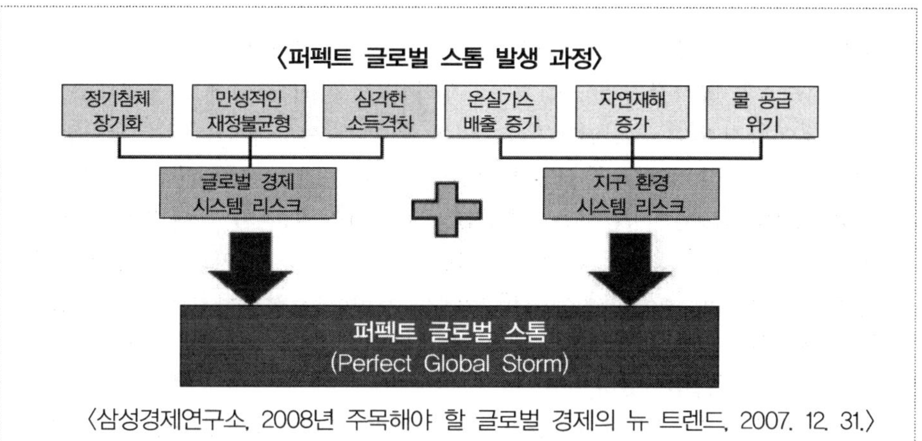

〈삼성경제연구소, 2008년 주목해야 할 글로벌 경제의 뉴 트렌드, 2007. 12. 31.〉

트럼프의 '중국 봉쇄령'과 한국의 딜레마

도널드 트럼프발(發) '중국 봉쇄령'의 요란한 사이렌이 울리고 있다. 지난 9월 말 타결된 미국·멕시코·캐나다 협정(USMCA)은 미국이 협정 참여국인 멕시코와 캐나다가 중국과 자유무역협정(FTA)을 맺는 것을 사실상 금지하는 내용이 포함돼 있다. 기존 북미자유무역협정(NAFTA)을 재협상한 이 협정 32조10항에 따르면 '미국 멕시코 캐나다 3국 중 하나가 비(非)시장경제국과 FTA를 체결하는 경우 다른 두 국가는 3국 간 협정을 종료하고 양자 간 FTA로 대체할 수 있다'고 규정하고 있다. '비시장경제국'은 'USMCA 서명 시점에 최소한 한 국가가 비시장경제국으로 규정했고 3국 중 어느 국가도 그 국가와 FTA를 체결하지 않은 국가'로 규정하고 있다. 바로 중국을 겨냥하고 있음은 명백한 사실이다.

지난해 트럼프 미국 대통령이 집권한 뒤 NAFTA 개정을 위한 미국 국내 절차를 의회와 협의하는 과정에서 공개한 협상의 주요 목표에는 이 조항이 존재하지 않았다. 올 들어 관세폭탄을 주고받는 미·중 무역전쟁이 본격화하면서 상황은 급변했다. 무역흑자를 대규모로 축소하고 불법보조금을 금지해 '중국제조 2025'로 불리는 중국 방식의 기술산업정책을 폐기하라는 미국의 요구를 중국이 "대립이 아니라 대화로 문제를 풀자"며 시간을 끌자 트럼프는 초강경으로 국면을 전환했다. "숫자는 협상할 수 있지만 시스템은 협상 대상이 아니다"는 중국의 높은 벽 앞에서 트럼프는 본격적으로 중국을 국제

통상체제에서 고립시키는 전략을 구사하기로 한 것이다.

USMCA의 비시장경제 조항은 그 시작이다. 아직 중국에 시장경제국 지위를 부여하지 않은 유럽연합(EU), 일본 등 주요 선진국과의 향후 무역협상에서 트럼프는 USMCA의 조항을 적극 활용할 것으로 예측된다. 트럼프의 협상전술에 말려들어 NAFTA 개정협상에서 배제될 뻔한 캐나다의 여론은 주권 국가의 국내 정치에 간섭하는 이런 조항에 비판적이지만, 힘의 우위에 의존하는 트럼프 통상전략의 위세 앞에선 무력함을 절감하고 있다. 바야흐로 국제통상질서는 미국 편에 설 것인가 아니면 중국 편에 설 것인가 양분될 상황으로 치닫고 있다.

트럼프의 노림수는 국제통상질서의 근간인 세계무역기구(WTO)를 무력화하는 것이다. 2001년 WTO 가입 후 중국의 무역성장세는 용이 하늘로 날아오르는 것을 연상케 했다. 세계 최대 미국 시장에 다른 국가들과 같은 조건으로 접근할 수 있게 된 중국은 2010년 일본을 제치고 세계 2위의 경제대국으로 부상했고, 이젠 미국의 턱 밑까지 추격했다. 트럼프와 그의 집행자들은 중국을 WTO에 가입시킨 것 자체가 잘못된 것이었다고 확신하고 있다. 2001년 당시 중국은 15년 후 비시장경제국 지위가 만료된다는 양해 속에 WTO에 가입했다. 2016년 12월 15년의 유예기간이 끝났는데 미국, EU 등 주요국은 중국에 시장경제국 지위를 인정할 생각이 전혀 없다. 중국은 이 문제를 WTO에 제소하기에 이르렀다. 미국과 EU는 국영기업을 앞세워 시장을 독점하고 불법보조금으로 경쟁을 왜곡하는 중국에 시장경제국 지위는 어림도 없다는 생각이다.

결국 문제는 한국으로 귀착된다. 한국은 2005년 노무현 정부 당시 일찌감치 중국에 시장경제국 지위를 인정했다. 교역 규모 1,000억 달러를 넘는 국가로서는 최초의 결정이었다. 한국이 누리던 대중(對中) 무역수지 흑자, 중국시장 선점, 북한 문제에서 중국의 협조 등을 고려한 결정이었다. 그런 결정에는 중국이 지속적으로 개혁·개방하리라는 기대가 있었음을 부인할 수 없다. 그런 기대는 충족되지 않았다. 심지어 최근 사드(고고도 미사일방어체계) 배치에 대한 중국의 무역보복으로 그 파장이 아직도 가시지 않고 있다.

한국은 2014년 중국과 상품 중심의 FTA를 타결하고 발효시켰다. 지난해 말부터는 서비스·투자 분야의 2단계 FTA 협상을 시작했다. 미국발 중국 봉쇄령의 사이렌이 요란한 상황에서 한국이 아무 일도 없다는 듯 일을 추진하기는 어려울 듯하다. 한국 경제가 겪고 있는 여러 어려움이 쉽게 호전될 것 같지 않은 상황에서 숨통을 터준 통상마저 그 기반이 송두리째 흔들리고 있다.

〈한국경제, 2018. 10. 23.〉

지정학적 가치가 우선시되는 시대

지난주 초반 세계 각지에서 들려온 시장 붕괴의 소리는 단순한 조정이 아니라 한 시대의 끝을 알리는 신호였다. 냉전 이후 안정된 국제 관계 속에 시장은 경제 성장에 도움이 되는 환경을 즐겼다. 미국은 경쟁자가 없었으며 모든 강대국들은 대체로 시장 개방과 투자, 무역장벽 완화를 중시하는 미국 정부 입장을 지지했다.

이런 상황은 이례적 결과를 가져왔다. 1990~2017년 전 세계 국내총생산(GDP)은 23조 4,000억 달러에서 80조 1,000억 달러로 증가했으며 세계 무역액은 그것을 웃도는 속도로 성장했다. 10억 명 이상이 빈곤에서 탈피했다. 화려한 시대는 이제 종말을 고했거나 적어도 휴지기에 들어갔다. 세계는 그 의미를 주시하기 시작했다.

버락 오바마 정부에서 외교 전문가들은 '지정학의 부활'에 대해 논의했다. 국제 무대가 전략적 라이벌 간 경쟁에 의해 정해진다는 견해다. 러시아, 중국, 이란은 냉전 후 미국 지배체제의 전복을 꾀하는 '수정주의' 국가다. 그들 국가는 오바마 집권 후반부에 성공을 거뒀다.

대부분의 재계 리더와 투자자는 이런 논의에 주의를 기울이지 않았다. 경제 주도의 세계화가 정착되고 있는 것처럼 보였기 때문이다. 지정학적 질서의 도전자인 러시아는 경제적으로 쇠퇴하는 국가로 바뀌었다. 중국은 경제 급성장과 군사력 우려에도 불구하고 미국의 성공을 떠받치는 경제 기반에 도전장을 던지지는 못했다. 지정학은 부활할 수도 있지만 시장에는 문제가 없었다.

하지만 그런 자기 만족은 판단 착오였다. 지정학의 부활은 경제 정책의 기본 틀이 바뀐 것을 의미한다. 대국 간 경쟁 시대에 국가 지도자들은 경제 목표보다 지정학적 목표를 우선할 수밖에 없다. 미국이 중국과 전략적 경쟁을 본격화하면 미국 대통령은 중국을 중요 공급망에서 내보내기 위해 어떤 희생도 마다하지 않을 것이다. 지정학적 경쟁의 시대에는 주로 기업보다 정부로 권력 이동이 일어난다. 트럼프 정부는 '국가 안보'라는 냉전 시대와 그 이전부터 사용돼 온 법적 기반을 끌어냄으로써 자국의 경제와 무역에 대한 압도적 권력 행사를 정당화한다. 이는 한 세대에 걸친 미국의 무역 정책을 매우 짧은 시간에 뒤집은 것이다.

기업들은 갑자기 발동된 관세 조치로 비생산적 비용이 드는 것에 화가 날지도 모른다. 그러나 대규모 추가 관세를 마음대로 부과할 수 있는 정부에 적대감을 나타냈을 때의 결과에 대해서도 우려하고 있다. 지정학적 시대는 작은 정부의 시대와는 같지 않다. 워싱턴의 가장 강력한 권력이 집중되는 것은 국가 안보 영역이며, 트럼프는 그것을 마음껏 활용할 의지가 있는 것 같다. 그가 그것을 현명하게 행사할지 여부는 다른 문제다.

지정학의 중요성이 부활한 것은 트럼프의 잘못이 아니다. 경제 질서의 기반인 미국 권력에 도전장을 내민 것은 러시아, 중국, 이란이며 그에 대한 오바마의 대응은 불행히도 부족했다. 중국이 경제 대국화하는 가운데 미·중 관계 재검토는 불가피했다. 세계는 국가주의적 경쟁이 펼쳐지는 복잡하고 위험한 새로운 시대에 돌입했다. 지금 세계 금융시장에 울려 퍼지는 붕괴의 소리를 통해 그것을 인식할 수 있다.

〈한국경제신문, 2018. 11. 05.〉

2018년 글로벌 10대 트렌드

① 글로벌 '스트롱맨(Strongmen)'

동북아 주변국 지도자들의 '자국 우선주의'가 심화되면서 글로벌 외교 전쟁이 본격화 될 전망이다. 미국은 '미국 우선주의'를, 중국은 세계 최강대국이 되기 위한 '신(新)시대 중국 특색 대국(大國) 외교'를, 푸틴 대통령도 자국 이익 확대를 위한 외교 전략을 강화할 전망이다. 글로벌 스트롱맨 간 파워게임 심화로 한반도의 지정학적 리스크 고조 가능성이 존재하는바, 한국은 실리 중심의 외교 강화로 이익 극대화를 모색해야 한다.

② New 세계 경제대통령의 등장

'세계 경제대통령'으로 불리는 美 연방준비제도(Fed) 차기 의장으로 제롬 파월(Jerome H. Powell)이 지명되면서 2018년 3월부터 4년간 미국의 통화정책을 책임지는 수장 역할을 하게 된다. 파월은 점진적인 금리 인상, 금융규제 완화 등의 트럼프 대통령의 기조에 맞추며, 온건한 행보를 보일 것으로 예상된다. 따라서 미국 통화정책 정상화 및 미국 금융시장 규제 완화가 국내외 금융시장의 불안정성이 확대되는 요인으로 작용하지 않도록 대비해야 한다.

③ Xi's Reform

중국 시진핑 정부 2기가 공식 시작되는 2018년에는 중국 경제의 회색코뿔소라 불리는 그림자금융발 금융리스크 확산 억제, 과잉생산 산업의 구조조정이 경제 개혁의 핵심 목표가 될 전망이다.

④ 레버리지 확대의 시대 도래

세계 경제의 완만한 회복세 및 글로벌 투자 환경 개선 등으로 경제 주체들은 레버리지를 늘리는 시대가 올 것으로 전망된다.

⑤ Wageless Recovery

Wageless Recovery란 경기 회복과 고용시장 개선에도 불구하고 임금이 오르지 않는 현상을 의미한다. 이러한 현상의 원인으로는 주요 선진국의 고용주들이 정규직보다 임금 수준이 낮은 임시직 고용을 선호하고 있기 때문이다. 최근 일자리가 음식•숙박업 등 저임금 업종에서 늘어나고 있지만 비교적 양질의 일자리인 금융업, 제조업 일자리 회복 속도는 저조하다. 높은 임금을 받던 베이비붐 세대의 은퇴, 중장년 여성의 노동시장 유입 등 역시 임금 상승을 정체시키는 요인이다. 미흡한 임금 상승은 근로자의 가처분소득 증가를 제약하여 소비 부문의 성장을 둔화시키고 물가상승률을 낮춰 통화 긴축 속도를 제약할 가능성이 있다.

⑥ 선진국의 Triple Advantage

주요 선진국은 법인세를 인하하고 리쇼어링 기업에 대한 혜택을 강화하는 등 투자 매력도가 높아질 전망이다. 또한 보호무역주의가 확대됨에 따라 정부 및 민간 차원에서 시장보호를 강화할 것으로 예상된다. 이에 따라 선진국 자국의 이점을 활용하기 위한 글로벌 기업의 본국 회귀가 강화되는 추세가 나타날 것으로 전망된다.

⑦ 하이퍼-코피티션(Hyper-Coopetition)

4차 산업혁명을 맞이해 전세계 기업과 국가가 나서서 유리한 산업상 위치를 점하기 위해 경쟁, 업종, 규모를 가릴 것 없이 자신에게 유리하다면 누구와도 손을 잡는 하이퍼-코피티션이 이루어지고 있다. 과거 동업중, 대등한 경쟁자 등 다소 제한된 영역에서 사용된 '코피티션'과는 차원이 다르다. 기업 차원에서는 주로 AI 기반 플랫폼을 축으로 한 협력이 전개되고 있으며, 일부에서는 플랫폼간의 협력인 'Platform of Platform'으로 발전하고 있다.

⑧ 오모 사피엔스(OMO Sapiens)의 등장

온라인과 오프라인의 통합(Online Merges with Offline)이 가속화되고 인공지능이 발전함에 따라 일상생활과 경제 활동에서 급증하는 스마트폰 활용률, 매끄러운 결제 시스템, 저비용 고성능 센서, 인공지능의 발전 등 4가지 요인이 OMO의 도래를 가속화하고 있다. 교통, 쇼핑, 교육 등 거의 모든 일상생활 영역에서 OMO 트렌드가 빠르게 확산되는 가운데 사업자 간 옥석을 가리는 시기가 도래하고 있다.

⑨ 3-E 에너지 트렌드

국제 유가 변동성을 야기할 수 있는 시장의 단기적인 수급 균형 여부(Equilibrium or not)와 함께 중장기적인 친환경(Eco-friend) 투자 확대 및 4차 산업 관련 기술 발전에 따르는 에너지 효율성(Efficiency) 강조 등이 예상된다.

⑩ 포퓰리즘에 맞선 시민의식의 부상

전 세계적으로 포퓰리즘의 확산으로 글로벌 공동체의 지속가능한 벌전을 지향하며 국가·사회 이슈 해결을 위해 협력하는 시민의식이 부상할 전망이다. 즉 주체적 시민의 정치·사회참여 확대, 글로벌·미래지향적 가치관의 발현이 기대, 정부와 기업, 여타 기관의 책임이 더욱 강조 등이 부상될 것이다.

〈현대경제연구원, 2018년 글로벌 10대트렌드, 경제주평 17-50, 2017. 12.〉

제2장 | 국제무역

1. 왜 무역이 일어나는가?

국제무역은 서로 다른 나라사이에 일어나는 물품의 교환이다. 이러한 교환행위는 교역쌍방 모두 자기가 제공한 물품보다 자기가 받은 물품이 각자에게 더 큰 가치가 있기 때문에 가능한 것이다. 교환행위는 거래상대방 모두에게 이익을 가져오며 나아가 사회 전체적으로 이익을 발생시키는 경제행위이다. 왜냐하면 이것은 우리 모두가 서 각자의 특기(特技)가 달라 특화를 함으로써 이득을 볼 수 있기 때문이다. 즉 모든 사람이 자신들의 특기를 잘 발휘할 수 있는 생산활동 종사하고 교환함으로써 모두 다 이익을 얻을 수 있는 것이다. 국가간 무역도 마찬가지이다.

국가 간의 무역은 개인이 필요한 물건을 모두 스스로 만들어 사용할 수 없듯이 국가 간에도 전문화와 분업에 의해 생산을 늘려 교환함으로써 서로 이익을 누릴 수 있기 때문이다. 예를 들어 국내 경제에서 '갑'이라는 사람이 상대적으로 다른 사람보다 잘 만드는 것을 만들어서 자신이 필요한 물건을 갖고 있는 '을'과 교환하는 것이 서로에게 도움이 되는 것과 같은 원리이다.

국가 간에는 기후, 자원의 부존, 습관 및 문물의 차이, 노동기술의 차이 등 국내에 있어서보다 더욱 두드러지므로 교환으로 얻는 이익은 국내에 있어서보다 더 크다.

2. 절대우위와 상대우위[1]

국내교역에서 각자가 자기 특성에 맞는 (자기가 다른 사람보다 더 잘할 수 있는) 생산활동에 특화함으로써 교역에 의한 이득을 얻을 수 있는 것처럼 국제무역에 의한 이득도 효율적인 분업이 이루어질 때에 발생한다. 예를 들어 우리나라에서는 섬유제품을 미국보다 싸게 생산할 수 있고 미국에서는 항공기를 우리나라보다 싸게 생산할 수 있다고 가정하자. 이 경우 미국은 항공기를 수출하고 우리나라는 섬유제품을 수출함으로써 두 나라가 모두 무역으로 인한 이익을 얻을 수 있다. 이것이 「아담 스미스」의 절대우위론이다. 만약 노동만이 유일한 생산요소라고 할 경우 미국이 항공기 생산하는 데 한국보다 적은 양의 노동이 들어간다면, 미국이 항공기 생산에 있어 절대우위가 있다고 말한다. 반대로 한국이 섬유제품 생산에서 미국보다 적은 양의 노동을 사용한다면 한국이 섬유제품 생산에서 절대우위를 갖는다고 할 수 있다. 특히 두 가지 제품 모두 미국이 절대우위를 갖고 있는 경우에도 국가 간에 무역은 일어난다. 예를 들어 미국이 한국에 비해 항공기와 섬유제품을 모두 더 싸게 생산할 수 있어 두 가지 상품 모두에 대해 절대우위가 있다 하더라도 무역은 일어난다.

그러나 만약 한 나라가 다른 나라보다 모든 물건을 싸게 또는 보다 능률적으로 생산할 수 있을 경우 교역은 두 나라 모두에게 이익이 될 수 있을까?

2개국, 2재화, 1생산요소(노동)인 경우 비록 한 나라가 2재화에 절대적으로 우위를 가지고 있다고 할지라도 각국이 상대적으로 유리한 상품의 생산에 전문화하여 교역을 하면 두 나라는 서로 이득을 볼 수 있다. 이것이 바로 리카도의 비교우위론이다. 즉 한 나라가 2재화 가운데서 한 재화의 생산에 더 효율적인 경우 그리고 다른 한나라도 2재화의 생산에 모두 비효율적이나 2재화 가운데는 어느 한 재화의 생산에 덜 비효율적인 경우 두 나라는 각각의 재화생산에 상대적 우위(comparative advantage)를 가진다고 할 수 있다.

---

1) 주명건, 국제경제의 원리와 구조, 대한상공회의소, 알기 쉬운 경제시리즈 No.5, 1985, pp.12-20에서 정리 요약

따라서 한 국가가 2재화를 모두 다른 국가보다 저렴하게 생산할 수 있다고 할지라도 상대적으로 2재화 중 한 재화를 더 싸게 생산할 수 있는 경우 이를 비교우위라고 한다. 예를 들어 영국과 포르투갈이 모두 포도주와 직물을 생산하고 있고 생산요소를 노동뿐이라고 하자. 두 재화의 생산비는 〈표 2〉에서 보는 바와 같이 영국은 포도주 1단위를 생산하는데 노동 40단위, 직물 1단위를 생산하는데 노동 2단위를 필요로 하고, 포르투갈은 포도주 1단위를 생산하는데 노동 10단위, 직물 1단위를 생산하는데 노동 1단위를 투입하여야 한다. 따라서 포르투갈은 두 재화를 생산하는데 있어서 영국보다 절대적 우위에 있다. 즉 포도주 생산에 있어서 영국은 노동 40단위, 포르투갈은 노동 10단위가 필요하며, 직물 생산에 있어서 영국은 노동 2단위, 포르투갈은노동 1단위가 각각 필요하다.

▌표 2▐ 양국의 생산비(노동 필요량)의 비교

	포도주 1단위	직물 1단위
영 국	40단위	2단위
포르투갈	10단위	1단위

또한 영국과 포르투갈 양국이 두 재화의 생산을 줄여 노동력을 직물산업에서 포도주산업으로 이동시킴으로써 포도주의 생산량을 늘릴 수 있으며, 반대로 포도주의 생산을 줄이면 직물의 생산량을 증가시킬 수 있다. 그러므로 양국에서 국내적으로 포도주 1단위를 줄임으로써 더 얻을 수 있는 직물의 양이 얼마인가 하는 직물과 포도주의 교환비율을 알 수 있다. 즉 영국에서는 포도주 생산량을 1단위 줄이면 포도주 1단위를 생산하는데 종사하던 40명의 노동력이 직물을 생산하는데 투입되어 직물 20단위(40단위/2단위)를 생산할 수 있다. 마찬가지로 포르투갈에서는 포도주 생산량을 1단위 줄이면 직물 생산량을 10단위(10단위/1단위) 증가시킬 수 있다. 그러므로 포르투갈의 국내교환비율은 포도주 1단위당 직물 10단위이고 영국의 국내교환비율은 포도주 1단위당 직물 20단위이다. 즉 포도주 1단위를 더 생산하기 위해 포르투갈은 직물생산을 10

단위만 포기하면 되나 영국은 직물생산을 20단위나 포기해야 한다.

그러므로 포르투갈은 영국보다 포도주와 직물의 생산 모두에 절대우위를 가지고 있으나 포도주 생산이 더 효율적이다. 그러므로 포르투갈은 포도주의 생산에 상대우위를 가지고 있다. 마찬가지로 영국은 포르투갈보다 두 재화의 생산에 모두 비효율적이나 직물생산이 덜 비효율적이므로 영국은 직물생산에 상대우위가 있다.

이제는 자유무역을 통하여 영국과 포루투갈 모두가 이익을 얻을 수 있는지 없는지가 보다 명백해 진다. 무역이 일어나지 않을 때 각국은 자국의 필요에 따라 각기 포도주와 직물을 모두 생산할 것이다. 이제 무역으로 포르투갈은 상대우위를 가진 포도주의 생산에 특화를 한다고 하자. 예를 들어 포르투갈이 포도주 생산량을 500단위 늘이고 영국은 포도주 생산량을 400단위 줄일 경우 세계 전체의 포도주 생산량은 100단위가 증가한다. 이 경우 직물생산량은 어떻게 변할 것인가? 포르투갈에서는 포도주 1단위를 더 생산하기 위해서 직물생산량을 10단위씩 줄여야 한다. 따라서 포도주를 500단위 증가시켰기 때문에 직물생산량은 5,000(=500×10)단위가 줄었다. 그러나 영국에서는 포도주를 1단위 감소시키면 직물생산량을 20단위씩 증가시킬 수 있다. 따라서 영국은 포도주 생산량을 400단위 감소시킴에 따라 직물 생산량을 8,000(=400×20)단위 증가시킬 수 있다. 따라서 〈표 3〉에서 보는 바와 같이 양국 모두 노동의 양은 변함이 없지만 무역을 통하여 포도주의 생산량을 100단위 그리고 직물의 생산량을 3,000단위 증가시킬 수 있게 된 것이다.

▌표 3▌ 무역이 발생한 후의 생산량의 변화

	영 국	포르투칼	합계
포도주	−400	500	100
직물	8,000	−5,000	3,000

이처럼 모든 나라가 각기 자국이 가장 효율적으로 생산할 수 있는 재화를 생산하여 무역을 할 때 주어진 생산요소의 증가나 생산기술의 향상이 없이도

보다 많은 재화를 생산하여 물질적 생활을 풍요롭게 할 수 있다. 즉 양국이 각각 비교우위가 있는 상품 생산을 특화하여 무역하면 양국의 소비자가 두 가지 상품을 더 싸게 더 많이 소비할 수 있어 서로에게 이익이 된다. 선진국과 후진국의 교역은 대체로 절대우위에 근거한 무역이다. 그러나 오늘날 선진국과 선진국, 그리고 개도국과 개도국 사이의 교역이 전세계 무역에서 높은 비중을 차지하고 있는 것은 이러한 비교우위 원리가 현실에 많이 적용되고 있는 것을 보여 준다.무역을 통하여 어느 나라가 얼마만큼 이익을 얻느냐 하는 것은 국제적으로 수출품과 수입품이 어떤 비례로 교환이 되느냐에 달려 있다. 이것을 일반적으로 교역조건이라고 하며 이는 국제시장에서의 두 상품에 대한 수요와 공급에 의해 결정된다.

3. 비교우위론은 완벽하나?

비교우위론은 무역을 자유화하는 데 있어서 결정적인 기여를 하였으나 야기시킨 문제 또한 적지 않다. 그 하나가 바로 남북문제이다. 예를 들어,비교우위에 의하면 선진국은 항상 유리한 산업에 역점을 둔다는 논리가 적용된다. 선진국은 주로 고도의 기술집약적인 산업에 반면에 후진국은 경공업제품의 교역조건에 상대적으로 유리하다. 또한 후진국의 경우 극심한 경쟁으로 가격을 저하시키는 상황 하에서 선진국은 항상 선진국에 머물고 후진국은 항상 후진국으로 머물러 있어 국제적인 부익부 빈익빈의 현상이 심화되는 것이다. 우연의 일치일지는 모르나 북쪽에 있는 선진국들은 더 잘 살게 되고 남쪽에 있는 대부분의 후진국은 계속 더 가난해지는 것이다. 남쪽의 후진국들은 발전하려고 애를 썼지만 생산한 제품이 점점 더 헐값에 팔려 빈곤의 악순환만 되풀이한 것이다. 따라서 리카도의 비교우위론에 의해 고도의 기술을 필요로 하는 자본집약적인 제품은 선진국에서 계속 생산해야 하고 후진국은 노동집약적 상품들만 만들어야 한다는 주장에 대하여 개발도상국이 반발하는 것은 당연한 것이다.

경험적으로 볼 때 비교우위론이나 생산요소 부존량 이론에 입각하지 않고 오히려 비교열위에 놓여 있는 유아산업을 육성하여 국제적인 경쟁력을 갖는 산업으로 바꾸어 놓은 예를 많이 찾아볼 수 있다. 우리나라의 경우 1960년도에는 전자산업에 대한 꿈도 꿀 수 없었으나 이를 정책적으로 육성한 결과 오늘날에는 수출전략 산업이 된 사실로부터 비교우위론에 문제점이 있다는 것을 분명히 알 수 있다.

한편, 비교우위론은 노동이 산업간에 자유스럽게 이동한다고 가정하고 있는데 이러한 가정은 옳지 못한 것을 알 수 있다. 예를 들어 농사짓던 사람이 수입이 증대된다고 해서 갑자기 의류산업체로 전직할 수는 없다. 농사짓던 사람이 갑자기 봉제공장이나 전투기 생산회사의 기술자로 전직할 수는 없는 것처럼 산업구조의 개편은 그만큼 어렵다. 이와 같이 전직에는 많은 시간을 필요로 한다.

이처럼 맹목적인 비교우위에 의해서 무역의 이점을 설명하고 무역의 패턴을 결정하려는 것은 선진국들이 기득권을 고수하기 위한 주장밖에 되지 않으며, 비교우위론은 만병통치약처럼 모든 나라, 모든 시대에 적용되는 것은 아니다.

4. 국제무역의 제이론

1) 대표적 수요 이론

린더의 대표적 수요 이론은 무역을 국내시장의 연장으로 보고 국내시장 규모가 클수록 국내에서 생산된 공산품의 수출가능성은 높아진다고 보았다. 즉 국내수요를 바탕으로 상품을 싸게 생산할 경우 수요패턴이 비슷한 국가로의 수출은 국가의 수요패턴과 1인당 국민소득 수준이 비슷할수록 증가한다[2]. 그러나 대표적 수요이론은 국제무역에 있어서 선진공업국간 특히 내구소비재의 무역을 잘 설명해 주고 있으나 대표적 수요의 크기가 애매모호하고 소득수준이 서로 다른 국가 간의 무역을 설명하지 못하는 약점이 있다.

2) 대표적 수요이론은 국제무역에 있어서 선진공업국간 특히 내구소비재의 무역을 잘 설명해 주고 있으나 대표적 수요의 크기가 애매모호하고 소득수준이 서로 다른 국가간의 무역을 설명하지 못하는 약점이 있음.

2) 제품주기 이론

버논, 허쉬, 웰즈 등에 의해 주장된 제품주기 이론은 국별 소득수준에 따라 제품에 대한 소비의 선호가 다르다는 가정 하에서 상품도 생물과 마찬가지로 수명주기를 갖고 있어 국가간 무역의 흐름도 제품의 성장단계에 따라 개발단계, 성숙단계 및 표준화단계로 구분될 수 있다고 보았다. 개발단계는 생산이 단기적이고 노동집약적이기 때문에 소규모 생산이 이루어지나, 성숙단계에서는 제품에 대한 수요와 생산시설의 확대로 대량생산이 가능해져 수출은 증가하게 된다. 이 단계가 지나면 산업·기술 노하우에 따르는 독점권은 사라지고 제품은 더 이상의 기술개발이 필요 없게 되는 표준화 단계에 도달하게 된다. 따라서 궁극적으로 제품의 비교우위는 누가 더 싸게 생산할 수 있느냐 하는 비용경쟁에 의해 결정되는 것이다.

3) 기술갭 이론

기술개발에 앞선 국가는 기술이전에 의하여 기술갭이 축소될 때까지 그 기술로써 생산한 제품에 비교우위를 갖게 되어 수출을 하게 되어 다른 국가가 이러한 기술을 모방할 때까지 계속된다고 보았다. 따라서 선진국과 개발도상국간 기술적 격차로 국가간 무역은 이루어진다고 보았다.

4) 기타 이론

첫째, 규모의 경제이다. 제조업의 경우 생산이 증대될수록 일반관리비가 절감되고 생산성이 증대하여 단위당 생산비가 하락한다. 즉, 규모의 경제가 있는 산업은 시장의 확대로 생산물의 가격이 낮아져 시장이 큰 국가는 규모의 경제가 있는 산업에 비교우위를 갖게 된다.

둘째, 소비자의 기호와 선호의 차이이다. 한국인은 생선을 좋아하나 서양인은 육식을 선호하므로 생선의 가격이 저렴하다. 따라서 기호의 차이가 국가간에 서로 다른 가격을 형성하게 함으로 국제무역은 발생하게 된다.

셋째, 잉여처분이다. 일반적으로 유휴자원을 갖고 있는 농촌의 경우 무역의 기회가 없을 때는 토지·노동력 등의 자원이 유휴상태로 있으나, 무역이 발생하게 되면 수출을 목적으로 특용작물의 재배, 광산 개발 등으로 산출량이 증대된다. 이는 국가경제의 이득을 가져오는 원천이 된다.

넷째, 경제적 효용의 증가이다. 독점시장에서 기업의 이익은 크지만 국가 경제적으로는 손실이다. 만약 시장을 개방하면 새로운 경쟁업체가 참여하여 독점기업의 이익은 감소하지만 국가적인 차원에서 볼 때는 기업간 자유경쟁으로 품질도 우수해지고 가격도 저렴해지므로 이익이 커지게 되는 것이다.

마지막으로, 연구개발 요소이다. 이 이론에 의하면 과학기술자, 숙련노동자 등 연구개발 종사자와 같은 고급노동자가 많은 산업일수록 국제경쟁력이 강하여 유리한 기술혁신적 상품의 수출에 있어서 비교우위를 가지게 된다고 보았다.

5. 자유무역과 보호무역의 근거[3]

1) 자유무역

(1) 규모의 경제

생산의 규모가 커지면 고정적 비용이 불변하므로 생산단가가 줄어들기 때문에생산비가 감소되고 국제경쟁력이 강화될 수밖에 없다. 규모의 경제는 가격경쟁의 절대선결조건이 되었으나 모든 나라의 국내시장이 다 큰 것은 아니다. 기술·자본집약적 산업인 우주항공산업이나 컴퓨터산업 또는 자동차산업은 전 세계적 수요를 갖고도 한두 개의 회사가 경쟁하기에도 힘겨울 만큼 연구개발비(R&D)나 고정투자의 규모가 크고 위험부담률이 높다. 그러므로 자유무역을 통한 세계시장의 확대가 없이는 과학문명의 발달 자체가 불가능할 수도 있다. 그러므로 현대문명이 기술적 돌파구를 찾기 위해서는 세계시장이 개발됨으로써 규모의 경제를 달성해야만 가능하다. 더욱이 수백만 개의 부품을 필요로 하는 고도의 시스템산업이 주를 이루는 오늘날 자유무역이 토착화되고 시장규모

3) 주명건, 자유무여과 국제경제전략, 상공회의소, 1984년에서 정리

가 확대되지 않는다면 그 가능성이 충분히 개발될 수 없을 것이다. 왜냐하면 어떠한 나라도 국내시장만으로 이를 지탱할 수 없기 때문이다.

(2) 시장기구의 기본조건 조성

무역에 의한 시장의 개방이 없으면 국내독점기업이 가격과 품질 면에서 소비자에게 불리하게 움직인다. 자유자본주의는 시장기구의 원활한 작동을 전제로 하며 이는 곧 완전경쟁을 선결조건으로 하고 있으므로 비록 완전경쟁이 불가능하더라도 독점기업이 국내시장을 석권하게 되면 소비자의 주권이 유린될 수밖에 없으며 이것은 사사건건 정부가 간섭하여 보호할 수도 없는 일이다. 따라서 자유무역의 이해관계는 무엇보다도 소비자의 주권과 기업 및 노조의 이익대립에서 명확히 나타나게 된다.

(3) 자원의 효율적 운영

한 나라는 필요 없는 자원이 풍부한 반면 필요한 자원은 빈곤할 수 있다. 그러한 경우 교역이 전혀 없거나 있더라도 관세의 장벽이 높으면 충분히 활용될 수가 없으므로 교역은 자유로울수록 좋다. 만일 교역이 없다면 아무리 풍부한 자원이 있더라도 전혀 활용되지 않았을 것이다. 그러나 국제무역이 있기 때문에 비로소 쓸모없는 자원이 귀한 자원으로서의 가치를 지니게 되는 것이다. 그러한 의미에서 국제무역은 효용을 창출하고 증대시켜 국가와 개인은 물론 세계전체의 효용이 더욱 증대될 것이다.

(4) 국제평화의 초석

자유무역도 국가간 상호의존성을 높임으로써 전쟁의 도발가능성을 줄인다. 아무리 호전적 국가라도 전쟁수행에 절대 필요한 전략물자를 외국에서 수입해야 할 경우 이를 보장해 줄 수 있는 후견국이 없이는 함부로 전쟁을 일으키지 못한다. 이러한 상호의존성은 개별국가들에게 힘의 한계를 평소부터 피부로 느끼게 함으로써 전쟁을 미연에 예방하고 있다. 상호의존도가 높으면 높을수록 전쟁의 발발 가능성은 낮아지므로 국제무역의 자유화는 평화주의의 행동강령이며 국제평화의 초석이다.

(5) 기능적 국제분업

과거에는 국가간에 산업적 분업이 이루어졌으므로 저마다 유리한 산업기반을 구축함으로써 국력을 신장하고 무역흥정에 있어서 유리한 고지를 점유하려고 하였다. 따라서 부가가치가 높고 수요의 가격탄력성이 적으며 일단 유사시 전략적 가치가 높은 산업의 선호도가 컸다. 그러나 산업구조가 복잡해지고 규모의 경제도 커짐에 따라 기능적 분업이 확산됨에 따라 어느 특정한 나라가 특정한 산업을 장악할 수 없으며 서로 보완적이며 상호의존적이 될 수밖에 없다. 또한 동일한 산업 내에서도 품질과 가격에 따라 무역의 패턴이 달라진다.

2) 자유무역의 저해요인

(1) 신중상주의

수출을 많이 하고 수입을 적게 할수록 국민경제에 유익한 것은 자명한 사실이다. 그래서 신중상주의자들은 이른바 근린궁핍화정책(beggar-neighbor policy)으로서 자기 나라의 경제를 부강하게 할 수 있다고 믿는다. 그러나 문제는 모두가 그렇게 생각하고 있으므로 궁극적으로 전체가 궁핍화되고 자멸을 초래하게 되는 데 있다. 국민경제에 있어서도 저축이 미덕이라고 해서 모두 저축만 해도 경제가 마비되고 소비가 미덕이라고 해서 모두 소비만 하면 경기가 과열되고 생산성이 하락하고 공급이 미처 이를 따르지 못하여 물가는 앙등하고 국제수지는 악화된다. 한 나라만 수출만 하고 수입을 안 하면 잘 살 수 있을런지 모른다. 그러나 모든 나라가 국제수지 흑자를 영원히 계속할 수는 없다.

(2) 독과점기업

자유무역을 반대하는 가장 강력한 세력은 독과점기업이다. 왜냐하면 이들은 시장을 지배하고 있으므로 모든 비용증가분을 소비자에 전가해 수입제품과 경쟁하기 어렵기 때문이다. 자유무역은 곧 경영의 축소와 부단한 연구개발 및 생산비의 절감을 뜻하므로 규모의 경제상 독과점기업의 정치세력에 의해서 자유무역이 저지되고 있다. 그러므로 진정한 자유무역이 정착하려면 무엇보다도 모든 사람들에게 얼마나 절대적으로 중요하며 큰 이익이 되는가를 절실히 깨닫게 함으로써 자유무역을 추구하는 사람들의 목소리가 높아지고 정치적 추진력이 독과점기업보다 강하게 되는 것이 필요하다.

(3) 관료주의

관료주의의 풍토가 심화되면 될수록 기구의 확대와 직권의 강화도 심해지게 마련이다. 따라서 관료기구의 축소와 직권의 약화를 의미하는 자유무역과 관료주의는 상충관계를 피할 길이 없다. 자유무역이 실시된다면 수많은 통제기구가 그 존재가치를 상실하게 되며 직권의 근원도 증발하게 된다. 그러나 무역이 통제되면 국익에 앞서 기구의 확장과 직권의 강화를 정당화하는 명분이 서므로 이를 적극 옹호할 수 밖에 없다. 규정이 막연하고 복잡해지면 질수록 직권이 커지고 행정수속이 어려워짐에 따라 기구의 확대와 부대인원의 부양능력이 강화된다. 또한 극소수의 전문가 이외에는 내용을 잘 모르므로 일반 기업가들의 판단을 어렵게 만들며 정보의 독점을 이용한 횡포가 일어나기 쉽다. 그러나 국민들의 부담은 가중되고 경제의 효율은 떨어지며 경제의 풍토는 악화되어 기업의욕이 감퇴되게 마련이다.

과거의 이탈리아의 도시국가, 홍콩과 싱가포르는 모든 악조건에도 불구하고 아시아 제2의 소득 수준을 누리고 있다. 그 요인은 자유무역을 통해서 경제풍토를 효율화시키고 기업의욕을 고취함으로써 국제시장의 요구에 지혜롭게 부응하였기 때문이다.

(4) 사양산업

물이 높은 데서 낮은 데로 흐르듯이 경제의 흐름도 자연의 순리대로 움직이게 마련이다. 경제가 발전하면 소득수준이 오르고 따라서 생산성이 낮은 산업은 상대적으로 국제경쟁력이 약화된다. 그러나 같은 산업이라도 나라에 따라서는 소득수준이 낮아서 임금부담이 적으면 성장산업이 될 수도 있다. 그러므로 선진국의 사양산업이 개발도상국에서는 성장산업이 될 수 있다.

각 나라마다 발전의 단계에 따라 한때의 성장산업은 시간이 경과하면 사양산업이 되게 마련이다. 그러나 모든 개인과 국가가 이기주의적이므로 성장산업은 성장산업대로 육성하면서도 사양산업까지도 보호하려고 하는 데에서 문제가 야기된다. 결과적으로 사양산업의 보호는 생계비를 증대시켜서 손해를 보고 성장산업으로 흡수될 인력을 비효율적으로 고용함으로써 생산성을 저하시켜서 이중의 손해를 보게 된다. 그러므로 사양산업은 단호하게 그러나 점진적으로 도태시킴으로써 산업구조를 개편해야 국가경제의 체질이 강화될 수 있다.

공정무역

공정무역은 말 그대로 '공정한' 무역을 의미한다. 가난하고 소외된 생산자들을 위해 공평하고 지속적인 거래를 통해 불평등한 세계 무역과 빈곤 문제를 해결하려는 전 세계적인 움직임이다. 특히 저개발국가에서 경제발전의 혜택으로부터 소외된 생산자와 노동자들에게 더 나은 거래 조건을 제공하고 그들의 권리를 보호하여 지속가능한 발전에 기여하고자 한다. 공정무역의 한 부분인 페어트레이드(Fairtrade)는 페어트레이드 인증기구(FLO)의 인증시스템에 의거한 특정한 공정무역 형태를 가리킨다.

세계공정무역기구(WFTO)가 정한 공정무역의 원칙은 경제적으로 소외된 생산자들을 위한 기회 제공, 공정한 무역 관행, 공정한 가격 지불, 아동 노동과 강제 노동 금지, 양호한 노동조건 보장, 환경 존중 등이다. 공정무역단체들은 제품이 공정무역의 원칙에 따라 생산되고 거래되는지 확인할 수 있도록 공정무역 인증 마크를 부여하여 소비자가 공정무역 상품을 식별할 수 있게 했다. FLO의 연차보고서에 따르면 공정무역 인증 제품의 전세계 판매액은 2011년 49억 유로(약 7조 원)로 2010년보다 12% 증가했고, 66개국 120만 명 이상이 공정무역에 참여하고 있는 것으로 나타났다. 대표적인 공정무역 제품으로는 커피·바나나·코코아·설탕·초콜릿·수공예품 등이 있다. 한편 공정무역이 경제성장을 저해하고, 오히려 다수에게 손실을 강요한다는 측면에서 이 또한 공정하지 못하다는 등의 지적도 있다.

〈박진채, KDI 경제정보센터 전문연구원, 2013년 02월호〉

2) 보호무역

(1) 안보

보호무역주의자의 가장 강력한 주장은 안보상 자급자족을 해야 하므로 국제경쟁력과 상관없이 전략산업을 육성해야 된다는 것이다. 그러나 세계경제의 상호의존 심화로 오늘날에는 전략산업이 아닌 산업이 없다. 경제도 고도로 발달하고 전문화될수록 상호의존도가 절대적이므로 한두 가지 산업만 조업중단되어도 경제전체가 마비될 수밖에 없다. 그러므로 안보상 자급자족정책이 본연의 목적을 달성하기 위해서는 모든 산업이 완전 자급자족하여야지 부분적으로 한다는 것은 별 의미가 없다. 따라서 안보적 차원에서 보호무역주의를 주장하는 것은 단지 명분을 위한 명분이다.

(2) 고용효과

보호무역주의자들은 수입은 곧 실업의 수입을 뜻하고 수출은 실업의 수출과 직결된다고 주장하다. 이것은 물론 단기적이고 직접적으로는 옳은 말이다. 그러나 장기적으로 어느 나라는 계속 수출만 하고 어느 나라는 계속 수입만 할 수 없다. 오히려 장기적으로는 산업구조가 낙후되고 국제경쟁력이 약화되는 것만 재촉할 따름이다. 왜냐하면 산업구조의 개편에 따른 일시적 마찰실업을 두려워하고 무조건 보호무역을 고집하면 당장에는 고용효과를 거둘 수 있으나 국가경제전체의 생산성을 낮추어서 소득수준이 유지될 수 없기 때문이다.

(3) 유아산업 보호

유아산업은 보호무역주의자의 가장 설득력 있는 명분이다. 충분한 잠재력 비교우위를 갖고 있음에도 불구하고 아직 산업기반을 조성하지 못하였기 때문에 국제경쟁력을 기르지 못한 경우 잠정적 보호를 요구하는 것은 전혀 근거 없는 것은 아니다. 다만 유아산업이 만년 유아산업으로 남는 경향이 있으므로 출반부터 사양산업인 경우가 드물지 않은 것이 문제이다. 그러므로 이러한 문제를 해결하기 위해서는 절대시한부로 보호기간을 설정하고 단계적인 보호장벽의 제거를 예시함으로써 해당기업이 당황해 하거나 안이하게 생각하고 방만한 경영이나 무책임한 산업선정을 하는 일이 없도록 하여야 할 것이다.

(4) 덤핑규제

덤핑규제는 기술개발의 한계에 부딪친 선진국들이 기득권을 주장하기 위한 이중적 윤리관의 산 표본이다. 국내생산가격보다 더 싸게 덤핑을 하는 것은 수출국의 입장에서는 기아수출을 하는 것이므로 사실상 수입국을 보조하는 것이다. 또한 세계시장은 한두 나라의 시장교란으로 파괴될 만큼 작지 않으므로 사실상 덤핑수출을 하는 나라가 시장을 장악하고 덤핑의 대가를 나중에 보상받으라는 보장도 없다.

국가경제에 있어서도 한두 가지 전략산업을 기아수출함으로써 외화수입을 높이면 연관산업들과 소득창출효과로 말미암아 국가경제적 차원에서 타당성을 가질 수 있다. 선진국들은 불가피하게 수입해야 되는 제품가격에 대해서는 비록 덤핑이라도 그것은 시장기구의 당연한 작동과정으로 보고 국내생산이 되는 제품에 대해서만 덤핑 여부에 열을 올린다. 그러므로 덤핑의 규제도 사실상 이유를 위한 이유에 불과하며 그 진의는 국내 사양산업의 보호에 있다.

(5) 보조금의 지급규제

보조금 지급규제는 정부가 저금리, 면세 등 재정금융상의 혜택을 줌으로써 인위적으로 국제경쟁력을 만들었으므로 이를 관세로 상계시켜야 한다는 것이다. 다른 나라 정부가 수출보조금을 지급하는 것은 결국 자기 국민들에게 혜택을 입히는 것이므로 이를 굳이 막을 필요가 없으며 보조금을 지급해서 수출을 진흥시켰다고 나중에 세계시장을 석권하여 다시금 이를 회수할 수도 없는 것이므로 싸게 수입할 수 있을 때는 싸게 수입하는 것이 가장 지혜로운 것이다. 따라서 이런저런 명분으로 국내시장을 폐쇄하는 것보다는 외국의 수출진흥책에 따른 혜택을 마다하지 말고 잘 활용하는 한편 국내경제가 국제경제와의 보완이 잘 이루어질 수 있도록 산업구조를 개선함이 바람직한 것이다.

(6) 보복주의

보복주의란 다른 나라가 무역을 부당하게 규제함으로 이를 징계하기 위하여 보복조치를 취해야 한다는 것이다. 보복조치는 징계를 목표로 한 나라뿐 아니라 다른 나라에게까지 영향을 주므로 새로운 보복조치가 연쇄적으로 파급될 가능성이 있으며, 상대방의 부당한 무역규제가 수출에 지장을 주어서 손해를 보았다면 보복조치는 사실상 수입부담을 가중시키거나 금지함으로써 국가경제적으로는 손해를 더욱 확대하는 것에 불과하다. 왜냐하면 수출업자와 수입업자는 분리되어 있고 각자는 자기의 이익에 충실하게 행동하고 있으므로 국제시세보다 비싸거나 불리하다면 결코 그 나라에서 수입하지는 않을 것이기 때문이다.

(7) 근린궁핍화주의

근린궁핍화주의(beggar-my-neighbor policy)는 가장 노골적이며 오랜 전통을 지닌 보호무역이론으로서 국제경제를 제로섬게임(zero-sum game)으로 전제한 것이다. 만일 그렇다면 한정된 자원과 소득 중에서 상대방을 가난하게 하지 않고는 자기가 잘 살 수 없기 때문에 무역전쟁은 불가피할 것이다.

그러므로 이러한 보호무역주의자의 명분들은 외면상 아무리 논리정연하고 객관성을 띤 것처럼 보이더라도 그 근본전제조건의 비현실성과 내재적 모순성 및 위장된 국수주의 때문에 그 정책적 반영은 필연적으로 세계를 극도의 혼란과 빈곤의 구렁텅이로 몰아 넣을 수밖에 없다. 따라서 아무리 어렵고 괴롭더라도 또한 아무리 오랜 시간과 노력이 수반되더라도 오늘날 당면한 국제경제의 문제들은 자유무역의 관점과 기본방향에서만 그 실마리가 풀어질 수 있다.

▌표 4▐ 보호주의 확산이 경제에 미치는 영향

기관	내용
IMF	전 세계 수입비용 10% 상승 시 세계 실질GDP 1.75~2%, 실질수입 15~16% 감소
OECD	미중EU의 무역비용이 10% 상승할 경우 세계경제 GDP 1~1.5% 축소
Citi	중국의 대미국 수출이 10% 감소할 경우 한국 수출은 0.36% 감소
현대경제연구원	세계 평균관세율이 10%까지 상승할 경우 세계 교역량 2.5% 감소, 한국 경제성장률 0.6%p 하락

자료: 이철용·문병순·남효정, 향후 5년 미중관계 변화와 영향, 엘지경제연구원, 2017. 9. 7.

자유무역, 실보다는 득

자유무역(free trade)의 역사는 거대한 도전과 응전의 역사였다. 1947년 GATT(관세무역일반협정) 출범 후 무역 규모가 급증한 가운데 개방경제를 택한 나라는 그렇지 않은 나라에 비해 훨씬 높은 경제 성장을 이룩했다. 하지만 반대론자들의 끈질긴 방해로 자유무역은 수차례 거센 역풍을 맞으면서 고비를 넘겨왔다. 그러나 반대론자의 기대와 달리 자유무역이 경제 성장과 삶의 질 향상을 가져온다는 경험적, 학문적 증거는 더 풍부해지고 있다.

자유무역 비판론자들의 핵심 주장 가운데 하나는 자유로운 교역이 선진국 이익만 증가시키고 개도국이나 후진국은 자원 수탈 등으로 피해를 본다는 것이다. 중심부 국가와의 경제 통합이 주변부 국가를 빈곤의 악순환에 빠뜨릴 것이라는 종속이론이나 민족경제론 등은 자유무역주의를 끝없이 괴롭혀왔다. 하지만 실증적 연구들은 이들의 주장과 반대로 자유무역이 개도국이나 후진국의 경제 성장을 촉진한다는 점을 뒷받침해왔다. 제프리 색스, 앤드루 워너 교수팀의 연구는1970년대와 1980년대 개방경제를 채택한 개도국은 연 평균 4.5%의 경제성장을 이뤄낸 데 반해 폐쇄경제 체제를 유지한 나라는 연 0.7% 성장에 그쳤다. 선진국도 개방정책을 취한 나라는 연 2.3%, 문을 닫은 나라는 0.7% 성장을 기록했다.

자유무역과 관련한 세계적 논란 가운데 하나는 자유로운 교역이 중진국이나 후진국 노동환경을 크게 악화시킨다는 것이다. 다국적 기업의 노동력 착취, 노예, 노동, 아동 노동 등으로 근로자의 인권이 침해된다는 주장이다. 물론 후진국 근로자들은 선진국에 비해 열악한 환경에서 일하고 있으며 임금 수준도 매우 낮다. 하지만 선진국과 후진국 노동자를 비교해서는 안 되고 후진국의 다른 노동자와 임금 수준 등을 비교해야 옳다. 그러나 경제학자인 에드워드 그레이엄의 연구결과에 의하면 후진국에 있는 미국 지사 근로자들은 해당 국가 근로자 평균 임금보다 무려 8배나 높은 소득을 올렸다. 중진국에 있는 미국 지사 근로자들의 임금도 평균보다 3배 이상 높았다. 제프리 프랭켈 교수 등이 150개 국가의 자료를 분석한 결과, 국내총생산(GDP)에서 무역이 차지하는 비중을 1%포인트 높이면 개인 소득이 0.5~2% 정도 높아지는 것으로 나타났다. 하루 2달러 미만으로 살아가는 사람이 전 세계 30억명에 달하지만 나머지 30억명이 왜 더 높은 소득을 올리는지 분석해보면 자유무역이 상당한 역할을 했다는 결론이 나올 수 있다.

자유무역 반대론자들은 환경 파괴도 심각한 문제라고 경고한다. 자본 유치를 위한 후진국들의 경쟁이 심화되면서 기업을 유인하기 위해 더 낮은 환경 기준을 적용하는 바닥을 향한 경쟁(race to the bottom)이 벌어지고 있다는 주장이다. 물론 기업들은 같은 조건이라면 환경 규제가 적은 나라에 투자를 할 수 있다. 하지만 환경은 여러 고려 요인 가운데 하나에 불과하다. 기업들 입장에서는 사회기반시설이 잘 갖춰져 있는지, 지식재산권이나 투자자 보호 장치가 잘 돼 있는지, 근로자 교육 상태가 높은지 등이 훨씬 중요한 고려 대상이다. 근본적으로 자유무역은 공해 방지 기술이나 청정 에너지 교역을 촉진시켜 결과적으로 환경을 개선시킨다. 비판론자들이 주장하는 가장 중요한 문제 가운데 하나는 부익부 빈익빈 현상 심화이다. 반대론자의 주장처럼 멕시코의 빈부 격차는 매우 심각하고 북부와 남부 간 삶의 질에도 현격한 차이가 난다. 멕시코의 빈부 격차는 이미 수십 년 전부터 시작됐을 만큼 뿌리가 깊은 문제이다. 또 개방을 통해 멕시코의 교역량이 늘어나고 경제 규모가 커졌지만 저소득층에 혜택이 덜 돌아간 것은 미개발 지역 인프라 부족, 교육 보건 에너지 투자 정책 미비 때문이란 분석이 훨씬 설득력을 얻고 있다. 따라서 자유무역은 전 세계적으로 효율적 자원 분배를 유도하고, 각국별 상대적 경쟁력을 가진 제품의 생산을 촉진해 낮은 가격에 양질의 제품을 공급하며, 세계적 상품 서비스 교역이 이뤄져 소비자들이 싼 값에 질 좋은 제품을 쓸 수 있게끔 한다.

〈김남국, 한국경제신문, 2007. 4. 2.〉

중상주의 망령

돈이 많은 개인은 부자라고 부른다. 이론이 없는 얘기다. 누구나 돈을 벌어 부자가 되고 싶어한다. 그럼 돈이 많은 국가는 부자 국가인가? 이 단순한 질문이 전 세계를 뒤흔들었던 시절이 있었다.

16세기 금이 돈 노릇을 할 때 유럽 국가들은 나라 곳간에 금을 많이 쌓아놓으면 부자 나라가 된다고 생각했다. 그들은 앞다퉈 돈 버는 방법을 연구했다. 방법은 단순했다.

다른 나라에 물건을 많이 팔고 덜 사들이면 돈이 들어온다. 특히 자기 나라 물건은 비싸게 팔고 다른 나라 물건은 싸게 사면 돈은 더 많이 들어온다. 국가 간에 서로 비싸게 팔려는 다툼이 생기면 힘으로 해결한다. 국가 간에도 법은 멀고 주먹은 가까운 법이다. 불공정한 무역으로 돈을 벌어 나라 곳간에 쌓아놓고 군대를 동원해 이 돈을 지키고 다른 나라가 말을 안 들으면 협박하고 싸우는 것. 16세기부터 18세기까지 250여 년간 유럽을 풍미했던 이런 생각을 '중상주의'라 불렀다.

당시 국가들은 다른 나라와의 경제, 외교 관계를 '제로섬 게임'으로 봤다. 한쪽이 이익을 보면 다른 쪽은 반드시 손해를 보는 게임이다. 손해를 안 보기 위해 다른 나라를 겁박하고 이게 안 먹히면 전쟁까지 불사한다. 협박에 무너진 나라는 식민지로 전락했고 강대국 간에는 무역과 군대를 축으로 한 패권전쟁이 벌어졌다. 수많은 사람이 죽어나갔고 국가 간에는 긴장의 연속이었다. 경쟁에서 이긴 나라들의 곳간엔 금이 넘쳤다.

그런데 뭔가 이상했다. 수많은 희생 끝에 곳간에 금이 쌓인 나라에서도 국민의 삶은 생각보다 나아지지 않았다. 사람들이 꼼꼼히 따져봤다. 그 결과 그들은 중상주의는 '선으로 포장된 악의 길'이라는 결론을 내렸다. 영국의 철학자이자 경제학자인 데이비드 흄이 포문을 열었다. 국가가 물건을 많이 팔아 금이 대규모로 유입된다고 사람들이 금을 먹고 입을 수는 없다.

중상주의 원칙이 '외국 물건 덜 사기'이니 금으로 외국 물건을 살 수도 없다. 그러다 보면 금으로 표시된 물가만 올라간다. 국가가 부자가 되기 위해 그렇게 노력해 금을 모았건만 돌아오는 건 물가 상승이다.

영국의 경제학자 애덤 스미스는 '부자 나라는 금을 쌓아둔 나라가 아니라 국민들이 잘 먹고 잘사는 나라'라고 봤다. 국민들이 소비를 늘리려면 생산을 많이 해야 하고 무역을 통해 다른 나라 물건도 많이 들여와야 한다. 그는 '중상주의는 국가의 부가 금이라는 착각에서 비롯됐다'고 했다. 중상주의는 수많은 사람들을 전쟁으로 몰아넣고 국가 간 분쟁을 불러왔지만 실속은 아무것도 없는 논리로 폄하되면서 설 자리를 잃었다. 그렇게 세상은 시대의 오류를 통해 조금씩 발전하는 줄 알았다.

그런데 200년 전 몰락한 중상주의의 망령이 도널드 트럼프 미국 대통령의 집권과 함께 부활해 세계를 다시 휩쓸고 있다. 그가 내세운 '아메리카 퍼스트'는 이름만 바꿨을 뿐 본질은 과거 중상주의와 똑같다.

보호무역주의를 총동원해 미국 물건을 어떻게든 많이 팔고 다른 나라로부터의 수입은 줄인다. 해외에 나가 있는 돈과 공장을 미국으로 최대한 들여온다. 다른 나라와 마찰이 생기면 미국의 힘을 이용해 협박한다. 이것이 트럼프의 아메리카 퍼스트 전략이다. 이미 한국 중국 유럽 등을 상대로 관세 폭탄과 수입 제한 등으로 무역전쟁을 한창 진행 중이다. 국방예산을 대폭 늘려 군비 증강에도 본격 나섰다. 중국과 유럽은 미국과 한판 붙겠다며 맞불 놓기에 나섰다. 이들도 대미 보복관세와 세계무역기구(WTO) 소송을 진행하는 한편 군사력을 한층 증강시키고 있다.

전 세계가 무역 분쟁과 군비 증강의 소용돌이에 말려 들어가는 모양새다. 강대국 간 패권경쟁은 약소국에 대한 지배로 이어진다. 이 과정에서 한국 등 열강 사이에 끼인 국가들에 피해가 집중된다. 세상의 움직임이 200년 유럽을 중심으로 발생했던 중상주의 행태와 너무 똑같다. 인공지능과 4차 산업혁명으로 첨단을 달려야 할 21세기를 18세기에 오류로 판명 난 중상주의 망령이 다시 지배하는 역사적 아이러니다. 세상은 반지성에 대항하는 또 한 번의 '이성(理性)혁명'을 요구하고 있다.

〈매일경제, 매경데스크, 2018. 02. 18.〉

개방과 혁신, 한국 경제의 생존 키워드

한국 경제가 어두운 터널에 진입했다. 생산, 소비, 투자 등 경제지표들이 악화되고 있다. 몇몇 국내외 기관들은 우리나라 경제성장률 전망치를 하향 조정했다. 경제 선행지표인 주식시장도 연초 고점 대비 약 20% 하락한 후 등락을 거듭하고 있다.

아직까진 우리 경제의 펀더멘털보다 대외적 요인이 더 큰 것으로 보인다. 보호무역주의 확산, 미·중 무역전쟁, 신흥국 불안, 중국의 경기 둔화 우려 등 악재가 산재해 있다. 특히 미·중 무역전쟁의 확대는 글로벌 교역 축소로 이어질 것이고, 모두에게 마이너스 게임이 될 것이다. 지난 70년간 진행된 세계화의 흐름이 반(反)세계화로 역행할까 우려된다. 내수보다 수출로 먹고 사는 우리나라는 직격탄을 맞을 게 불 보듯 뻔하다.

내부 살림도 만만치 않다. 한국 경제가 활력을 잃어가고 있다. 투자 위축,

고용 쇼크, 소비심리 위축, 전통 제조업 위기 등 경기 둔화세가 뚜렷하다. 장기적으로 성장 동력이 떨어지고 있다. 4차 산업혁명은 제자리걸음이고 저출산·고령화는 속수무책 상황이다.

이런 백난지중(百難之中)을 타개할 길은 없을까. 크게는 두 가지 길이 있을 것이다. 대외적으로는 글로벌 자유무역주의를 지키고, 대내적으로는 한국형 혁신을 이루는 것이 우리나라의 생존 조건이다.

우선 글로벌 자유무역주의를 지키기 위해 한국은 국제무대에서 어떤 역할을 해야 할까. 한국은 활발한 무역을 통해 '한강의 기적'을 이룬 나라다. 자유무역은 한강의 기적을 이어가기 위한 필수 조건인 셈이다.

이를 위해 무역을 중시하는 아시아 역내의 다른 나라들과 협력하고 컨센서스를 이룰 필요가 있다. 2016년 브렉시트(영국의 유럽연합 탈퇴) 결정으로부터 시작한 글로벌 보호무역 흐름이 지난해 미·중 무역전쟁으로 이어져 세계 경제에 큰 부담으로 작용하고 있다. 국제회의에서 만나는 다른 나라 경제계 리더들 역시 이에 대한 우려가 크다. 지난 7월 인도 뉴델리에서 열린 아시아 민간경제단체 모임인 아시아비즈니스서밋(ABS)에서도 공동선언문을 통해 이런 우려를 밝히기도 했다. 이런 환경을 잘 활용해야 한다. 역내 다른 나라들과 공동의 목소리를 내는 동시에 미·중 사이의 균형을 잘 잡아야 한다. 두 나라 모두 우리나라에 매우 중요한 존재다. 미국은 혈맹으로 맺어진 외교·안보동맹이다. 중국은 지리적으로 가깝고 경제적으로 상호보완적이다. 중립적 견지에서 실리를 추구해야 한다. 불필요한 오해를 받지 않도록 외교적 리스크를 관리해야 한다.

민간 경제계 차원에서도 전국경제인연합회는 미·중 양국 사이에서 지속적인 대화를 해오고 있다. 사드(고고도 미사일방어체계) 배치 이후 중단된 중국과의 회의를 지난 6월 제주에서 재개한 바 있으며, 지난달에는 30주년을 맞이한 한·미재계회의를 서울에서 열어 민간 협력을 계속 도모하고 있는 중이다.

한국형 혁신의 길도 찾아야 한다. 지금껏 한국은 '빠른 추격자'로서 혁신을 이뤄왔지만, 새로운 패러다임의 4차 산업에서는 한계를 느끼고 있다. 반면 중국은 4차 산업 분야에서 '선도자'로 나아가며 주요 2개국(G2)으로서 미국과 패권경쟁 중이다. 트렌드를 따라가는 자가 아니라 이끄는 자가 돼야 한다. 급하게 쫓아가지만 말고 정부와 기업 각자의 위치에서 우리만의 확고

한 비전을 세워야 한다.

마침 보아오포럼 서울회의가 오는 19~20일 '개방적이고 혁신적인 아시아(An Open &Innovative Asia)'란 주제로 열린다. 아시아 관점에서 아시아의 발전을 도모하는 아시아 대표 포럼이 세계 교역 규모 12위(2017년, 세계은행 발표)의 한국에서 처음 열린다. 지금 한국 경제에 적용할 수 있는 긍정적 모멘텀이 무엇일지에 대한 의견이 다각도로 제시될 것이다. 이번 기회를 적극 활용해야 한다. 자유무역과 세계화 기조가 흔들리지 않도록 국제사회 무대에서 목소리를 내야 한다. 올해는 한·중 전략적 동반자 관계 수립 10주년이자 중국이 개혁·개방 40주년을 맞는 해다. 양국 간 새로운 경제 협력 기회를 모색할 좋은 시점이다.

위기 속에서도 기회는 있는 법이다. 좋은 기회를 놓치지 않겠다는 기화가거(奇貨可居)의 자세로 한국 경제가 다시 역동적으로 뛰기 바란다.

〈매일경제, 다산 칼럼, 2018. 11. 05.〉

트럼프의 '중국 봉쇄령'과 한국의 딜레마

도널드 트럼프발(發) '중국 봉쇄령'의 요란한 사이렌이 울리고 있다. 지난 9월 말 타결된 미국·멕시코·캐나다 협정(USMCA)은 미국이 협정 참여국인 멕시코와 캐나다가 중국과 자유무역협정(FTA)을 맺는 것을 사실상 금지하는 내용이 포함돼 있다. 기존 북미자유무역협정(NAFTA)을 재협상한 이 협정 32조10항에 따르면 '미국 멕시코 캐나다 3국 중 하나가 비(非)시장경제국과 FTA를 체결하는 경우 다른 두 국가는 3국 간 협정을 종료하고 양자 간 FTA로 대체할 수 있다'고 규정하고 있다. '비시장경제국'은 'USMCA 서명 시점에 최소한 한 국가가 비시장경제국으로 규정했고 3국 중 어느 국가도 그 국가와 FTA를 체결하지 않은 국가'로 규정하고 있다. 바로 중국을 겨냥하고 있음은 명백한 사실이다.

지난해 트럼프 미국 대통령이 집권한 뒤 NAFTA 개정을 위한 미국 국내 절차를 의회와 협의하는 과정에서 공개한 협상의 주요 목표에는 이 조항이 존재하지 않았다. 올 들어 관세폭탄을 주고받는 미·중 무역전쟁이 본격화하면서 상황은 급변했다. 무역흑자를 대규모로 축소하고 불법보조금을 금지해

'중국제조 2025'로 불리는 중국 방식의 기술산업정책을 폐기하라는 미국의 요구를 중국이 "대립이 아니라 대화로 문제를 풀자"며 시간을 끌자 트럼프는 초강경으로 국면을 전환했다. "숫자는 협상할 수 있지만 시스템은 협상 대상이 아니다"는 중국의 높은 벽 앞에서 트럼프는 본격적으로 중국을 국제 통상체제에서 고립시키는 전략을 구사하기로 한 것이다.

USMCA의 비시장경제 조항은 그 시작이다. 아직 중국에 시장경제국 지위를 부여하지 않은 유럽연합(EU), 일본 등 주요 선진국과의 향후 무역협상에서 트럼프는 USMCA의 조항을 적극 활용할 것으로 예측된다. 트럼프의 협상전술에 말려들어 NAFTA 개정협상에서 배제될 뻔한 캐나다의 여론은 주권 국가의 국내 정치에 간섭하는 이런 조항에 비판적이지만, 힘의 우위에 의존하는 트럼프 통상전략의 위세 앞에선 무력함을 절감하고 있다. 바야흐로 국제통상질서는 미국 편에 설 것인가 아니면 중국 편에 설 것인가 양분될 상황으로 치닫고 있다.

트럼프의 노림수는 국제통상질서의 근간인 세계무역기구(WTO)를 무력화하는 것이다. 2001년 WTO 가입 후 중국의 무역성장세는 용이 하늘로 날아오르는 것을 연상케 했다. 세계 최대 미국 시장에 다른 국가들과 같은 조건으로 접근할 수 있게 된 중국은 2010년 일본을 제치고 세계 2위의 경제대국으로 부상했고, 이젠 미국의 턱 밑까지 추격했다.

트럼프와 그의 집행자들은 중국을 WTO에 가입시킨 것 자체가 잘못된 것이었다고 확신하고 있다. 2001년 당시 중국은 15년 후 비시장경제국 지위가 만료된다는 양해 속에 WTO에 가입했다. 2016년 12월 15년의 유예기간이 끝났는데 미국, EU 등 주요국은 중국에 시장경제국 지위를 인정할 생각이 전혀 없다. 중국은 이 문제를 WTO에 제소하기에 이르렀다. 미국과 EU는 국영기업을 앞세워 시장을 독점하고 불법보조금으로 경쟁을 왜곡하는 중국에 시장경제국 지위는 어림도 없다는 생각이다.

결국 문제는 한국으로 귀착된다. 한국은 2005년 노무현 정부 당시 일찌감치 중국에 시장경제국 지위를 인정했다. 교역 규모 1,000억 달러를 넘는 국가로서는 최초의 결정이었다. 한국이 누리던 대중(對中) 무역수지 흑자, 중국시장 선점, 북한 문제에서 중국의 협조 등을 고려한 결정이었다. 그런 결정에는 중국이 지속적으로 개혁·개방하리라는 기대가 있었음을 부인할 수 없다. 그런 기대는 충족되지 않았다. 심지어 최근 사드(고고도 미사일방어체계) 배치에 대한 중국의 무역보복으로 그 파장이 아직도 가시지 않고 있다.

한국은 2014년 중국과 상품 중심의 FTA를 타결하고 발효시켰다. 지난해 말부터는 서비스·투자 분야의 2단계 FTA 협상을 시작했다. 미국발 중국 봉쇄령의 사이렌이 요란한 상황에서 한국이 아무 일도 없다는 듯 일을 추진하기는 어려울 듯하다. 한국 경제가 겪고 있는 여러 어려움이 쉽게 호전될 것 같지 않은 상황에서 숨통을 터준 통상마저 그 기반이 송두리째 흔들리고 있다.

〈매일경제, 2018. 10. 23.〉

돼지·닭 입맛까지 바꾸는 미국과 중국의 무역전쟁

미·중 무역전쟁이 장기화하면서 중국 대륙의 '대두 전쟁'이 치열해지고 있다. 급기야 돼지와 닭의 '입맛'까지 바꾸고 있다.

중국 농업농촌부는 이달부터 돼지와 닭 사료의 단백질 함유량 기준을 기존보다 1.5%포인트, 1%포인트 각각 낮췄다. 사료에 함유되는 단백질 공급원인 대두 사용량을 줄이고 다른 성분으로 채우는 것이다. 원스(溫氏), 퉁웨이(通威) 등 주요 29개 사료기업은 새 기준에 맞춰 생산에 나섰다. 중국 당국은 이 조치로 콩깻묵 소비량이 연간 1,100만t, 전체 대두 소비량은 연간 1,400만t 감소할 것으로 기대한다.

1995년까지 콩을 수출했던 중국은 생활수준 향상으로 육류 소비가 늘면서 세계 최대 대두 수입국이 됐다. 지난해 사상 최대 규모인 9,554만t을 세계 각지에서 사들였다. 수입의존도는 87%에 달한다. 이 중 미국산 대두가 3,283만 4,000t으로 34%를 차지한다.

대두 전문가인 한톈푸(韓天富)는 중국신문주간에 "현재 중국의 콩 소비는 콩 식품 생산, 압착·사료 가공, 생화학 추출 등 크게 세 가지로 분류되며 이 중 압착·사료 가공에 쓰이는 콩이 85%를 차지한다"고 설명했다. 기름 생산의 부산물인 콩깻묵은 단백질 공급원으로 사료에 쓰인다. 지난해 소비된 1억500만t의 사료 단백질 원료 중 콩깻묵이 69%였다.

중국은 미국의 관세 공격이 이어지자 도널드 트럼프 대통령의 주 지지층을 겨냥해 대두 수입을 줄였다. 1~8월 미국산 대두 수입은 지난해 동기 대비 31.7% 감소했다. 부족한 콩 수요를 충당하기 위해 대두산업 사슬의 가장 밑바닥에 있는 사료부터 조정한 것이다.

콩 확보를 위해서도 머리를 짜내고 있다. 콩 경작지 확대와 수입 다변화가 대표적이다. 지난 9월 하얼빈에서 개최된 대두산업 관련 포럼에서는 러시아 극동지역을 빌려 콩 재배를 늘리는 방안이 구체적으로 논의됐다. 왕샤오둥(王紹東) 동북농업대학 연구원에 따르면 중국 내 1㏊당 대두 재배 원가는 2,500위안(약 40만 원) 정도인데, 경작지 임차비용은 6,000위안(약 97만 원)이다. 반면 러시아 극동지역은 임차비용을 대폭 줄일 수 있어 운반비를 더한다고 해도 이익이다. 지난 8월 러시아 매체는 러시아가 중국에 최대 30만t의 대두를 공급하고 극동지역의 100만㏊ 농지를 제공할 것이라고 보도했다.

미국에 집중됐던 대두 수입선은 남미, 캐나다 등으로 확대되고 있다. 이달 초 상하이에서 열린 제1회 중국국제수입박람회에서 중국비축식량관리집단은 남미 6개 업체와 대두 구매 계약을 체결했다. 이 집단은 지난 4월 미국산 대두 수입을 전면 중단하고 브라질·아르헨티나·우루과이 등 남미로 대체했다. 8월부터는 캐나다산 구매도 늘리고 있다. 중국이 미국산 대두에 25% 수입 관세를 부과하면서 t당 수입원가가 700~800위안(약 11만~13만 원) 증가해, 브라질산보다 300위안(약 5만 원) 비싸다. 7월부터 한국·인도·방글라데시·라오스·스리랑카산 대두 관세율을 3%에서 0%로 낮춰 아시아산 대두 유입도 늘고 있다.

〈경향신문, 2018. 11. 27.〉

제3장 | 교역조건

1. 국제수지란?

국가간 경제거래는 인위적인 규제와 장벽이 없다면 지역간 경제거래와 다를 바 없다. 그러나 현실세계는 그렇지 못하다. 다른 나라와의 경제거래가 국내경제와 분리됨으로써 복잡한 국제수지의 문제가 발생한다. 국제수지는 일정기간 동안에 다른 나라의 거주자와의 경제적 거래를 화폐단위로 표시한 개념이다. 여기서 거주자란 국적과는 관계없이 그 나라에 거주하는 사람을 가리키며, 경제적 거래란 모든 상품, 용역 및 자산의 이동을 의미한다.

2. 국제수지의 균형과 불균형

1) 국제수지 균형의 개념

국제수지는 균형을 이루는 것이 가장 바람직하다. 국제수지는 외화를 벌어들이는 항목인 상품수출, 해외건설, 관광수입 등과 외화를 지출하는 항목인 상품수입, 대외이자 지급, 해외여행 경비 등으로 구성되어 있는데, 이것은 복식부기의 원리에 의하여 항상 일치되어야 한다. 그러나 현실적으로 외환의 수취와 외환의 지급은 일치하는 경우가 거의 없다. 외환의 수취가 지급보다 많은 경우를 국제수지 흑자, 그 반대의 경우를 국제수지 적자라 한다. 그러므로 국제수지 균형이란 외환의 수취와 지급이 일치하는 것을 의미하며, 국제수지 불균형이란 외환의 수취 또는 지급의 초과를 의미한다.

2) 국제수지 균형의 중요성

국제수지가 지속적으로 적자를 나타낼 경우 외채가 늘어나 그 원금상환과 이자지출 부담이 커지고 나중에는 신용이 떨어져 빚을 얻기조차 힘들게 된다. 이러한 예는 멕시코, 브라질, 아르헨티나 등 외채불이행 선언을 한 남미의 주요국에서 찾아볼 수가 있다. 그러나 국제수지 흑자가 반드시 좋다고만 할 수 없다. 국제수지 흑자는 국내통화를 증가시켜 물가상승을 초래할 우려가 있기 때문이다. 1986년 이후 우리나라가 지속적인 국제수지 흑자를 기록함에 따라 국내물가 상승요인이 되고 있음을 보면 알 수 있다. 이와 같은 면에서 국제수지 균형은 물가안정과 더불어 안정적인 경제성장의 두 기둥이며 국제수지의 균형은 경제정책의 주요 목표인 것이다.

3. 국제수지표

1) 국제수지표의 정의

가계는 수입과 지출의 관리를 위해 가계부에 그 내용을 기록하며, 기업도 일정기간 동안의 매출, 비용, 이익금이나 일정시점의 자산, 부채 등을 회계장부에 기록하여 경영성과나 건전성을 판단하는 자료로 활용한다. 마찬가지로 국가도 나라경제의 살림살이 내용을 기록한다. 이를 국민계정이라 한다.

국민계정은 국민소득통계, 산업연관표, 자금순환표, 국제수지표, 국민대차대조표의 다섯 가지로 구성되어 있다. 이 중에서 국제수지표는 한 나라가 외국과 거래한 것을 기록한 장부이다. 즉 한 나라의 거주자가 일정기간 동안 세계의 거주자와 행한 모든 경제거래를 체계적으로 분류한 표이다. 국제수지표는 일정기간동안 한 나라의 거주자와 비거주자 사이에 발생한 모든 경제적 거래를 체계적으로 기록한 것이다. 외국과의 경제적 거래 즉 대외거래는 상품, 서비스, 소득, 이전 등의 거래를 포함하는 경상거래와 돈을 빌리거나 빌려주는 자본거래로 나눌 수 있으며 이에 맞추어 국제수지표에서도 두 거래의 결과가 각각 경상수지와자본수지로 기록된다. 이와 같이 외국과의 거래가 모두 기록되는 국제수지에서 보다 중요하게 관찰되는 거래는 경상거래이다. 경상거래는 산업생산, 고용, 국민소득 등 국민경제 각 분야에 크게 영향을 미치기 때문이다. 이처럼 국제수지표는 국제거래를 복식부기의 원리에 따라 체계적으로 분류한 표로서 기업체의 손익계산서와 비슷하다. 오늘날 국제수지표는 대부분 IMF 방식에 의해 작성하고 있다.

2) 국제수지표의 내용과 기재방법

국제수지표의 체계는 모든 국제거래를 경상계정, 자본계정 및 외환보유의 변동 등 3부문으로 분류한다. 경상계정에는 상품과 용역의 수출입 및 국제간의 증여 등 무역수지, 무역외수지 및 이전거래를 수록하고, 자본계정에는 장기자본과 단기자본의 거래가 기록되며, 외환보유의 변동에는 국제결제 수단으로 사용되는 금이나 외환 등의 증감이 기록된다. 특히, 무역수지는 대외거래 중 기본적인 거래로서 상품수출입 차이를 나타내며, 수출은 수취란에, 수입은 지급란에 기입하여 합산할 때 (+)로 나타나면 무역수지 흑자라 하고 (−)로 나타나면 무역수지 적자라 한다. 또한 무역외수지는 운수, 보험, 관광, 해외건설 등과 관련된 거래액을 말하며[1], 이전거래는 이민이나 해외노동자의 송금, 증여, 해외원조, 배상 등 내국인과 외국인 사이에 무상으로 주고받는 거래를 말한다. 한편, 일반적으로 국제수지라고 할 때는 무역수지, 무역외수지 및 이전수지를 합계한 경상수지를 의미한다.

자본수지는 부동산이나 주식·채권 등의 자산의 구매와 매각을 기록한 것으

1) 무역외수입은 외국인이 우리나라에 와서 각종 서비스를 구입하거나 우리나라의 선박 항공기를 이용하였을 때 지불하는 금액을 말하며, 무역외비급은 한국인이 외국의 서비스를 구입하고 이에 돈을 지불한 것으로 이자, 운임, 보험료 등의 지불을 말함.

로, 다시 말해서 외국으로부터 빚을 들여오거나 갚는 과정에서 들여온 돈과 나간 돈의 차이를 말한다. 이에는 장기자본 수지와 단기자본 수지의 두 가지 항목이 있는데, 들여온 돈과 빌려준 돈의 상환기간이 1년을 초과할 때를 장기자본이라 하며 1년 이하이면 단기자본이라 한다.

이외에 경상수지와 장기자본 수지를 합한 기초수지에다가 단기자본 수지를 합한 것을 종합수지라고 한다. 따라서 기초수지는 장기적 대외결제 능력을, 종합수지는 외국과의 거래에서 외화의 수지를 나타낸다. 또한 금융기관의 대외채무의 변화와 외화보유액 등을 운영함으로써 나타난 대외자산의 변화를 기록한 금융계정이 있다.

4. 국제수지관리의 중요성[2)]

국제수지는 경상수지, 자본수지, 준비자산증감으로 구성된다고 하였는데 이 중에서도 경상수지는 나라경제의 기초가 되는 실물부문의 외국과 거래한 결과로서 국민소득, 생산, 고용 등 나라경제 전체의 거시지표들과 관련이 높기 때문이다. 따라서 흔히 국제수지 흑자(적자)는 경상수지 흑자(적자)를 말한다. 경상수지는 한 국가 경제의 건강상태를 잘 나타내 주며 상품수지, 서비스수지, 소득수지 및 경상이전수지로 구분되는데, 이중 상품 및 서비스수지가 우리경제에 미치는 영향이 가장 크다. 우리가 상품과 서비스를 외국에 수출하면 수출양만큼 수요가 증가하므로 생산 확대를 유발하게 되어 일자리가 늘어나고 소득도 증대되는데 반해 상품이나 서비스를 외국에서 수입하면 수입 양만큼 수요가 감소하므로 국내 기업이 생산을 축소하게 되어 급여 또는 일자리가 감소하기 때문에 상품 및 서비스수지는 소득 및 고용과 직접 관련이 있다.

상품 및 서비스수지를 포함한 경상수지가 전체적으로 흑자를 나타내면 외국에 판 재화와 서비스가 사들인 것보다 많으므로 수출을 통해 늘어나는 소득과 일자리가 수입을 통해 줄어드는 소득과 일자리보다 크게 되어 전체적으로는 그만큼 국민소득이 늘어나 고 고용이 확대된다. 국제수지 적자국이 국제수지

---

2) 한국은행, 알기 쉬운 경제지표 해설, pp.173-175.

흑자국에 대하여 자기나라로 실업을 수출한다고 비난하는 이유도 바로 여기에 있다. 또 경상수지가 흑자를 보이면 벌어들인 외화로 외국으로부터 들여온 빚을 갚아 나갈 수 있게 되어 외채가 줄어들 뿐 아니라 나아가서는 주요 원자재의 안정적 공급을 확보하거나 무역마찰을 피하기 위해서 해외에 직접투자를 늘려 나갈 수 있는 것이다.

아울러 국내공급 부족 등으로 물가상승압력이 있을 경우에는 수입을 큰 부담없이 늘려 갈 수 있게 되어 물가를 보다 쉽게 안정시킬 수 있을 뿐 아니라 국내경기가 좋지 않아 경기부양책을 쓰고자 할 경우에도 수입증가를 크게 염려하지 않아도 되므로 부양책을 쓰기가 용이해지는 등 경제정책수단의 선택폭이 넓어져 경제를 보다 건실하게 운영할 수 있게 된다. 이와는 반대로 경상수지가 적자를 나타내면 소득은 줄어들고 실업이 늘어남과 동시에 외국 빚이 자꾸 늘어나 원금상환과 이자부담이 커져 나중에는 빚을 얻기조차 힘들게 된다.

그러나 경상수지 흑자가 반드시 좋다고만 할 수도 없다. 왜냐 하면 이는 경상수지 흑자가 국내통화량을 증가시켜 통화관리를 어렵게 하고 통상측면에서는 우리가 흑자를 내고 있는 교역상대국으로 하여금 우리나라의 수출품에 대해서 수입규제를 유발시키는 등 무역마찰을 초래할 가능성이 커지기 때문이다. 또한 국외투자나 외채상환 등에 사용하고 남은 외화는 결국 국내에서 사용되는 원화로 바꾸어질 수밖에 없기 때문에 시중에 돈이 많이 풀리게 되어 부작용을 초래하기도 한다. 일반적으로 경상수지 흑자가 지속되면 통화량 증가와 경기과열을 가져와 인플레이션이 유발된다. 이 밖에도 국제간의 거래는 상대적인 것이어서 우리나라에 경상수지 흑자가 지속되면 적자가 발생하는 교역상대국으로부터 많은 불만을 사게 되어 결국은 무역마찰을 초래할 가능성이 커지게 된다. 따라서 단기적으로 국제수지 흑자가 좋을 수 있지만 장기적으로는 대체로 균형을 유지하는 것이 바람직하다. 그렇지만 우리나라와 같이 경제가 해외에 크게 의존하고 있는 상황에서는 국민소득을 증대시키고 국내고용을 늘리기 위해서는 적정한 수준의 경상수지 흑자가 유지되는 것이 필요하다.

외환보유액이란?

외환보유액이란 국가의 비상금으로 중앙은행과 정부가 갖고 있는 '외화 지급 준비 자산'이다. 즉 우리나라의 중앙은행인 한국은행이 갖고 있는 돈을 의미한다. 외환보유액은 한국은행과 정부(외국환평형기금)가 다양한 수단을 통해 마련한 외국 돈(외화 자산)이 기초가 된다. 예컨대 국내 기업의 수출이 잘돼 미국 달러가 국내 외환시장에 많이 들어오거나, 국내 주식시장에 외국인의 투자 자금이 밀려들면 우리 돈의 가치가 빠르게 상승(원-달러 환율 하락)한다. 그러면 외환시장의 안정을 책임지고 있는 당국에서는 우리 돈의 급격한 가치 상승을 막기 위해 일반적으로 달러를 사들이게 된다. 반대로 우리 돈의 가치가 갑자기 하락하면 외환보유액에서 달러를 꺼내 판다. 원화의 가치가 너무 가파르게 올라 환율이 급락하면 국내 기업의 수출이 줄어 불리하기 때문에 한국은행이 달러를 그만큼 많이 사들인다. 이때 정부는 외국환평형기금으로 국채(외평채)를 발행해 달러를 사들이는 데 필요한 우리 돈을 장만한다. 시중에 우리 돈이 많이 풀려 남아돌면 물가가 올라가기 때문에 한국은행은 통화안정증권(통안증권)을 찍어 이를 적절히 빨아들이는 것이다. 문제는 외평채나 통안증권을 너무 많이 찍으면 부담이 고스란히 국민에게 떠넘겨질 수 있다는 데 있다. 외환보유액에는 이 밖에도 우리나라가 IMF에 외국 돈이나 우리 돈을 맡기고 받은 IMF 포지션(달러 등으로 뽑아 쓸 수 있는 권리)도 포함된다. 외환위기 직후인 98년에 온 국민이 참여해 모은 금을 한국은행이 사들였는데 이를 포함한 금도 외환보유액에 들어간다.

외환보유액은 환율도 안정시키고 국가신용도를 높이는 데도 기여한다. 외국과의 거래 때 사용되는 미국 달러 등 외국 돈이 부족하면 한국은행이 우리 돈을 찍어 지원해 줄 수가 없다. 외환위기 때 그랬듯이 은행 등 금융회사들이 해외에서 외국 돈을 빌리지 못하거나 외국의 금융회사들이 빌려준 돈을 갑자기 갚으라고 하는 일이 생길 수 있다. 자연재해 등 비상사태로 외국에서 원유나 식량 등 주요 물자를 일시에 대규모로 수입해야 하는 상황이 벌어질 수도 있다. 금융회사나 기업·정부가 외국 돈을 구할 수가 없어 해외에서 빌린 돈을 제때 갚지 못하면 국가 부도로 이어질 위험이 크다. 이럴 때 한국은행이 쌓아둔 외환보유액을 사용하면 급한 불을 끌 수 있다.

나라마다 경제 사정이 다르기 때문에 외환보유액이 많다거나 적다고 판단할 일률적인 기준은 없지만 달러 가치의 변화가 잦기 때문에 무작정 많이 갖고 있다고 이로운 것은 아니다. 다만 국가 부도 위험까지 겪은 우리나라는 가급적 넉넉하게 갖고 있는 게 바람직하다는 의견이 많다. 외환보유액은 그냥 쌓아만 두면 달러화의 가치가 떨어질 때 앉아서 손해를 보기 때문에 한국은행은 외환보유액을 다양한 자산에 투자하고 관리한다. 외환보유액 중 상당부분은 미국 달러로 된 자산에 투자돼 있기 때문에 최근처럼 달러 가치가 하락할 때 한국은행의 고민이 깊어진다. 우리와 사정이 비슷한 중국에서 미국 달러를 줄이고 가격이 오르고 있는 원유를 더 많이 사재자는 주장이 나오는 것도 같은 맥락이다.

〈장세정, 중앙일보, 2006. 1. 26.〉

가마우지 경제

중국 계림이나 일본 마쓰야마 지방에서는 가마우지 낚시로 고기를 잡는다. 가마우지는 전라도 보길도나 낙동강 하구에서도 볼 수 있는 겨울 철새. 끝 부분이 갈고리처럼 생긴 기다란 부리를 물 속에 재빨리 처넣어 고기를 낚아챈다. 낚시꾼은 가마우지의 목 아랫부분을 끈이나 갈대 잎으로 묶어 가마우지 목에 걸린 고기를 가로챈다. '재주는 곰이 넘고 돈은 되놈이 버는'격이다. 고무로 나오키라는 일본 경제평론가는 1980년대 말 『한국의 붕괴』라는 책에서 한국들이 3저(저금리, 저유가, 저달러)에 힘입은 대미수출 호조로 엄청나게 많은 달러를 벌어들였으나 수출품 제조에 들어가는 핵심 부품들은 거의 다 일본산이므로 한국은 입맛만 다시고 실익은 일본이 다 보고 있다는 뼈아픈 지적을 하였다. 1970년대부터 줄기차게 추진해온 부품·소재산업 육성이 10년이 다 돼 가도록 이렇다 할 효과를 거두지 못했다는 사실을 보여준다. 그로부터 다시 20년이 지난 한국 경제는 여전히 애처로운 가마우지 처지를 벗어나지 못했다. 한국이 중계하는 달러의 흐름만 미국 → 한국 → 일본'에서 '중국 → 한국 → 일본으로 바뀌었을 뿐이다. 2005년 대중 무역수지 흑자는 230억 달러, 대일 무역적자는 240억 달러이다. 한 마디로, 중국에서 돈을 벌어 고스란히 일본에 갖다 준 꼴이다. 반도체, 자동차 등 우리나라의 수출 주력 업종들은 핵심 설비와 부품을 일본에 절대적으로 의존하고 있다. 그러니 수출이 늘수록 대일 무역적자가 자연히 늘어나는 구조이다. 2005년 부품·소재 산업에서 생긴 대일 적자가 161억 달러로 전체 대일적자의 66%에 이른다. 2000~2005년 전체 대일 적자는 1039억 달러였으며, 이중 부품·소재 산업은 794억 달러로 76.4%를 점했다. 첨단업종일수록 대일 의존 구조는 더욱 단단히 고착돼 있다. 우리나라 수출 전체의 30%가량을 차지하고 2000~2005년 경제성장 기여도가 40%에 가까운 IT 부문의 경우 원자재의 50% 이상을 수입에 의존하고 있다. 부문별로 보면 반도체 78.8%, 평면 디스플레이 67.7%, 무선 통신기기 66.8%, 컴퓨터 및 주변기기 50.9% 등이다. 가마우지형 경제 체질은 부존자원과 자본이 많지 않은 상황에서 최종재 수출 위주로 압축성장을 추진해온 데 따른 역사적 귀결이다. 오늘날 같은 글로벌 시대에 모든 것을 자급하는 경제 시스템을 고집하는 것은 어리석다. 하지만 경제의 허리라고 할 수 있는 부품·소재 산업의 경쟁력 향상 없이 우리 경제의 내실을 기하기는 어렵다.

〈이철용, LG경제연구원, 주간경제, 2006. 3. 24.〉

경상수지와 환율

세계 금융위기 이후 상품수지를 중심으로 경상수지 흑자 규모가 크게 늘고 있다. 올 들어 8월까지 경상수지 흑자가 543억 달러를 기록하는 등 대규모 흑자가 이어지면서 국내총생산(GDP) 대비 경상수지 흑자 비율이 금융위기 이전에는 평균 1% 내외였으나 최근에는 5%를 웃돌고 있다. 경상수지 흑자가 늘어나면 좋은 점이 많지만 나쁜 점도 있다.

경상수지 구성 항목별로 보면 상품수지 흑자가 금융위기 이후 수출이 빠르게 증가하면서 큰 폭으로 늘어났다. 본원소득수지도 우리 기업의 해외 직접투자가 외국기업의 국내 투자를 상회하면서 해외로부터 배당금 송금 등이 증가해 2010년부터 흑자로 전환됐다. 반면 서비스수지는 해외여행 증가, 지식재산권 사용료 지급 확대 등으로 만성적으로 적자를 보이고 있다.

이처럼 경상수지 흑자가 늘어나면 수입을 통해 줄어드는 소득과 일자리보다 수출을 통해 늘어나는 소득과 일자리가 커져 국민소득이 늘어나고 고용이 확대된다. 또한 경상수지 흑자로 적정 수준의 외환보유액을 확보하게 되면 국가 경제에 대한 신뢰도가 높아지므로 세계 금융시장이 불안해지더라도 외국 자본의 급격한 유출 가능성이 낮아지는 이점이 있다.

반대로 경상수지가 적자이면 소득은 줄어들고 실업이 늘어남과 동시에 대외부채가 늘어나 원금 상환과 이자 부담이 커진다. 이는 국가 전체의 신용등급에도 부정적 영향을 미치므로 세계 경제가 불안정해질 경우 경상수지가 취약한 국가일수록 외국 자본의 급격한 유출이 발생해 대외충격을 증폭시키기도 한다.

그렇다고 해서 경상수지 흑자가 반드시 좋다고만 할 수는 없다. 대규모 흑자를 지속할 경우 국내 통화량이 늘어나 통화관리를 어렵게 하고, 교역 상대국의 수입 규제를 유발하는 등 무역 마찰을 초래할 가능성도 높아지기 때문이다. 또한 경상수지 흑자에도 불구하고 대외 부문의 성장이 서비스업 등 내수 산업으로 파급되지 않을 경우 교역재 부문과 비교역재 부문 간의 고용 및 임금격차를 유발하고 소득분배를 악화시켜 중장기적으로 성장 잠재력을 위축시킬 위험도 있다.

물론 이런 위험요인에도 불구하고 우리나라와 같이 경제가 해외에 크게 의존하고 있는 국가의 경우는 대외 충격에 대한 흡수력을 높이고 국민소득과 고용을 늘리기 위해서 적정한 수준의 경상수지 흑자를 유지하는 것이 바람직한 게 분명하다.

우리나라 경상수지가 최근 큰 규모의 흑자를 지속하고 있는 주된 요인은 선진국을 중심으로 한 세계 경기의 회복과 교역 조건의 개선에 있다. 세계 경기가 회복되면서 해외 수요가 증가해 수출이 꾸준히 늘고 있고, 국제 원자재 가격 안정 및 수출 제품의 고급화로 교역 조건이 개선되면서 수입이 줄고 수출이 늘고 있기 때문이다. 우리 경제는 소규모 개방경제로 무역의존도가 주요 선진국들에 비해 훨씬 높기 때문에 우리나라 경상수지에 대한 해외 수요 및 교역 조건 등의 파급 영향은 계속 상승하는 추세다.

환율 변동 또한 경상수지에 영향을 미치는데 최근에는 경상수지 흑자 기조가 지속되면서 환율 하락 압력도 높은 상황이다. 이 경우 이론적으로는 수출 상품의 가격경쟁력 약화와 수입 수요 확대로 수출이 감소하거나 수입이 증가하는 한편 해외여행 등이 늘어나기 때문에 경상수지 흑자가 줄어든다. 그러나 최근 원·달러 환율이 하락 기조를 지속하고 있음에도 불구하고 수출이 꾸준히 증가하는 등 환율과 수출 간의 이론적 관계가 실제로는 뚜렷이 나타나지 않고 있다. 환율 변동이 경상수지에 미치는 영향은 점차 약화되는 추세인 것이다.

원·달러 환율이 하락함에도 수출이 증가하는 이유는 우선 환율 하락에도 불구하고 수출 단가의 상승이 크지 않기 때문이다. 이는 반도체, 철강, 석유제품, 화공품 등 우리나라 주력 수출품목의 수출 가격이 환율변동보다는 국제시장에서의 수급 상황 등에 의해 주로 결정되고 있는 데 기인한다. 또한 기업들이 수출시장에서의 가격경쟁력 유지를 위해 환율이 하락할 때 수출가격을 조정하기보다는 수출 마진을 줄이는 선택을 하고 있기도 하다. 수출제품 생산에 있어서 수입 소재·부품의 중간 투입 비중이 높아지는 추세여서 환율이 하락하더라도 원가 부담이 완화돼 수출 단가 상승 요인이 줄어드는 점도 환율과 수출 가격 사이의 관계를 약화시키는 요인으로 작용하고 있다.

더욱이 환율 하락으로 수출 가격이 다소 상승하더라도 가격 변동으로 인한 수출 물량 감소 효과가 과거에 비해 줄어들고 있다. 실제로 많은 실증 연구에서 우리나라 수출 물량은 수출 단가보다 세계 수입수요에 더 큰 영향을 받는 것으로 나타났다. 이는 품질, 브랜드 인지도 등 비가격 경쟁력이 높아진데다 중국 등 신흥국과의 수출 분업구조 진전에 따른 해외생산 증가로 수출 물량이 현지 생산법인의 수출성과 및 완성재 가격 등에 더 많이 좌우되고 있기 때문이다.

앞으로 경상수지는 대규모 흑자에 따른 환율 하락 압력에도 불구하고 세계 경제의 점진적인 회복과 원자재가격 안정으로 상당기간 흑자 기조를 지속할 것으로 전망된다. 또한 주력 수출품이 품질, 브랜드 인지도 등에서 높은 경쟁력을 유지하고 있고 수출용 소재·부품의 수입 비중이 높아서 수출과 수입 간의 연계성이 밀접한 점도 경상수지 흑자를 지속시키는 요인으로 작용할 것이다. 다만 환율 하락에 따른 원화 표시 수출금액 감소로 기업의 영업이익률이 하락함에 따라 상대적으로 경쟁력과 수익성이 취약한 중소기업을 중심으로 수출 증가세가 둔화될 우려가 있다. 또한 기업들의 채산성 악화로 인해 연구개발(R&D) 등 투자가 위축됨으로써 중장기적으로 수출 경쟁력을 저하시킬 가능성도 있다.

따라서 경상수지 흑자 등 경제 기초여건의 변화에 따른 환율 변동은 용인하되 외환시장의 과도한 쏠림 현상으로 급격한 환율변동이 나타나지 않도록 유의해야 한다. 다만 세계 경제의 개방화 진전으로 독자적인 통화·외환정책을 통해 환율 안정을 도모하는 데는 한계가 있으므로 환위험 관리능력 배양과 결제 통화 다변화 등을 위한 노력도 필요할 것이다. 또한 고부가가치·고기술 산업, 기술·자본집약적 산업으로 우리의 산업 구조가 더욱 개선된다면 내수 및 수출시장의 가격과 품질 면에서 산업 경쟁력이 높아져 환율 하락에 대한 적응력을 높일 수 있을 것이다. 아울러 경상수지 흑자의 과실이 전체 경제에 고르게 배분될 수 있도록 수출 부문과 내수 부문의 균형발전을 위해 더욱 노력해야 한다.

〈서울신문, 2014. 10. 20.; 한국은행, 2014. 10. 23.〉

한국무역 70년의 발자취 무역강국으로 발돋움

1946년 수출 354만 달러, 수입 6,072만 달러에서 2011년 사상 처음으로 무역 1조 달러를 넘어선 이후 2015년 9,633억 달러를 기록하여, 과거 100위권 밖이던 우리 수출은 2015년 세계 6위로 올라섰다. 우리나라의 수출은 1949~2015년 중 연평균 16.5% 증가하면서 세계 수출비중은 3%대로 1948년(0.03%)에 비해 크게 상승하였다(〈한국의 세계 수출 비중(%) : ('48) 0.03 → ('54) 0.03 → ('64) 0.07 → ('74) 0.5 → ('84) 1.5 → ('94) 2.2 → ('04) 2.6 → ('15) 3.2)〉).

이처럼 무역은 지난 70년 동안 한국경제 발전의 원동력이었으며, 국민소득 2만 달러 시대 진입을 앞당기는 견인차 역할을 수행하였다. 그 결과 한국경제는 무역을 통해 세계 역사상 유례가 없는 짧은 기간에 빈곤과 저개발에서 탈피하고 세계에서 7번째로 20-50클럽에 가입하게 되었다.

우리나라 최초의 무역

- 최초의 무역선(정크선 제외) : 1947년 2월 식염, 생고무 등을 실은 '페리우드호'가 인천항에 입항
- 우리나라 국적 최초의 무역선 : 조선우선(해운사) 소속의 앵도환
  - 1948년 2월 화신무역상사가 홍콩과 마카오에 건어물과 한천을 수출
- 무역 면허증 등록 1호 : 건설실업
  - 1946년 8월~47년 8월까지 한국인 528명, 중국인 15명이 무역업자 면허증을 교부받음
- 광복 후 최초 대외무역 관련 법령 : 1946년 1월 미 군정령 제39호 대외무역규칙
  - 남한과 여타국간의 화물 등 거래시 군정청의 허가를 받아야 하며, 그 외 일체 대외거래를 금한다는 내용

주요 상품 최초 수출		
섬유	1959년	동광 메리야스가 미국으로 스웨터 300장 수출
신발	1962년	국제상사, 동신화학공업주식회사가 미국, 캐나다 등으로 23만 8천 달러 수출
가발	1964년	1만 4천 달러 수출
석유화학	1966년	대한석유공사가 2천 배럴 수출
선박	1967년	대한조선공사·대선조선이 바지선 30척 베트남 수출
철강	1967년	부산철광공업이 강관 수출 시작
자동차	1976년	포니자동차 에콰도르로 5대 수출
반도체	1970년	아남반도체 21만 달러 미국으로 수출
휴대폰	1992년	삼성전자 6억 달러 수출

우리나라는 자유무역협정을 통해 협소한 국내시장의 한계를 극복하고 72조 달러의 세계시장으로 뻗어나가, 현재('16.7.15.) 15개의 자유무역협정을 통해 전 세계 52개국3)과 FTA 발효 중이며, 미국, EU, 중국, ASEAN 등 세계 거대 경제권과 FTA를 체결한 국가는 우리나라가 유일하다.

GATT 출범 이후 관세 감축률 추이

이행기간	GATT 라운드	감축률
1948	제네바 회의(1947)	-26%
1950	안시 회의(1949)	-3%
1952	토키 회의(1950-51)	-4%
1956-58	제네바 회의(1955-56)	-3%
1962-64	딜런라운드(1961-62)	-4%
1968-72	케네디라운드(1964-67)	-38%
1980-87	도쿄라운드(1973-79)	-33%
1995-99	우루과이라운드(1986-94)	-38%

주 : 1948~1958년까지의 감축률은 미국관세율 기준
자료 : WTO(2007)

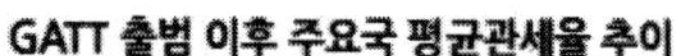
GATT 출범 이후 주요국 평균관세율 추이

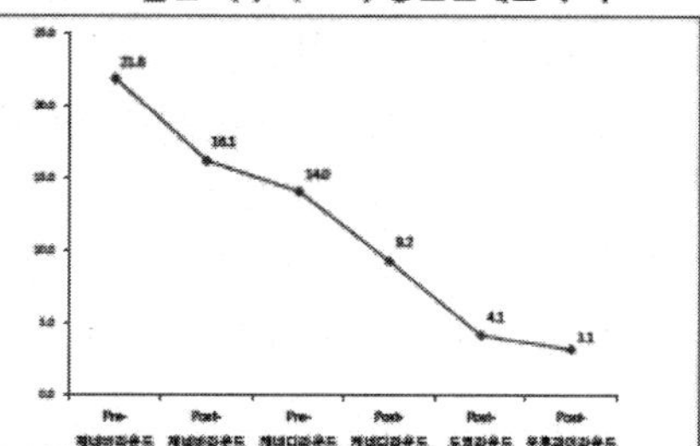

주 : 주요국은 미국, EU, 일본임
자료 : Bown and Irwin(2015)

〈KITA, 한국무역발자취, Trade Brief, 2016. 8. 1.〉

제4장 | 환율

1. 환율이란?

환율은 우리 돈과 외국 돈의 교환비율로 외국 돈과 비교한 우리 돈의 값어치를 나타낸다. 즉 기준통화 1단위와 교환되는 상대통화의 비율이다. 예를 들어 USD/W=1,000원는 기준통화 1달러에 대해 1,000원으로 교환됨을 의미한다. 환율은 어느 나라 돈을 기준으로 허느냐에 따라 자국통화표시법과 외국통화표시법이 있다. 자국통화 표시법은 외국 돈 1단위가 자기 나라 돈 몇 단위와 교환되는가를 나타내는 직접표시법이고, 외국통화표시법은 자기 나라 돈 1단위가 외국 돈 몇 단위와 교환되는 가를 나타내는 간접표시법이다.

자국통화표시 환율은 외국 돈을 기준으로 하는 환율로 예를 들어 우리나라 원화와 미국 달러화의 환율을 U$1=₩1,000 또는 ₩/U$=1,000으로 표시하는 방법이다. 즉 외국돈 1단위를 받기 위해서 자국 돈을 얼마나 지급하여야 하는가를 나타내는 방법으로 이를 지급환율이라고도 한다. 외국통화 표시 환율은 자국 돈을 기준으로 하여 자국 돈 1단위로 외국 돈을 얼마나 받을 수 있는가를 표시하는 방법을 외국통화표시환율 또는 수취환율이라고 한다.[1)] 우리나라의 경우 원화의 대미달러화 환율을 ₩1=U$0.001 또는 U$/₩=0.001로 표

1) 기준통화는 고정되어 있는 반면에 표시통화는 기준통화가치 변화에 따라 변동됨.

시하였다면 이는 외국통화표시 환율이 된다. 이때 앞에 나타나는 통화를 기준통화, 뒤에 나오는 통화를 표시통화라 한다. 일반적으로 외환시장에서는 미국의 달러화가 기준통화이나 예외적으로 영국의 파운드화가 기준통화가 되기도 한다[2]. 그러나 외환시장에서는 여러 나라의 돈이 거래되므로 자국 돈과 외국 돈의 비교뿐만 아니라 외국 돈 상호간의 교환비율도 나타낼 수 있다. 일반적으로 외국통화 1단위에 대한 미달러화의 교환비율을 나타내는 방법 즉 U$/=1.1977으로 표시하는 방법을 아메리칸 텀(American terms)라 하며 미달러 1단위에 대한 외국통화의 교환비율인 U$1=¥110.52로 표시하는 방법을 유로피언 텀(European terms)라고 한다. 미달러화가 기축통화의 역할을 담당하면서부터 국제외환거래의 대부분은 미달러화와의 매매거래를 통하여 이루어짐에 따라 국제외환시장에서 환율고시는 대부분 미달러화 1단위에 대한 외국통화의 비율인 European terms로 표시하고 있다. 자국통화표시환율과 외국통화표시환율은 상호 역수의 관계에 있다. 즉 우리나라의 경우 자국통화표시환율인 1달러=1,000원을 외국통화 표시환율로 바꾸면 1원=1/1,000달러가 된다.[3] 자국통화표시법에 의한 환율은 그 나라 돈의 대외가치와 반비례한다. 예를 들어 환율이 달러당 1,000원에서 900원으로 변동한 경우 원화 환율은 하락하고 반대로 원화의 가치는 달러화에 대하여 상승한 경우이다.

일반적으로 환율이 1,000원에서 900원으로 인하된다는 것은 미국 1달러의 가격이 낮아지는 것으로 한국 원화의 가치가 올라감을 뜻한다. 이것을 원화의 평가절상(Appreciation)이라 한다. 그러므로 환율이 낮아졌다 또는 떨어졌다 하는 말은 원화의 가치가 상대적으로 높아진 것(평가절상)을 의미한다. 그 반대로 환율이 높아졌다 또는 올라갔다 하는 말은 원화의 가치가 상대적으로 낮아진 것(평가절하)을 의미한다.[4]

우리나라는 현재 자유변동환율제도(1997년 12월 16일 도입)를 채택하고 있는데 이에 따라 원화의 대미달러환율은 은행간시장에서 외환수급에 따라 자유

---

2) 김상경·최기억, 환율, 제대로 알면 진짜 돈 된다, 거름, 1999년, p.156.
3) 한국은행, 알기 쉬운 경제지표 해설, pp.207-215
4) 보통 달러화의 강세율은 달러화의 가치상승을 의미하며, 그 반대의 경우를 달러화의 약세율이라 함.

로이 결정된다. 그러나 일본 엔화, 영국 파운드화 등 미 달러화 이외의 기타통화에 대한 우리나라 원화의 환율은 원화의 대미달러환율을 국제금융시장에서 형성되는 기타통화의 대미달러환율로 재정(裁定)하여 간접적으로 산출하고 있다. 예를 들어 우리나라 원화와 미 달러화 환율이 U$1=₩992.10이고 동경외환시장에서 미 달러화와 일본 엔화 간의 환율이 U$1=¥115.60이라면 원화와 엔화의 환율은 연쇄방식에 의해 100¥=₩858.22이 된다. 이때 우리나라의 대미달러환율을 기준으로 간접적으로 계산된 원화의 엔화에 대한 환율을 재정환율(arbitragedate)이라고 하며 이러한 재정환율을 계산하기 위하여 사용된 미 달러화와 일본 엔화의 환율을 크로스레이트(cross rate)라고 한다.[5)]

2. 환율의 종류[6)]

환율은 은행이 누구를 상대로, 어떤 방식으로 외국 돈(외환 또는 외국환)을 교환하느냐에 따라 여러 가지 종류로 나누어진다. 환율의 종류에는 매매기준율이 있는데 이는 말 그대로 여러 가지 외화매매의 기준이 되는 환율로 은행들은 이 매매기준율에 거래대상 외환에 따라 약간의 스프레드를 가감하여 전신환 매도·매입률, 여행자수표 매도·매입률, 현찰 매도·매입률 등을 고시한다. 스프레드는 현찰환율, 여행자수표환율, 전신환환율 순으로 큰 것이 일반적이다. 은행이 고객으로부터 외환을 살 때 적용하는 환율을 매입률이라 하고 고객에게 팔 때 적용하는 환율을 매도율이라고 한다. 예를 들어 한 은행이 원/달러 환율을 1,200.0~1,200.5로 제시하였다면 이는 1달러당 1,200.0원에 매입할 의사가 있으며 1달러당 1,200.5원에는 매도할 의사가 있음을 나타낸다. 모든 외환거래는 매매기준율을 중심으로 외국환은행이 거래의 종류에 따라 일정률의 마진을 감안하여 자율적으로 결정한 대고객 매매율에 따라 이루어지는데 일반적으로 은행이 고객에게 외국 돈을 팔 때 적용되는 매도율이 외국돈을 살

5) 한국은행, 알기 쉬운 경제지표 해설, pp.207-215
6) 홍갑수, 환율상식, 매일경제신문사, 1990년, pp.19-26와 한국은행,알기 쉬운 경제지표 해설, pp.207-215

때 적용되는 매입율보다 높다. 7)

외환거래는 은행이 누구를 상대로 하느냐에 따라 은행간 거래와 대고객거래로 나누어지는데 은행이 다른 은행과 거래(은행간 거래)를 할 때에는 은행간 환율을 적용하며 개인이나 기업 등 고객과 거래(대고객거래)를 할 때에는 대고객환율을 적용한다. 통상 외환시장에서 결정되는 환율은 은행간환율을 의미한다. 은행간환율은 대고객환율보다 매입율과 매도율간의 차이가 작은데 이는 은행간에는 거래가 대규모 이루어짐으로써 단위당 거래비용이 더 적게 들기 때문이다. 대고객환율은 은행간 환율을 감안하여 각 은행이 자율적으로 결정, 고시하고 있으나 당일의 은행간 환율변동이 심한 경우에는 실시간의 환율변동을 반영하여 당일 중에 몇 차례에 걸쳐 대고객환율을 수정 고시하기도 한다.

대고객환율은 당일자 매매기준율 또는 재정된 매매기준율 및 외국환은행간 매매율을 감안하여 외국환은행이 자율적으로 결정하며 돈을 주고받는 방법에 따라 전신환매매율, 여행자수표매매율 및 현찰매매율 등으로 나누어진다. 전신환매매율이란 전신에 의하여 1일 이내에 자금이 결제될 때 적용되는 환율로서 은행의 자금부담비용이 포함되지 않는 순수한 의미의 환율이며 다른 대고객매매율의 기준이 된다. 수출입거래 등에 따라 대금을 주고받을 때 적용되는 일람출급 환어음매입률, 수입어음 결제율, 기한부어음매매율 등은 전신환매매율에 은행의 자금부담비용, 즉 환어음의 결제 또는 자금화에 소요되는 기간에 해당하는 금리(환가료)만큼을 빼거나 더하여 결정된다. 한편 우리가 해외여행을 하고자 할 경우 해외에서 사용하기 위해 외국 돈이 필요하므로 해외여행자는 은행에 가서 우리나라 돈을 외국 돈으로 바꾸어야 하는데 현찰로 바꾸는 경우 현찰매매율이 적용되며, 여행자수표로 바꾸는 경우 여행자수율이 적용된다. 만일 현찰을 가지고 나간다면 환전시 은행에서 가장 비싼 환율을게 되어 여행자수표나 크레디트카드 등을 이용하는 것보다 불리하게 된다.

은행간 거래는 고객과의 거래 결과 부족한 외국 돈을 조달하거나 남은 외국 돈을 운용하기 위해 큰 규모로 매매가 이루어지는 도매거래로서 여기서 결정

7) 일반적으로 매도율이 매입율보다 높은 이유는 은행이 외환을 매매하는데 드는 비용을 충당하고 수익을 남기기 위해 수수료를 부과하기 때문임.

되는 은행간 환율은 소매가격이라 할 수 있는 대고객환율의 기준이 된다. 그리고 은행간 환율은 은행간 거래가 이루어질 때마다 수시로 바뀌지만 대고객환율은 아침에 정해 놓은 환율이 하루 종일 그대로 적용되는 경우가 대부분이다. 대고객환율은 은행이 고객으로부터 어떤 형태의 외환을 사고 파느냐에 따라 다시 여러 가지 환율로 나누어진다. 즉 은행이 현찰을 사고 팔 때에는 현찰매매율, 전신으로 자금을 주고 받을 때에는 전신환매매율, 여행자수표를 사고 팔 때에는 여행자수표매매율을 적용하는데 이들 각각의 경우 은행이 외환을 조달하여 운용하는 데 드는 비용이 다른 만큼 적용하는 환율도 다르다.

예를 들어 현찰매도율은 은행이 외국으로부터 현찰을 운송하여 보관하는 데 비용이 소요되므로 여행자수표매도율이나 전신환매도율보다 높다. 따라서 해외여행을 하는 사람은 필요한 외국 돈을 현찰로 매입하는 것보다 여행자수표로 매입하는 것이 유리하다 하겠다.

3. 환율의 결정

1) 외환시장

환율은 외환이 거래되는 시장에서 외환의 수요와 공급에 의해 결정된다. 여기서 외환이란 외국의 화폐나 외국화폐를 청구할 수 있는 외화표시 예금, 수표 등으로서 외환시장에서 거래 대상이 되는 것을 말한다. 외환시장은 외환이 거래되는 시장으로 다수의 수요자와 공급자들 사이에서 서로 다른 통화간의 매매거래를 연결시켜 주는 시장이다.[8] 그날 그날의 외환시세는 주로 대규모 거

8) 세계의 주요 외환시장은 크게 극동 및 중동시장, 유럽시장, 북미시장으로 구분될 수 있는데 극동 및 중동시장은 동경, 싱가폴, 바레인이 중심이 되며, 유럽시장은 프랑크푸르트, 파리, 취리히가 중심이 된다. 북미시장은 뉴욕, 샌프란시스코 등이 중심이 된다. 이러한 외환시장은 24시간 시장이 개방되어 있으며 거래시간대가 중복되는 경우에는 양시장간의 거래가 활발하다. 예를 들어 런던시장은 런던어음교환소 가맹은행(clearing bank)인 6개 은행과 머천트뱅크, 외은지점 등 약 4백개의 은행이 참가한 국제적으로 세계최대규모의 외환시장이며, 뉴욕시장은 미국의 상업은행, 외국은행지점등 약 300개의 은행으로 형성되어 있으며, 제2차 세계대전이후 미국의 정치적·경제적 지위가 향상으로 미 달러화가 세계적인 기축통화로서

래를 하는 은행과 은행, 또는 은행과 정부기관 사이에서 결정되고, 소액거래를 하는 개인이나 기업은 그때 그때 은행이 공시하는 매입가격과 매도가격에 따라서 원하는 만큼을 사거나 팔게 된다.

그러므로 외환시장에서 외환의 수요나 공급을 결정하는 경제주체는 크게 은행, 정부, 개인과 일반기업 등으로 나눌 수 있다. 은행은 외환시장에서 제일 중요한 역할을 담당하며 주로 고객이 필요로 하는 외국 돈을 사거나 고객으로부터 매입한 외국 돈을 팔기 위하여, 또는 외국 돈의 매매를 통하여 이익을 얻기 위해 외환시장에 참가한다. 기업, 개인 등 고객은 수출입거래, 해외여행 등을 위하여 외환시장에 참여하며, 중앙은행은 외환시장의 안정 등 정책적인 목적을 달성하기 위하여 외환시장에 참가한다.이들 경제주체들이 각각 어느 만큼 외환을 팔고, 구입하느냐에 따라서 외환의 가격이 결정된다. 예를 들어 뉴욕의 외환시장이라고 해서 뉴욕지역 경제주체들의 외환에 대한 수요와 공급에 의해서 환율이 결정되는 것만은 아니다. 세계의 다른 지역에서 외환을 구입하려는 사람이나 기관, 또는 반대로 외환을 팔고 구매하려는 사람이나 기관도 뉴욕의 외환시장가격을 결정한다. 왜냐하면 전화나 텔렉스를 통하여 뉴욕과 런던 또는 도꾜의 시장은 하나의 세계시장을 형성하고 있기 때문이다. 이렇게 주요 외환시장들이 서로 긴밀하게 연결되어 있어 시장에 따라서 환율이 달라지는 경우는 없다.[9)]

통용되기 시작하면서 세계적인 외환시장이 되었다. 동경시장은 1964년 4월 일본이 국제통화기금(IMF)협정 제8조국으로의 이행함께 본격화되어 세계외환시장에서 런던, 뉴욕에 이어 제3위를 점하기에 이르렀다. 동경시장은 대고객거래의 비중이 약 30%, 미달러대 엔화의 거래비중이 약 80%이다.

9) 예컨대 뉴욕에서는 ￥/$=150인데 도꾜에서는 ￥/$=152인 경우, 경제주체들은 이러한 두 시장에서의 가격 차이를 이용하여 돈을 벌려고 할 것임. 즉 어느 사람이 뉴욕에서는 일본돈 1,500만 엔으로 10만 달러를 사고, 동시에 도꾜에서는 10만 달러를 팔고 1520만 엔을 사는 거래를 한다면, 이 사람은 앉은 자리에서 20만 엔의 이윤을 얻게 됨. 물론 매매수수료 등의 비용이 들겠지만 거래액이 커질수록 이러한 부대비용은 문제가 안 될 것이나 이러한 생각은 뉴욕이나 도꾜시장에서의 환율을 알고 있는 모든 사람들이 똑같이 행할 것임. 결국 도꾜시장에서는 달러를 팔고 엔화를 사려는 사람들이 그 반대의 거래를 하려는 사람보다 훨씬 많기 때문에 달러가격은 떨어지고 엔화가격은 상승하게 됨. 마찬가지로 뉴욕시장에서는 엔화를 팔고 달러를 사려는 주문이 그 반대의 주문보다 훨씬 많기 때문에 엔화의 가격은 낮

오늘날의 외환시장은 24시간 해가 지지 않는 세계에서'가장 큰 시장'으로 세계적으로 런던, 뉴욕, 도쿄, 싱가포르, 프랑크푸르트, 파리, 홍콩 등 10여개의 주요 외환시장이 있다. 국제결제은행(BIS)에 따르면 세계 외환시장에서 하루에 거래되는 외환거래액(현물환, 선물환 및 외환스왑 기준)은 2010년 4월 기준으로 3조 9,810억 달러 중 우리나라의 외환거래 규모는 438억 달러로 세계 외환시장에서 차지하는 우리나라의 비중은 아직 0.9% 정도로 세계 13위 수준이다. 참고로 영국이 36.7%를 차지하고 미국은 17.9%, 일본이 6.2%, 싱가포르가 5.3%, 스위스가 5.2%, 홍콩이 4.7%를 차지하는 등 상위 10개국의 거래비중이 전체의 87.3%을 차지하고 있다.

외환시장은 시장참가자가 누구냐에 따라 은행간에 거래가 이루어지는 은행간 시장과 개인, 기업 등 고객과 은행 사이에 거래가 이루어지는 대고객시장으로 나누어지는데 보통 외환시장이라고 하면 은행간 시장을 의미한다. 즉 은행간 시장의 거래는 대부분 은행이나 외환중개업자에 의해 이루어진다. 거래참가자들은 각자의 거래실에서 전화나 컴퓨터단말기로 사거나 팔려고 하는 외국돈의 가격을 제시하여 제시가격이 서로 일치하는 상대와 거래를 하게 되는데 이렇게 거래가 이루어질 때마다 환율은 시시각각 변동하는 것이다.

우리나라 원화와 외국 돈의 환율은 원화가 국제적으로 통용되지 않고 있어 국제외환시장에서 결정되지 않고 우리나라 외환시장(은행간 시장)에서 결정된다. 우리나라의 외환시장에는 국내은행, 외국은행 국내지점, 종합금융회사 등의 금융기관과 한국은행 등이 참가하고 있는데 이들 간의 거래는 대부분이 원화와 미국 달러화의 거래로서 주로 금융결제원(자금중개실)의 중개를 통하여 이루어지고 있다.[10]

아지고 달러의 가격은 올라갈 수 밖에 없게 됨으로 뉴욕시장에서는 1달러=150엔에서 151엔으로 올라가고, 도쿄시장에서는 1달러=152엔에서 151엔으로 낮아질 것임. 이와 같이 상이한 외환시장에서 환율간의 차이가 생기면 이를 이용하여 이윤을 얻으려 하는 외환거래가 발생하게 되는데 이를 환재정(Exchange Arbitrage)이라함.

10) 중개수수료를 받고 외국환은행간 거래나 외국환은행과 고객과의 거래를 중개하는 외환브로커가 있는데 세계외환시장의 은행간 거래의 약 1/3이 이들을 통해서 이루어지고 있다(김상경·최기억, 환율, 제대로 알면 진짜 돈 된다, 거름, 1999년 p.148).

2) 외환의 수요와 공급

환율은 외환시장에서 특정한 화폐를 사고 팔려는 외환의 수요와 공급을 결정된다. 일반적으로 달러공급곡선은 우상향의 형태가 되고, 반대로 수요곡선은 우하향하게 된다. 달러에 대한 수요는 재화나 용역의 수입대가를 지불하기 위해서 또는 한국의 개인이나 기업이 외국에 투자하려고 할 때이다. 유학생의 학비송금, 해외지사 운영에 필요한 경비, 여행경비 등도 크게는 재화나 용역의 수입 또는 자본의 유출에 속한다.

상품수입의 경우 환율이 낮아질수록 외국으로부터 수입한 상품의 원화가격이 낮아지므로, 수입상품의 수요가 늘어나게 되고 수입량이 많아진다. 수입상품의 가격은 국내시장에서 원화로 볼 때 낮아진 것이지만 국제시장에서의 달러가격은 변동이 없으므로, 수입량이 늘어남에 따라 수입에 필요한 달러의 양도 늘어나므로 달러 수요곡선은 우하향하게 된다.

외환시장에서 달러의 공급은 한국상품을 수출하고 대금을 달러로 받았을 경우, 그리고 외국으로부터 차관도입이나 직접투자가 달러로 이루어졌을 경우 등이다. 이밖에 외국에 나가 일을 하고 달러로 임금을 받아 돌아온 경우, 외국 관광객들이 한국에 와서 달러를 사용하고 가는 경우, 한국의 해운회사가 외국에서 운송서비스를 제공하고 달러를 받는 경우 등이다.

3) 환율 결정

상품의 가격이 시장에서 정해지듯이 환율도 외환시장에서 수요와 공급에 의해 결정된다. 외환시장도 수요·공급의 원리가 그대로 적용된다. 특정 화폐의 수요가 많아지면 그 화폐의 가치(가격)가 오르고 수요가 적어지면 떨어진다. 반대로 공급이 많으면 해당 화폐의 가치가 떨어지고 공급이 줄면 가치가 올라간다. 요즘 엔화의 가치가 떨어진다는 것은 다른 통화에 비해 엔화의 공급이 많거나 수요가 줄었다는 것을 뜻한다. 환율에 영향을 주는 요인은 경제성장률, 경상수지, 금리, 물가상승률 등 다양하다. 국내 경기가 좋아지면 수입이 늘고, 따라서 수입 결제에 필요한 외환 수요가 늘어난다. 반면 외국(예를 들어 미국)

의 경기가 좋아지면 한국의 수출이 늘어나므로 외환(달러화) 공급이 증가한다.

한국에서 수출과 수입의 차이인 경상수지가 흑자이면 벌어들인 외환(달러)이 사용한 외환(달러)보다 많게 돼 외환시장에서 달러의 공급이 늘어난다. 이렇게 되면 달러 가치는 떨어지고 원화 가치는 올라간다. 금리도 환율 시장에서 매우 중요한 역할을 한다. 자본이 각 국가의 규제 없이 자유롭게 움직일 수 있다면 당연히 금리가 낮은 나라보다는 높은 나라로 이동한다. 한국의 금리가 외국의 금리보다 높으면 국제 자본이 한국에 물밀듯이 들어온다. 이 경우 한국 돈의 가치는 올라가며, 한국의 금리가 낮다면 그 반대가 된다.

그런데 이러한 달러의 공급은 외환시장에서 환율이 높을수록 많아질 것이다. 즉 수출업자의 입장에서 보면 환율이 높을수록 수출의 채산성이 높아져 전보다 더 많이 수출하려고 할 것이며 또한 전에는 수출하지 않던 기업도 새로이 수출하게 된다. 따라서 수출량이 늘어남에 따라 출로 인한 달러의 양도 증가함으로 달러의 공급곡선은 우상향하게 된다.[11)]

달러의 공급곡선과 수요곡선이 교차하는 점에서 균형환율이 결정되며 만약 외환시장에 정부가 개입하여 균형환율 보다 높은 수준의환율을 원한다면 정부는 높은 수준의 환율을 유지하기 위해서 일정양의 달러를 사들여야 한다. 그래야만 달러의 수요와 공급이 새로운 환율수준에서 균형을 이루게 된다.[12)]

고정환율제도

고정환율제도는 특정 외화에 대한 환율을 일정수준에 고정시키는 제도로, 환율이 정부나 중앙은행의 정책의지에 따라 결정되는 시스템이다. 예를 들

11) 그러나 원화가 평가절하되고 한국의 수출업자들이 외국시장에서 평가절하비율만큼 달러표시 수출가격을 인하할 때, 외국의 수입수요가 수출가격하락 비율보다 작게 증가한다면 한국의 수출액은 달러로 표시할 때 전보다 작아질 것이다. 이런 경우 외환시장에서 달러의 공급곡선은 좌상향하게 될 것임.

12) 예를 들면 시장세력에 의하여 환율이 1달러=1,000원(E0)이나 정부가 1,100원(E1)선을 유지하려면, 외환시장에서는 달러의 초과공급상태가 발생하고, 이러한 초과공급을 없애기 위해서는 정부가 이들 여분의 달러를 사들여야 한다. 따라서 중앙은행의 보유외환은 증가하게 되는 반면 국내의 통화공급은 증가하게 됨.

어 정부가 원/달러 환율을 1,000원으로 고시했다면 중앙은행은 1달러를 언제든 1,000원으로 바꿔주게 된다. 1816년 영국이 도입한 이후 독일·네덜란드 등으로 확산됐던 금본위제도, 그리고 1944년 44개 연합국 대표들이 합의한 브레튼우즈(Bretton Woods) 체제는 고정환율제도의 대표적 사례이다.

브레튼우즈 체제는 금 1온스를 35달러로 고정한 후 각국 통화와의 환율을 달러에 고정시켰다 그러나 1960년대 들어 미국 정부가 막대한 국제수지 적자와 부채에 빠지면서 달러에 대한 불신이 높아진 국가들이 앞 다퉈 달러를 금으로 바꾸려 들었고, 결국 1971년 닉슨(Richard M.Nixon) 대통령은 달러와 금을 교환하는 금태환 정지를 선언하며 고정환율제도를 근간으로 한 브레튼우즈 체제가 무너졌다.

이에 1976년 킹스턴 회의에서는 외화의 수요·공급에 따라 자율적으로 외화의 가격인 환율이 결정되는 변동환율제도를 채택했고, 현재 대부분의 국가들이 이를 따르고 있다. 변동환율제도 하에서는 특정 외화에 대한 수요가 높아지면 환율이 오르고, 외화공급이 늘면 환율이 떨어진다. 그러나 변동환율제도를 채택했다고 할지라도 현실 경제에서 정부가 환율의 변동을 무조건 방치하는 것은 아니다. 환율이 지나치게 큰 폭으로 오르거나 내릴 경우 수출입이나 금융시장의 불안 등 경제 전반에 부정적인 영향을 미칠 수 있기 때문에 중앙은행은 종종 외환시장에 개입해 급격한 환율변동을 막기 위해 노력한다.

〈서지영, KDI 경제정보센터에서 정리〉

4. 환위험 관리

환율은 여러 가지 요인에 의하여 시시각각 변동함으로써 외화자산이나 부채를 보유하고 있는 개인이나 기업, 금융기관 등의 손익에 영향을 미치게 된다.[13] 특히 자유변동환율제도하에서는 환율의 변화에 대비하여 환관리를 제대

13) 일반적으로 환위험은 환율변동을 인해 손실이 발생할 가능성을 말하나 환차익까지 발생할 가능성을 포함하고 있는 보다 포괄적인 개념이 환노출이다. 환노출은 예기치 못한 환율변동으로 인해 미래 현금흐름이 영향을 받음으로써 기업의 가치가 변할 수 있는 불확실성을 의미하며, 이에는 거래노출, 환산노출, 경제적 노출

로 못할 경우 기업은 파산으로 이어질 수도 있다. 환위험은 미래의 예상치 못한 환율변동으로 인해 기업이 입을 수 있는 손실 즉, 외환으로 표시된 거래에 있어서 거래시점과 결제시점의 환율 차이로 인해 생길 수 있는 손실의 가능성이다. 따라서 환율변동으로 인한 손실 즉, 환위험을 피하기 위해서는 선물환거래, 통화선물, 통화옵션거래 등을 통하여 환위험을 금융기관 등에 전가시키는 방법을 이용할 수 있는데 이 중 우리나라에서 가장 널리 쓰이는 방법이 선물환거래이다. 선물환거래란 미래의 일정시점에 주고받게 될 외국 돈의 가격(환율)을 현재시점에서 미리 정해둠으로써 미래의 환율변동으로 인한 손실을 회피하는 방법이다. 예를 들어 우리나라 수출업자가 환율이 1달러=1,000원일 때 미국에 1백만달러의 자동차를 수출하고 그 대금을 1개월 후에 받기로 계약을 맺었다고 하자. 1개월 후 환율이 1달러=1,000원이면 수출대금은 10억 원(1백만달러×1,000원=10억 원)이지만 1개월 후 환율이 하락하여 1달러=800원이 되면 8억원을 받게 되어 2억원의 손실(환차손)을 보게 될 것이다. 이와 반대로 환율이 상승하여 1달러=1,100원이 되면 11억 원을 받을 수 있어 1억 원의 이익(환차익)을 보게 될 것이다.

따라서 수출업자가 환율이 1달러=1,000원 이하로 될 경우의 손실을 피하기 위하여 3개월 뒤에 은행에 달러를 1달러=1,000원의 환율로 팔기로 하는 계약(3개월 만기 선물환매도계약)을 현재시점에서 미리 체결해 둔다면 3개월 뒤에 환율이 하락하더라도 손실을 보지 않게 된다[14]. 수출업자 또는 수입업자들이

등이 있다. 거래노출은 거래시점과 결제시잠의 환율 차이로 인해 생기는 환노출로 흔히 수출입이나 외화자금의 대차거래에 있어 발생한다. 환산노출은 와화표시 자산이나 부채를 결산시기에 자국통화로 환산하여 재무제표에 기표할 때 발생한다. 그리고 경제적 노출은 환율변동으로 인해 생산원가와 매출액이 달라지고 이로 인해 미래의 현금흐름이 영향을 받을 가능성이다.(홍갑수, 환율상식, 매일경제신문사, 1990년, pp.188-189; 이창선, 환노출, LG경제연구원, 주간경제, 1999년.)

14) 선물환시장은 투기에도 이용되는데, 오늘의 현물환시세는 800원 대 1달러이고 3개월 후의 선물환시세는 1,000원 대 1달러인데, 만약 어느 사람이 3개월 후의 현물환시세가 언화의 가치가 지금보다 더 오른 800원이 될 것이라고 믿는다 하자. 그러면 이 사람은 오늘의 선물환시세(1,000원=1달러)로 3개월 후의 10만 달러를 매각하는 계약을 체결하여, 3개월 후에 10만달러를 100만 원에 팔고, 현물환시장에서 즉시 다시 원화를 매각하고 달러를 구입할 수 있음. 그런데 이때의 현물환율이 예

이러한 선물환거래를 통하여 장래의 환율변동이 가져올 위험을 피하는 행위를 헤징(Hedging)이라고 한다.

환위험과 환노출

일반적으로 환위험은 환율변동을 인해 손실이 발생할 가능성을 말하나 환차익까지 발생할 가능성을 포함하고 있는 보다 포괄적인 개념이 환노출이다. 환노출은 예기치 못한 환율변동으로 인해 미래 현금흐름이 영향을 받음으로써 기업의 가치가 변할 수 있는 불확실성을 의미하며, 이에는 거래노출, 환산노출, 경제적 노출 등이 있다. 거래노출은 거래시점과 결제시잠의 환율 차이로 인해 생기는 환노출로 흔히 수출입이나 외화자금의 대차거래에 있어 발생한다. 환산노출은 와화표시 자산이나 부채를 결산시기에 자국통화로 환산하여 재무제표에 기표할 때 발생한다. 그리고 경제적 노출은 환율변동으로 인해 생산원가와 매출액이 달라지고 이로 인해 미래의 현금흐름이 영향을 받을 가능성이다.

〈홍갑수, 환율상식, 매일경제신문사, 1990년, pp.188-189;
이창선, 환노출, LG경제연구원, 1999〉

그 외에 환위험을 피할 수 있는 방법으로는 개인이나 기업 등이 환율변동에 대비하여 외국돈의 수취와 지급시기를 통화별과 만기별로 일치시키는 매칭(matching) 또는 그 시기를 앞당기거나 지연시키는 리드와 래그(leading and lagging) 등이 있다[15]. 즉 수출업자는 환율상승이 예상될 경우 수출품의 선적

상대로 800원이라면 이 사람은 1달러당 200원의 이익을 얻게 됨. 즉 10만 달러가 125,000달러로 늘어나 25%의 수익을 얻을 수 있으며, 물론 3개월 후의 현물환시세가 1,000원=1달러보다 엔화의 가치가 떨어져 예컨대 1,200원=1달러가 된다면 오히려 손실을 보게 됨.

15) 이외에도 자회사와 모회사간 발생한 채권, 채무관계를 개별적으로 결제하지 않고 일정기간이 지난 후 이를 상계한 후 차액만을 정기적으로 결제하는 상계(Netting), 거래상품가격의 표시통화를 신축적으로 선택함으로써 환리스크를 피하는 통화표시 거래약관(Currency Clauses), 거래이행 여부의 선택권을 보유함으로써 환위험을 방지하는 통화옵션 거래(Currency Option), 장기외화차입에 따른 환율변동 위험을 피할 수 있는 통화스와프 거래(Currency Swaps) 등이 있음(홍갑수, 환율상식, 매일

시기나 수출환어음의 매도시기를 지연시킴으로써 이익을 증대시킬 수 있으며, 수입업자는 반대로 수입대금을 앞당겨 지급함으로써 수입대금의 지급부담 증가를 방지할 수 있다.

이와 같이 개인이나 기업 등은 다양한 방법으로 환율변동에 따른 위험을 관리할 수 있으나 전문인력을 확보하고 있는 금융기관 등을 이용하는 것이 보다 바람직하다.

① 선물(futures) : 기초자산을 미래의 특정시점에 특정가격으로 사고팔기로 약정하는 계약을 말한다. 옵션과 달리 거래시점에서 단순히 계약만 이루어지며 매매에 따른 프리미엄을 지급하지 않는다. 다만 계약이행을 보증하기 위한 증거금을 거래소에 납입해야 함.

② 스왑(swap) : 일반적으로 화폐단위나 이자율이 다른 두 개의 부채(또는 금융자산)에 대한 미래의 현금흐름을 교환하기로 약정하는 거래. 예를 들어 통화스왑이란 계약시 서로 다른 통화표시의 원금을 교환하고 계약기간 중에는 정기적으로 해당 이자를 부담한 후 계약 만기시 원금을 재교환하는 거래임.

5. 환율변동의 요인

환율이 오르내리는 이유는 상품시장에서의 균형가격 결정 원리와 같다. 즉 환율은 외환시장에서 외환의 수요와 공급에 따라 결정되므로 해당 화폐에 대한 수요가 커지면 그 화폐의 가격이 오르고 그 수요가 작아지면 가격은 떨어진다. 공급 면에서는 그 반대이다. 따라서 화폐의 수요와 공급에 영향을 주는 요인들이 바로 환율변동 요인이라고 할 수 있다.

외환시장에서 외환의 수요와 공급에 영향을 주는 요인은 우선 경제활동 수준, 즉 경기의 좋고 나쁨이 외환수요에 영향을 준다. 국내 경기가 좋아지면 수입이 증가되고 따라서 수입결제에 필요한 외환수요가 증가한다. 반면 외국의 경기가 좋아지면 수출이 증가하므로 외환의 공급이 증가하게 된다. 또한 경상

경제신문사, 1990년, pp.174-179).

수지의 영향이다. 수출과 수입의 차이인 경상수지가 흑자이면 자국통화가 강세로 되어 환율이 하락하고, 적자이면 그 반대로 상승한다. 즉 우리나라의 경상수지가 흑자인 경우 벌어들인 달러가 사용한 달러보다 많게 되어 외환시장에 달러의 공급을 늘리므로 달러 가치가 떨어지고 원화 가치는 올라간다. 예를 들어 환율은 1,200원/달러(1달러당 1,200원)에서 1,100원/달러(1달러당 1,100원)으로 내려가게 된다. 각국의 주식이나 국공채 등을 사고팔기 위한 외화의 수요와 공급이 많아짐에 따라 자본이동이 환율에 영향을 더 크게 미치고 있다. 이러한 자본이동을 설명하는 중요한 요인 가운데 하나는 국내외의 실질금리 차이이다. 자본이 아무런 규제 없이 자유롭게 움직일 수 있다면 당연히 금리가 낮은 나라에서 높은 나라로 흐르게 된다. 따라서 국내의 실질금리가 외국의 실질금리보다 더 높으면 국제자본이 들어와 국내 통화의 가치가 올라가고 환율은 내려가게 된다[16]. 이처럼 환율은 수많은 상품가격 중의 하나로 대외거래를 직접 취급하는 사람들뿐만 아니라 이들과 상관이 없는 국내경제의 거의 모든 활동에도 영향을 미친다.

평가절하로 인한 수출의 증가와 수입의 감소는 소득을 증가시키고, 이 증가된 소득이 수요를 증가시키게 되므로 경제성장은 촉진된다. 즉 자국의 통화가치를 떨어뜨리면 외국은 물론 자국내에서도 자국상품에 대한 수요가 높아지게 되고, 이러한 증가된 수요가 생산을 촉진하고 고용을 증대시키는 효과를 가져온다.

장기적으로 평가절하는 경제성장을 촉진시키나 자국과 외국에서 동시에 같은 정책을 실시할 경우 불가능하다. 왜냐하면 모든 나라가 외국의 희생 위에서 자국의 성장을 촉진시키려고 하는 소위 Beggar My Neighbor 정책[17]을 실시한다면, 경쟁적 평가절하에 의해 세계경제의 혼란만을 가중시키기 때문이다.

---

16) 한국은행, 알기쉬운 경제이야기, 2013

17) 네 이웃을 거지로 만들지 않고서는 자신이 부자가 될 수 없다는 중산주의적 사고방식으로 대외무역을 통한 자국의 부의 증대는 교역상대국의 부의 감소를 의미하기 때문에, 타국의 희생을 통하여 자국의 번영을 추구하는 대외무역정책을 근린궁핍화 정책(beggar-my-neighbour policy)이라고 함. 자국 통화의 평가절하가 그 대표적인 수단임. 근린궁핍화 정책은 교역상대국이 동일한 정책으로 대응할 경우 경쟁적인 평가절하의 악순환에 빠질 수 있음.

6. 국내경제변동과 환율

1) 소득수준

경제는 경기의 상승과 침체를 반복한다. 호황기에는 생산과 고용이 높은 수준을 유지하여 국민소득수준이 높게 되고, 불황기에는 반대로 소득수준이 낮아진다. 수입도 소득의 증가함수이므로 호황기에는 수입이 증가하게 되고, 불황기에는 수입이 감소하게 된다. 수입을 더 많이 한다는 것은 외환시장에서 외환에 대한 수요가 늘어나는 것을 의미하므로 외환의 가격은 상승하게 된다. 즉 소득의 증가는 국내소비와 투자의 증가를 유발하는 것이므로, 소비재 생산에 필요한 원료와 중간재 그리고 자본재의 수요가 늘어나게 되므로 전반적으로 수입의 증가를 가져오게 된다. 따라서 다른 사정이 같다면 경기상승기에는 자국통화가 평가절하되고, 경기하강시에는 평가절상하게 된다.

2) 이자율

개인이나 기업은 국내의 주식이나 채권뿐만 아니라 외국은행에의 예금 또는 외국회사의 주식이나 회사채 또는 외국정부의 국채 등을 보유할 수 있다. 따라서 기업이나 개인이 어떤 금융자산을 어느 정도 보유할 것인가는 이들 자산의 수익률에 크게 의존한다. 미국의 이자율이 높아지면 미국의 회사채나 국공채를 구입하려고 할 것이며, 이는 미국달러에 대한 수요의 증가를 초래함으로 외환시장에서 달러가격은 상승한다.

국내 이자율수준은 금융정책에 의해 크게 영향을 받는데 긴축적인 금융정책은 이자율을 상승시켜 자국통화의 평가절상을 초래한다. 반면에 확대금융정책은 이자율을 떨어뜨림으로써 평가절하를 가져온다. 즉 이자율이 높은 경우 투자의 위축을 가져오고 소득을 감소시킴으로서 수입수요를 떨어뜨림으로 평가절상을 가져온다.

3) 인플레이션

국내의 물가가 외국에 비해 빨리 상승할 경우, 같은 환율하에서 외국상품에 비해 국내상품의 가격이 비싸지는 것이므로 국내상품의 소비는 줄어들고, 외국상품의 소비(수입)가 증가할 것이다. 뿐만 아니라 국내가격의 상승으로 수출가격은 인상되며, 외국의 수입량은 감소된다. 그러므로 국내가격의 상승 또는 외국에 비해 국내의 인플레이션율이 높을 경우에는 수입의 증가와 수출의 감소를 초래하게 되어, 외환시장에서 자국통화의 평가절하를 가져오게 된다. 즉 국내의 물가가 빨리 상승할 경우에는 환율인상(평가절하)이 이루어져야 전과 같은 국내상품의 경쟁력이 유지되는 것이다.

그러나 만약 외국의 국내상품에 대한 수입수요가 비탄력적일 경우 수출가격이 인상되었으나 수출가격의 인상율이 외국의 수입량의 감소율보다 높다면, 수출액은 오히려 증가하게 되므로 외환시장에서 외환의 공급은 늘어나게 된다. 그러나 이와 같은 경우는 일부의 상품에 있어서 단기적으로 나타나는 것으로 전체적 또는 장기적으로는 탄력적인 경우가 정상이다.

이 밖에 투기적인 거래와 함께 외환시장 참여자의 심리적인 요인이나 루머 등도 환율의 움직임에 영향을 미친다. 그러한 이유로 단기적인 환율 움직임을 예측하는 것은 매우 어렵다.

7. 평가절하

환율은 한 나라의 돈과 다른 나라 돈 사이의 교환비율로 외환시장에서 외환의 수요와 공급에 의해 결정된다. 원-달러 환율을 예로 들면, 달러화에 대한 수요가 증가할 경우, 달러화 가치는 오르고, 원화 가치는 내린다. 공급 면에서는 그 반대로 작용한다.

평가절하의 경우 수출업자는 채산성이 좋아져 수출가격을 조금 내리는 대신 수출량을 늘릴 수 있다. 또한 전에는 채산성이 맞지 않아 수출을 하지 못하던 생산자도 이제는 수출할 수 있게 될 것이다. 뿐만 아니라 수입경쟁적 제품을 생산하는 기업도 수입제품의 국내가격의 상승으로 전보다 많은 상품을 판매할 수 있으며. 약간의 가격인상을 한다하더라도 전보다 판매량을 증가시킬 수 있게 된다. 한편 수입상품은 가격상승으로 국내수요가 떨어지므로 수입량이 줄어들게 된다. 그리고 수출업자나 수입경쟁업체에서 생산에 필요한 원자재를 수입에 의존한다면 이들 업체의 생산비는 인상되나 수입원자재의 코스트가 평가절하비율만큼 높아질지라도 수출이나 수입경쟁에서의 채산성은 평가절하에 의해 좋아진다.

한국의 원화가 평가절하 될 경우 수출업자는 채산성이 좋아져 수출가격을 조금 내리는 대신 수출량을 늘릴 수 있다. 또한 전에는 채산성이 맞지 않아 수출을 하지 못하던 생산자도 이제는 수출할 수 있게 될 것이다. 뿐만 아니라 수입경쟁적 제품을 생산하는 기업도 수입제품의 국내가격의 상승으로 전보다 많은 상품을 판매할 수 있게 될 것이며. 약간의 가격인상을 한다하더라도 전보다 판매량을 증가시킬 수 있게 된다. 한편 수입상품은 가격상승으로 국내수요가 떨어지므로 수입량이 줄어들게 될 것이다.

그리고 수출업자나 수입경쟁업체에서 생산에 필요한 원자재를 수입에 의존한다면 이들 업체의 생산비는 인상되나 수입원자재의 코스트가 평가절하비율만큼 높아질지라도 수출이나 수입경쟁에서의 채산성은 평가절하에 의해 좋아진다. 예를 들어 운동화 한 켤레 생산함에 있어서 천연고무 등 원자재가 2달러어치 필요하다면 원자재 비용은 2,000원(1달러=1,000원)에서 2,200원(1달러=1,100원)으로 200원이 증가한다. 그러나 운동화 한 켤레의 수출가격은 10,000원(한 켤레당 10달러)에서 11,000원으로 1,000원이 증가하므로 800원의 이익이 발생한다.

그러므로 평가절하는 국내의 생산활동을 촉진시키는 동시에 국제수지를 개선시키는 효과를 갖는다. 평가절하로 수익성이 높아진 수출업체나 수입경쟁업체에서는 전보다 더 많은 생산을 하기 위해 더 많은 노동력과 원료와 중간재를 필요로 하며, 또한 공장의 가동율이 높아질 것이고 경우에 따라서는 설비의 확장이 필요하게 된다. 그러나 이러한 확장은 임금과 원자재 가격의 상승을 초래한다.

▮표 5▮ 평가절하의 경제적 효과

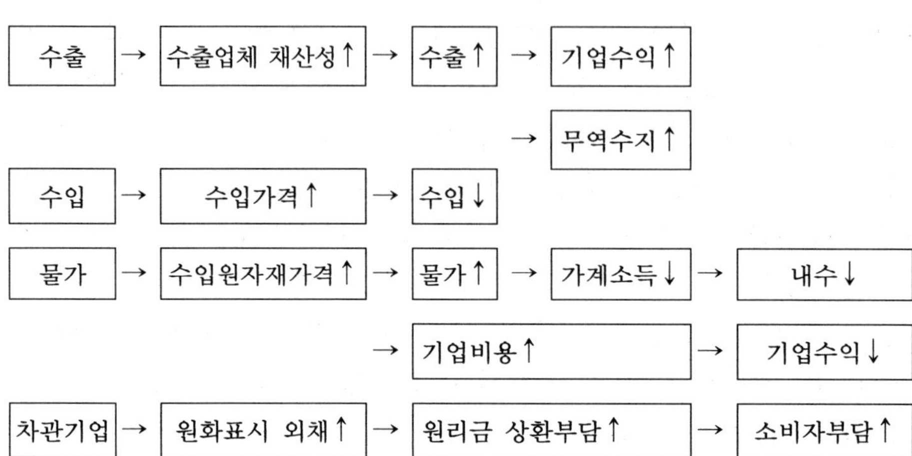

예를 들어 운동화 한 켤레 생산함에 있어서 천연고무 등 원자재가 2달러어치 필요하다면 원자재 비용은 2,000원(1달러=1,000원)에서 2,200원(1달러=1,100원)으로 200원이 증가한다. 그러나 운동화 한 켤레의 수출가격은 10,000원(한 켤레당 10달러)에서 11,000원으로 1,000원이 증가하므로 800원의 이익이 발생한다.

그러므로 평가절하는 국내의 생산활동을 촉진시키는 동시에 국제수지를 개선시키는 효과를 갖는다. 평가절하로 수익성이 높아진 수출업체나 수입경쟁업체에서는 전보다 더 많은 생산을 하기 위해 더 많은 노동력과 원료와 중간재를 필요로 하며, 또한 공장의 가동율이 높아질 것이고 경우에 따라서는 설비의 확장이 필요하게 된다. 그러나 이러한 확장은 임금과 원자재 가격의 상승을 초래한다.

평가절하로 인한 수출의 증가와 수입의 감소는 소득을 증가시키고, 이 증가된 소득이 수요를 증가시키게 되므로 경제성장은 촉진된다. 즉 자국의 통화가치를 떨어뜨리면 외국은 물론 자국내에서도 자국상품에 대한 수요가 높아지게 되고, 이러한 증가된 수요가 생산을 촉진하고 고용을 증대시키는 효과를 가져온다.

장기적으로 평가절하는 경제성장을 촉진시키나 자국과 외국에서 동시에 같은 정책을 실시할 경우 불가능하다. 왜냐하면 모든 나라가 외국의 희생 위에서 자국의 성장을 촉진시키려고 하는 소위 Beggar My Neighbor 정책을 실시한다면, 경쟁적 평가절하에 의해 세계경제의 혼란만을 가중시키기 때문이다.

일반적으로 정부나 중앙은행은 환율을 안정화시키기 위해 또는 균형환율로 되돌리기 위하여 외환시장에 개입한 우리나라의 경우 환율의 급변동을 초래하는 외부충격이 발생하는 경우에 한해 정부나 중앙은행이 외환시장에 참가하고 있다. 이것을 스무딩 오퍼레이션(smoothing operation)이라고 한다. 환율의 급격한 변동으로 수출입 업체나 일반 국민이 큰 피해를 입거나 경제의 불확실성이 확대되는 것을 방지하기 위하여 실시하는 외환정책의 한 수단이다.

• 스무딩 오퍼레이션
변동환율제하에서의 환율은 원칙적으로 시장의 수급에 의해 정해지지만 그런 가운데 중앙은행이 환율의 과도한 변동성을 막기 위해 시장에 개입하는 것

8. J커브 효과

환율이 올라간 직후에는 국제수지 흑자가 오히려 줄어들고 상당한 시간이 지나서야 늘기 시작하는 현상을 J커브효과라고 한다. 이러한 J커브 현상이 나타나는 이유로는 우선 환율이 올라가면 수출입 가격 변화는 즉시 일어나지만 이에 따른 수출이나 수입물량의 변화는 시간을 두고 일어나기 때문이다. 예를 들어 환율이 상승하더라도 처음에는 이미 체결한 계약에 따라 수출입이 진행되므로 수량변화가 그다지 크지 않을 수 있다. 또 소비자들이 가격 변화에 따라 소비습관을 바꾸는 데는 상당한 시간이 걸리기 때문이다. 다른 이유로는 환율전가 효과가 불완전한 경우이다. 즉 환율 변화가 수입품의 국내가격에 즉각적으로 반영되지 않기 때문이다. 예를 들어 환율이 5% 올라도 실제로 수입되는 미국산 자동차의 국내가격이 5% 오르지는 않는다. 미국 자동차 수출업체가 매출 감소를 우려해 달러표시 수출가격을 내릴 수도 있기 때문이다. 그러나 이러한 상황이 계속되어 이윤의 압박을 느낄 때에야 수출가격을 원래 수준으로

되돌리고 그에 따라 수입품의 국내가격이 완전히(즉 5%) 상승하게 되는 것이다. 우리나라의 경우에는 환율이 상승할 경우 경상수지가 초기 약 6개월 동안에는 악화되다가 조금씩 회복되어 약 15개월이 지나면 개선된다는 연구 결과가 있다. 한편, J커브효과와는 달리 환율상승이 장기에도 경상수지를 개선시키지 못한다는 주장이 있다. 예를 들어 1980년대 미국이 만성적인 대일 무역적자를 보이고 있을 때 달러화의 약세와 엔화의 강세를 유도했다. 그러나 1980년대에 계속 달러화가 약세를 보였음에도 불구하고 미국의 대일 무역적자폭이 어느 정도 시간이 흐른 뒤에는 감소할 것으로 기대했지만 오히려 증가하였다. 그 이유는 수출국 통화의 가치가 하락할 때 국내 수출기업들이 가격상의 유리한 점 때문에 제품의 질을 향상시키는 노력을 기울이지 않아 경쟁력이 오히려 떨어질 수 있기 때문이다[18].

원화값 올라 수출 힘들다는데 왜?

원화강세는 달러당 원화값이 오르는 현상으로 우리 돈 가치의 상승을 뜻한다. 원화값은 미국 달러나 일본 엔 등 외국통화와 비교한 우리 화폐의 가치이다. 달러당 원화값이 930원이라면 1달러와 930원이 같은 가치를 지니고 있다는 뜻이다. 달러당 원화값이 930원에서 920원으로 변하면 930원을 주고 1달러를 얻을 수 있는 상황에서 920원만 주면 1달러를 얻는 환경으로 변화했으므로 그만큼 원화가치가 올라갔다고 볼 수 있다. 즉 환율 하락은 원화값 상승과 같은 표현이다.

원화값이 상승하면 더 적은 돈으로 같은 가치의 달러를 사들일 수 있다. 달러 구입 부담이 그만큼 줄어든 셈이다. 그런데도 원화값 상승은 우리 경제에 큰 부담이 된다. 원화강세는 경상수지와 기업수지 악화를 불러오기 때문이다. 예컨대 달러당 원화값이 1,000원에서 500원으로 올랐다고 가정해 보자. 예전에는 1달러를 얻기 위해 1,000원을 줘야 했지만 이제는 500원만 지급하면 된다. 예를 들어 A라는 회사가 1달러짜리 옷을 미국에 수출한다고 할 때 원화값이 1,000원일 때는 옷 한 벌을 수출해 1,000원을 벌어들일 수

18) 한국은행, 알기 쉬운 경제이야기, 2013

있다. 하지만 원화값이 오르면 1달러짜리 옷을 수출해도 500원밖에 벌지 못한다. 달러 기준으로는 옷 가격은 그대로지만 원화로 환산해보니 가격이 절반으로 떨어진 것이다. 여기서 A기업의 생산단가가 800원이라고 가정해보자. 이 기업이 수출로 손해를 보지 않기 위해서는 옷 가격이 최소한 800원은 돼야 한다. 하지만 원화값 상승으로 옷 가격이 500원으로 떨어지는 결과가 발생하면 이 기업은 수출로 손해를 보게 된다.

그렇다면 A기업이 수출을 지속하려면 어떻게 해야 할까. 당연히 달러표시 가격을 올려야 한다. 원화값이 500원으로 오른 상황에서 예전처럼 옷 한 벌을 수출해 1,000원을 벌기 위해서는 2달러로 제품 가격을 올려야 한다. 하지만 이는 쉽지 않다. 해외에서 치열하게 가격경쟁을 벌이는 상황에서 제품가격을 크게 올리면 제품이 판매될리 만무하다. 결국 A기업은 제품가격을 1.6달러로 올렸다. 옷 한벌을 1.6달러에 수출해 800원을 받으니 그나마 손해는 안보는 수준이다. 하지만 이만큼만 올려도 제품 판매가 줄어들 수밖에 없다. A사 제품의 품질이 아무리 우수해도 가격이 비싸면 해외시장에서 외면받기 때문이다.

반면 수입기업들은 유리해진다. 1달러짜리 물건을 수입하기 위해 예전에 1,000원이 들었지만 지금은 500원만 있어도 되기 때문이다. 이 경우 수입기업은 같은 돈으로 수입을 최대 두 배까지 늘릴 수 있다. 이처럼 수출이 감소하고 수입이 증가하면 경상수지가 악화된다.

원화로 환산한 수출단가가 하락하면 기업수익성은 악화된다. A기업의 경우 수출단가를 1.6달러로 올려 800원을 받으면 예전보다 수익이 200원 줄어든다. 기업수익성이 악화되면 국민소득 감소가 불가피하다. 국민소득이 줄어들면 소비가 침체되고 소비 침체는 기업 생산의욕을 꺾어 투자부진으로 이어진다. 결국 원화강세로 경기침체가 유발되는 것이다. 그렇다고 원화강세가 경제에 항상 독이 되는 것은 아니다. 물가를 안정시키는 효과가 있기 때문이다. 달러당 원화값이 1,000원에서 500원으로 올라가면 1달러짜리 수입물품 가격도 그만큼 떨어질 소지가 발생하는 것이다. 올 들어 국제유가가 급등했음에도 불구하고 우리 경제가 그나마 버틸 수 있었던 것은 원화강세로 체감 유가가 그만큼 오르지 않았기 때문이다. 원화강세로 경기가 침체되면 소비가 줄어 전체 물가를 안정시킬 수 있다. 하지만 이러한 물가안정 효과에도 불구하고 원화강세에 따른 경기침체는 우리 경제에 큰 타격을 준다.

그렇다면 최근 원화값이 강세를 보이는 이유는 달러화 공급이 넘치기 때문이다. 화폐도 일종의 자산인 만큼 수요와 공급 원리에 따라 가격이 결정되는데 달러화 공급이 늘면 달러화 가치가 떨어진다. 즉 상대적으로 원화값은 오르는 것이다. 달러화 공급 증가의 1차적 원인은 외환위기 이후 누적된 경상수지 흑자와 수출기업들의 예상이다. 수출기업들은 장기적으로 원화강세가 지속될 것으로 예상하고 있다. 현재 달러당 원화값이 1,000원인데 6개월 뒤 500원으로 오를 것으로 예상되면 달러를 계속 갖고 있을 경우 앉아서 500원을 손해보게 된다. 이에 기업들은 적극적으로 수출대금으로 받은 달러를 내다 팔려고 한다. 결국 시장에 필요 이상의 달러 매물이 나오면서 달러값은 떨어지고 원화값은 올라가는 것이다. 이러한 예상은 비단 수출업자들만이 갖고 있는 것이다. 대다수 외환시장 참가자들이 원화값 상승 추세를 예상해 달러화 매도에 치중하고 있다. 국내 은행들의 행태도 문제다. 국내 은행들이 해외에서 빌린 단기자금은 대부분 대출 자금으로 활용하기 위한 것이다. 따라서 은행들까지 차입을 통해 달러를 공급하면서 시중에 달러화 공급이 크게 늘게 되었다. 또한 전 세계적인 달러화 가치 약세도 원화 값 강세의 원인으로 작용했다. 미국이 수입을 크게 늘리면서 전 세계적으로 달러화 공급이 늘었기 때문이다. 이러한 상황에서 미국경기 침체까지 예상되면서 달러화 약세가 가중돼 원화가치는 상대적으로 더욱 고평가되고 있다.

〈박유연, 매일경제신문, 2006. 11. 25.〉

위안화 절상의 가장 큰 수혜자는 중국

이코노미스트지(誌)가 집계하는 빅맥지수(Big Mac Index)에 따르면, 빅맥 가격은 뉴욕 3.22달러, 노르웨이 오슬로 6.63달러, 도쿄 2.31달러 등이다. 가장 싼 도시는 베이징으로, 단돈 1.41달러에 불과하다. 빅맥 지수는 달러화에 대한 해당 국가 통화의 상대적 가치를 측정하는 수단이다. 예컨대 빅맥지수로 비교할 때 노르웨이 크로나화(貨)는 달러화보다 106% 고평가된 반면, 중국 위안화는 달러에 대해 56% 저평가돼있다.

위안화의 총체적인 저평가는 어떤 의미인가? 중국이 빅맥을 수입할 경우 너무 비싸서 소비자들이 사먹기 어렵다는 뜻이다. 이는 어떤 제품을 수입해도 마찬가지다. 중국 국민들도 다른 나라 소비자들처럼 랄프로렌 셔츠나 롤렉스 시계 등 명품을 사고 싶어한다. 하지만 외제 명품들을 살 수 있는 중국인은 극소수에 불과하다. 저평가된 환율 때문에 품질이 비슷한 제품이라도 중국제가 훨씬 싸다. 중국인들이 외제보다 국내산 제품을 선호하는 것은 당연한 결과다. 중국 저축률이 40%를 넘어 세계 최고 수준인 것도 놀랄만한 현상이 아니다.

중국의 대미수출로 인해 미국 소비자들은 엄청난 이익을 보고 있다. 값싼 중국산 수입품으로 인해 미국 내 물가 상승이 억제되고, 소비자들의 구매력은 증가했다. 미국 소비자들의 삶의 질은 중국 수입품 때문에 높아졌다. 중국 소비자들에게는 그 영향력이 정반대로 나타난다. 중국인들의 삶의 질은, 바로 저평가된 위안화 때문에 낮아진 것이다.

중국 경제는 마땅한 배출구 없이 쌓여온 과도한 유동성을 안고 있다. 위안화 저평가 덕분에 중국은 매년 대미 수출에서만 수천억 달러의 무역흑자를 보고 있다. 무역흑자로 벌어들인 달러는 중국인민은행에서 위안화로 바뀌어 중국내 유동성을 부풀어오르게 한다. 중국 당국의 저금리정책은 이런 과잉유동성을 또 다시 부채질한다. 저평가된 위안화와 과잉유동성, 낮은 금리와 높은 저축률은 중국 경제 성장의 구조를 왜곡한다. 저평가된 위안화로 인해 수출은 늘어난다. 또 소비자들이 소비 대신 저축을 하기 때문에, 중국 경제 규모에 걸맞지 않게 많은 상품들이 수출로 돌려진다. 결국 수출가격은 떨어지고 무역 흑자는 계속 증가한다.

〈손성원, 조선일보, 2007. 7. 7.〉

달러의 몰락 왜?

달러화의 가치 하락은 세계 경제에서 차지하는 미국의 패권이 위협 받고 있다는 것을 의미한다. 달러 약세는 글로벌 불균형[19]이라 불리는 미국의 막대한 경상수지 적자에 원인이 있다. 미국의 경상수지 적자는 한때 GDP의 7%에 육박했다. 경상수지 적자는 국가 부채의 증가로 이어지기 때문에 이 정도 규모의 적자를 지속적으로 유지할 수 있는 나라는 세계 어디에도 없다. 다른 나라 같으면 벌써 외환이 바닥나고 위기가 닥쳤을 것이다. 미국이 버틸 수 있는 이유는 단 하나이다. 미국은 전 세계의 기축 통화인 달러를 미국은 필요하면 얼마든지 찍어낼 수 있기 때문이다. 1971년 닉슨 대통령이 달러의 금태환(conversion)을 정지함으로써 달러를 무제한 찍을 수 있는 권리를 확보했다. 물론 다른 국가들이 이렇게 쏟아져 나오는 달러를 받아들일 준비가 되어 있다면 말이다.

실제로 미국의 경상수지 적자를 통해 세계 경제에 공급되는 달러의 양은 글로벌 유동성의 팽창으로 이어지고, 이 중 일부는 외환보유고로 쌓여간다. 현재 세계 각국이 보유한 외환보유고는 최근 10년 동안 3배 넘게 증가하여 6조 달러에 육박하고 있다. 이 중 중국이 1조 6,000억 달러를 보유하여 단연 1위이다. 외환보유고가 모두 달러로만 이루어진 것은 아니지만 IMF의 조사에 따르면 달러 표시 자산이 외환보유고에서 차지하는 비중은 약 64%로 아직도 압도적이다. 달러화 공급이 지속적으로 증가한다면 달러화의 가치는 필연적으로 떨어질 수밖에 없다. 그렇다면 달러 가치 하락은 어떤 점에서 세계 경제에 위협인가? 그것은 달러 가치가 떨어지면 막대한 외환보유고를 달러로 쌓아둔 각국 중앙은행이 엄청난 손실을 보게 되며, 이는 결국 국가 재정의 악화로 이어지게 된다.

예를 들어 달러 약세의 지속으로 세계 각국이 보유한 달러 외환보유고를 다른 통화로 급격히 전환하면 달러는 더욱 폭락하게 될 것이며, 이는 인플레 압력으로 작용하여 미국 소비를 감소시키고, 궁극적으로 세계 경제 침체를 불러올 수 있다. 또 달러 약세가 지속되면 전세계 투자 자금은 안전 투자처로서 금이나 석유, 원자재 등 실물 쪽으로 더욱 쏠리게 될 것이며, 원자재발(發) 글로벌 인플레이션이 세계 경제의 안정성을 위협하게 될 것이다. 반면 달러 약세는 미국의 수출 증가를 가져올 것이며, 그만큼 경기 둔화를 완화할 수 있다는 점에서는 긍정적이다. 그러나 달러 가치가 급격히 떨어지면서 주요 선진국들이 달러 가치를 방어하기 위해 외환시장에 공조 개입할 것이라는 관측이 높아지고 있다.

〈신관호, 김영진, 조선일보, 2008. 3. 22.〉

19) 글로벌 불균형(global imbalance)이란 미국의 막대한 경상수지 적자와 중국 등 신흥시장 국가들의 경상수지 흑자로 뚜렷이 대비되는 국가간·지역간 대외 불균형상태를 뜻함. 미국의 경상수지 적자가 확대되면 대규모 대외 부채를 장기간 견뎌내기 힘들기 때문에 불균형 상태가 지속되기 힘들다는 분석임. 따라서 언젠가는 균

우리나라의 환율제도

우리나라의 대미달러 환율은 해방과 더불어 고정환율제도로 운영되어 왔으나, 1960년대 초반 경제개발계획 시행과 더불어 단일변동환율제도로 전환되었다. 그러나 단일변동환율제도하에서도 사실상 환율은 고정운용됨으로써 대외환경변화에 능동적으로 대처하지 못하였는데 우리나라의 경제규모가 확대되면서 정부는 환율의 국제수지조절기능을 제고하기 위하여 1980년초에 복수통화바스켓페그 제도를 채택하였다.

그러나 1980년대 후반에 이르러 국제수지 흑자규모확대와 더불어 미국 등으로부터 환율조작의 비난을 받기 시작했으며 또한 우리나라 외환시장의 육성이 최대현안문제로 대두되자 환율의 가격기능제고를 위해 환율제도를 다시 개편하여 1990년 3월부터 시장평균환율제도를 시행하기에 이르렀다. 그러나 1997년 12월 외환위기로 IMF의 자금지원을 받는 대가로 환율제도는 시장의 수요와 공급에 의해 결정되는 완전변동환율제도를 채택하고 있다.

엔캐리 트레이드

엔캐리 트레이드를 통한 엔화 자금이 전 세계에 넘치면서 엔화 약세를 가중시키고 있다. 이에 따라 원화값이 상대적으로 고평가되면서 100엔당 780원대마저 위협받고 있다. 엔캐리 트레이드란 초저금리를 유지하고 있는 일본에서 엔화 자금을 조달해 보다 높은 수익을 기대할 수 있는 국가 자산에 투자하는 것을 뜻한다. 일본 중앙은행이 유지하고 있는 기준금리는 0.25%에 불과하다. 반면에 한국 4.5%나 미국 5.25%에 비하면 턱없이 낮은 수준이다.따라서 기준금리가 낮다 보니 일본에서는 얼마든지 싼 이자로 자금을 차입할 수 있다. 이 자금을 외국 자산에 투자하면 지급 이자를 제하고도 훨씬 큰 수익을 올릴 수 있다. 이에 따라 엔캐리가 유행하면서 전 세계적으로 엔화자금이 넘치고 있는 것이다. 국제결제은행(BIS)에 따르면 전 세계에 뿌

형점을 찾아가게 되는데, 문제는 이런 불균형이 급격히 해소될 경우 달러 가치가 급락하고 세계 금리가 동반 상승하면서 전 세계 경제가 동반 침체에 빠질 수 있다는 것임(신관호, 김영진, 조선일보, 2008년 3월 22일자).

려진 엔캐리 자금은 달러 기준으로 5,000억 달러를 넘을 것으로 추정되며, 국내에는 50억 달러 정도 유입된 것으로 추산된다. 이러한 엔화 공급은 글로벌 엔화 약세를 부추겨 엔화 대비 원화값을 고평가시키고 있다. 또 이 자금 일부가 국내 부동산에 유입되면서 가격 급등이 심화되는 문제점도 발생하고 있다.

예)

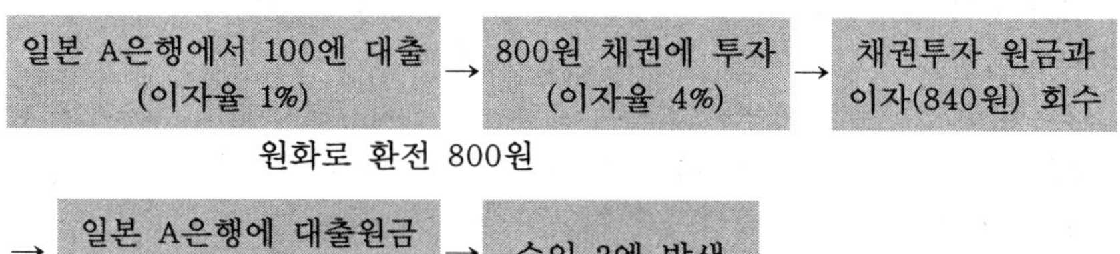

엔화로 환전 104엔

※ 100엔 = 800원, 환율변화와 환전비용 없음

우리나라도 2000년대 중반 일본 자금이 물밀듯 밀려왔다. 일본계 대부업체가 본격 진출했다. 심지어 강남 개업의도 일본 엔화를 빌려썼다. 장기불황에 빠진 일본과 달리 부동산 경기가 활황이었던 한국은 좋은 투자처가 됐다. 국내 대부업계는 일본계 자본이 장악한 상태다. 일본 대부업체가 자금을 조달해오는 금리는 8% 내외로 국내 대부업체의 절반 정도에 불과하다. 이런 조달금리의 차는 직접적인 경쟁력 차이로 나타났다. 2011년 현재 일본 대부업의 최고금리는 연 20%, 한국은 39%다. 낮은 금리로 돈을 가져와 비싼 이자를 받고 대출을 할 수 있으니 한국은 일본계 대부업체에는 '약속의 땅'이다. 일본 자금이 대부업을 주목한 것은 설립이 쉽기 때문이다. 금융당국의 '인가'를 받아야 하는 다른 금융권과 달리 대부업은 지자체에 등록만 하면 된다.

엔캐리트레이드가 위험한 또다른 이유는 환율을 흔들 수 있기 때문이다. 엔화를 빌려 다른 나라에 투자하기 위해서는 달러로 환전해야 한다. 달러 수요가 많아져 달러 강세 현상이 벌어진다. 반대로 만기가 돼 투자금과 이익을 받고 회수할 때는 다시 달러를 내다팔고 엔화로 바꾸면 달러는 약세가 된다. 만약 금융위기가 와 일시적으로 국내에 투자됐던 자금이 일본 본국으로 돌아가버리면 외환시장이 뜻하지 않게 불안해질 수 있다. 국내 주식시장이나 채권시장이 폭락할 수도 있다. 엔캐리트레이드는 투자기회가 되면서도 동시에 위험요소다. 엔캐리트레이드의 75%는 개인투자자로 알려져 있다. 이런 개인투자자를 '와타나베 부인'이라고 부른다. 와타나베란 한국의 김·이·박씨처럼 흔한 성으로 낮은 금리로 엔화를 빌려 환전한 뒤 해외의 고금리 자산에 투자하는 일본의 중상류층 주부 투자자를 의미했다. 한국으로 치자면 강남아줌마 정도 된다. 지금은 이런 형태의 개인투자자를 통칭하는 단어로 굳어졌다.

〈매일경제, 2007. 1. 27., A19; 경향신문, 2011. 09. 06.〉

불확실성 걷히기 시작한 인도 경제

2001년 미국 투자은행 골드만삭스가 제기했던 유망 신흥시장 '브릭스(Brics)'에 인도가 포함된 것은 13억 인구가 펼쳐 보일 잠재력이 결정적이었다. 2008년 미국 월가 파생금융상품 시장의 버블붕괴로 시작된 글로벌 금융위기 역시 인도를 포함한 신흥국 시장가치를 상대적으로 돋보이게 만들었다. 그러나 개혁개방 20년차를 맞이한 2010년까지도 인도경제의 고질적 문제인 빈약한 제조기반, 곤궁한 재정형편, 자원 배분을 관장하는 정치 과정의 비효율성은 여전히 방치되어 왔다. 특히 취약한 제조 기반은 인도경제의 불안정성을 키운 걸림돌이 되었다.

2014년 모디 총리의 집권은 인도 경제의 내부적 모순이 해결되고 불확실성이 걷힐 수 있는 계기를 마련했다. 모디 정부는 고성장 정책을 추진하는 한편 부패 척결과 사업 환경 개선에 주력하고 있다. 최근 5개년의 연평균 성장률이 7.4%로 비교적 높은 수준을 유지하고 경제안정성이 높아지면서 작년 11월 국제 신용평가기관 무디스는 인도 국가신용도를 Baa3에서 Baa2로 한 단계 올렸다. 브릭스 담론이 제기된 이후에도 들쭉날쭉했던 외국인직접투자 순(純)유입액은 2015년부터 플러스로 돌아서, 2017년 최고치를 경신했다. 국제유가 안정세 덕택에 원유수입 부담이 크게 줄고, 루피화가 큰 등락을 보이지 않는 것도 한 몫 했다. 국제투자자들의 인도경제에 대한 신뢰 또한 최근 수년 새 크게 높아졌다.

그럼에도 불구하고 외국 기업들이 인도 투자를 고려할 때 여러 가지 제약 조건이 뒤따른다. 인도 투자의 최대 걸림돌은 토지 확보 이슈다. 낡고 경직된 노동법도 토지와 더불어 생산지로서 투자매력도를 떨어뜨리는 요인이다. 정부 정책의 불확실성 또한 외국 기업들의 투자를 주저하게 만든다. 소비시장이 소규모로 대륙 곳곳에 파편화됐다는 점도 한계로 지적된다. 마지막으로 인도 소비시장의 특징인 낙후된 유통환경 역시 외자 기업들의 투자를 주저하게 만드는 요인이다. 모디 정부는 기업 친화적 이미지를 내세워 조금씩 불확실성 요인을 걷어내 왔다.

모디노믹스에 포함된 '메이크 인 인디아(Make in India)'는 고용창출과 소득증대를 모색하는 제조업 육성 정책이다. 외국기업, 특히 한국기업의 입장에서는 25개에 달하는 메이크 인 인디아 업종 가운데 전자, 자동차, 석유화학 등에 관심이 크다. 이런 가운데 소프트뱅크(Softbank), 알리바바(Alibaba), 텐센트(Tencent) 등은 전자상거래 관련 현지 업체에 지분 투자 규모를 늘리고 있다. 기존 전자상거래 시장은 주로 로컬 업체 위주로 경쟁구도가 형성되었지만 인도 시장에 한해 글로벌 ICT 기업들의 각축전이 조성되는 분위기다.

인도는 예상보다 느리게 발전해 왔지만 모디 정부 이후 시장친화적 방향이 어느 정도 정착되면서 외자기업들의 진출 속도가 생각보다 빨라지고 있다. 우리 기업들은 모디식 개혁개방이 진전될 경우 인도 특화된 접근과 함께 잠재력이 조기 발현될 사업영역을 구체적으로 선정해 나가는 작업이 필요하다.

진통겪는 노동 관련 개혁법 3

법규(제정연도)	개정 전	개정안	비고
공장법('48년)	여성 야간근무 금지	여성 야간근무 허용	
	공장 최소인원 : 10명(전력사용 공장), 20명(전력 사용없는 공장)	20명(전력사용 공장), 40명(전력사용 없는 공장)	공장법 적용 대상 기업 완화
산업분쟁법('47년)	엄격한 해고 기준 : 100명 이상 사업장	300명 이상 사업장	해고 기준 완화
노동조합법('26년)	노조결성 기준 : 노동자 15% 동의	노동자 30% 동의	복수노조 난립 방지
보너스법('65년)	최고 1만루피/월 급여자까지 보너스 대상	최고 2만1천 루피/월 급여자까지 보너스 대상	대상자 확대 및 금액 상향
	보너스 한도 : 3,500루피의 20%	7,000루피의 20% 또는 최저임금(높은 경우)	
아동노동법('86년)	14세 미만 노동 제한적 허용	14세 미만 노동 전면 금지	

〈박래정·강선구·조성완, 엘지경제연구원, 2018. 7. 10〉

경상수지와 환율

세계 금융위기 이후 상품수지를 중심으로 경상수지 흑자 규모가 크게 늘고 있다. 올 들어 8월까지 경상수지 흑자가 543억 달러를 기록하는 등 대규모 흑자가 이어지면서 국내총생산(GDP) 대비 경상수지 흑자 비율이 금융위기 이전에는 평균 1% 내외였으나 최근에는 5%를 웃돌고 있다. 경상수지 흑자가 늘어나면 좋은 점이 많지만 나쁜 점도 있다.

경상수지 구성 항목별로 보면 상품수지 흑자가 금융위기 이후 수출이 빠르게 증가하면서 큰 폭으로 늘어났다. 본원소득수지도 우리 기업의 해외 직접투자가 외국기업의 국내 투자를 상회하면서 해외로부터 배당금 송금 등이 증가해 2010년부터 흑자로 전환됐다. 반면 서비스수지는 해외여행 증가, 지식재산권 사용료 지급 확대 등으로 만성적으로 적자를 보이고 있다.

이처럼 경상수지 흑자가 늘어나면 수입을 통해 줄어드는 소득과 일자리보다 수출을 통해 늘어나는 소득과 일자리가 커져 국민소득이 늘어나고 고용이 확대된다. 또한 경상수지 흑자로 적정 수준의 외환보유액을 확보하게 되면 국가 경제에 대한 신뢰도가 높아지므로 세계 금융시장이 불안해지더라도 외국 자본의 급격한 유출 가능성이 낮아지는 이점이 있다.

반대로 경상수지가 적자이면 소득은 줄어들고 실업이 늘어남과 동시에 대외부채가 늘어나 원금 상환과 이자 부담이 커진다. 이는 국가 전체의 신용등급에도 부정적 영향을 미치므로 세계 경제가 불안정해질 경우 경상수지가 취약한 국가일수록 외국 자본의 급격한 유출이 발생해 대외충격을 증폭시키기도 한다.

그렇다고 해서 경상수지 흑자가 반드시 좋다고만 할 수는 없다. 대규모 흑자를 지속할 경우 국내 통화량이 늘어나 통화관리를 어렵게 하고, 교역상대국의 수입 규제를 유발하는 등 무역 마찰을 초래할 가능성도 높아지기 때문이다. 또한 경상수지 흑자에도 불구하고 대외 부문의 성장이 서비스업 등 내수 산업으로 파급되지 않을 경우 교역재 부문과 비교역재 부문 간의 고용 및 임금격차를 유발하고 소득분배를 악화시켜 중장기적으로 성장 잠재력을 위축시킬 위험도 있다.

물론 이런 위험요인에도 불구하고 우리나라와 같이 경제가 해외에 크게 의존하고 있는 국가의 경우는 대외 충격에 대한 흡수력을 높이고 국민소득과 고용을 늘리기 위해서 적정한 수준의 경상수지 흑자를 유지하는 것이 바람직한 게 분명하다.

우리나라 경상수지가 최근 큰 규모의 흑자를 지속하고 있는 주된 요인은 선진국을 중심으로 한 세계 경기의 회복과 교역 조건의 개선에 있다. 세계 경기가 회복되면서 해외 수요가 증가해 수출이 꾸준히 늘고 있고, 국제 원자재 가격 안정 및 수출 제품의 고급화로 교역 조건이 개선되면서 수입이 줄고 수출이 늘고 있기 때문이다. 우리 경제는 소규모 개방경제로 무역의존도가 주요 선진국들에 비해 훨씬 높기 때문에 우리나라 경상수지에 대한 해외 수요 및 교역 조건 등의 파급 영향은 계속 상승하는 추세다.

환율 변동 또한 경상수지에 영향을 미치는데 최근에는 경상수지 흑자 기조가 지속되면서 환율 하락 압력도 높은 상황이다. 이 경우 이론적으로는 수출 상품의 가격경쟁력 약화와 수입 수요 확대로 수출이 감소하거나 수입이 증가하는 한편 해외여행 등이 늘어나기 때문에 경상수지 흑자가 줄어든다. 그러나 최근 원·달러 환율이 하락 기조를 지속하고 있음에도 불구하고 수출이 꾸준히 증가하는 등 환율과 수출 간의 이론적 관계가 실제로는 뚜렷이 나타나지 않고 있다. 환율 변동이 경상수지에 미치는 영향은 점차 약화되는 추세인 것이다.

원·달러 환율이 하락함에도 수출이 증가하는 이유는 우선 환율 하락에도 불구하고 수출 단가의 상승이 크지 않기 때문이다. 이는 반도체, 철강, 석유제품, 화공품 등 우리나라 주력 수출품목의 수출 가격이 환율변동보다는 국제시장에서의 수급 상황 등에 의해 주로 결정되고 있는 데 기인한다. 또한 기업들이 수출시장에서의 가격경쟁력 유지를 위해 환율이 하락할 때 수출 가격을 조정하기보다는 수출 마진을 줄이는 선택을 하고 있기도 하다. 수출제품 생산에 있어서 수입 소재·부품의 중간 투입 비중이 높아지는 추세여서 환율이 하락하더라도 원가 부담이 완화돼 수출 단가 상승 요인이 줄어드는 점도 환율과 수출 가격 사이의 관계를 약화시키는 요인으로 작용하고 있다.

더욱이 환율 하락으로 수출 가격이 다소 상승하더라도 가격 변동으로 인한 수출 물량 감소 효과가 과거에 비해 줄어들고 있다. 실제로 많은 실증 연구에서 우리나라 수출 물량은 수출 단가보다 세계 수입수요에 더 큰 영향을 받는 것으로 나타났다. 이는 품질, 브랜드 인지도 등 비가격 경쟁력이 높아진데다 중국 등 신흥국과의 수출 분업구조 진전에 따른 해외생산 증가로 수출 물량이 현지 생산법인의 수출성과 및 완성재 가격 등에 더 많이 좌우되고 있기 때문이다.

앞으로 경상수지는 대규모 흑자에 따른 환율 하락 압력에도 불구하고 세계 경제의 점진적인 회복과 원자재가격 안정으로 상당기간 흑자 기조를 지속할 것으로 전망된다. 또한 주력 수출품이 품질, 브랜드 인지도 등에서 높은 경쟁력을 유지하고 있고 수출용 소재·부품의 수입 비중이 높아서 수출과 수입 간의 연계성이 밀접한 점도 경상수지 흑자를 지속시키는 요인으로 작용할 것이다. 다만 환율 하락에 따른 원화 표시 수출금액 감소로 기업의 영업이익률이 하락함에 따라 상대적으로 경쟁력과 수익성이 취약한 중소기업을 중심으로 수출 증가세가 둔화될 우려가 있다. 또한 기업들의 채산성 악화로 인해 연구개발(R&D) 등 투자가 위축됨으로써 중장기적으로 수출 경쟁력을 저하시킬 가능성도 있다.

따라서 경상수지 흑자 등 경제 기초여건의 변화에 따른 환율 변동은 용인하되 외환시장의 과도한 쏠림 현상으로 급격한 환율변동이 나타나지 않도록 유의해야 한다. 다만 세계 경제의 개방화 진전으로 독자적인 통화·외환정책을 통해 환율 안정을 도모하는 데는 한계가 있으므로 환위험 관리능력 배양과 결제 통화 다변화 등을 위한 노력도 필요할 것이다. 또한 고부가가치·고기술 산업, 기술·자본집약적 산업으로 우리의 산업 구조가 더욱 개선된다면 내수 및 수출시장의 가격과 품질 면에서 산업 경쟁력이 높아져 환율 하락에 대한 적응력을 높일 수 있을 것이다. 아울러 경상수지 흑자의 과실이 전체 경제에 고르게 배분될 수 있도록 수출 부문과 내수 부문의 균형발전을 위해 더욱 노력해야 한다.

* 교역조건은 수출상품 1단위 가격과 수입상품 1단위 가격 간의 비율로 수출 1단위로 수입할 수 있는 상품의 양을 의미한다. 수출단가지수를 수입단가지수로 나누고 100을 곱해 구한다.
* 교역의존도는 한 나라의 경제에서 무역이 차지하는 비중을 표시하는 지표다. 통상적으로 국민소득 또는 국내총생산(GDP)에 대한 수출입 총액의 비율로 표시한다.

〈서울신문, 2014. 10. 20.〉

미국 금리 '드리블'에 아르헨 경제 '레드카드'

2008년 글로벌 금융위기로부터 10년이 지난 최근, 다시 위기의 그림자가 어른거린다. 아르헨티나 등 이머징 마켓의 여러 나라가 급격한 통화 절하, 자본 이탈, 물가 인상으로 고통받는다.

2008년 9월 15일 미국 거대 투자은행 리먼브러더스가 파산을 신청했다. 이로써 '글로벌 금융위기'라는 지옥문이 열렸다. 그로부터 10년이 지난 최근, 위기의 어두운 그림자가 다시 꿈틀거리고 있다. 21세기 첫 10여 년간 급속한 성장을 누렸던 이머징 마켓(신흥 발전국)에서다.

특히 남미의 아르헨티나는 어떤 대책도 통하지 않는 총체적 난국에 봉착했다. 아르헨티나의 통화인 페소는 지난 4월 중순부터 폭락하기 시작했다. 올해 초(1월 2일 1달러에 18.4페소)에 비하면 9월 중순 현재(9월 17일 1달러에 39.55페소) 미국 달러 대비 50% 이상 떨어진 상태다. 외국인들이 아르헨티나에 심어뒀던 자산(주식·채권·부동산)을 팔아치우며 그 자금을 해외로 유출하고 있기 때문이다.

외국인이 아르헨티나에 보유한 땅을 1,000만 페소에 매각했다고 가정하자. 미국에 송금하려면 그 1,000만 페소를 25만 3,000달러(9월 중순 환율 기준)로 바꿔야 한다. 이렇게 '페소를 팔아' '달러를 사는' 사람이 많을수록(페소 공급 증가, 달러 수요 증가) 페소 가치가 떨어지는 반면 달러 가치는 치솟는다. 페소 가치가 폭락하는 만큼 아르헨티나로 수입되는 완성재와 중간재의 가격은 올라가고, 물가인상률 역시 가파르게 상승한다. 최근 아르헨티나의 물가인상률이 30%를 넘어섰다. 외국인들이 주식·채권·부동산을 팔아치우면서 아르헨티나의 자산 가치는 폭락했다.

일반적으로 자국 통화의 가치가 떨어지면 수출이 늘어나야 한다. 수출품의 가격 경쟁력이 상승하기 때문이다. 예컨대 20페소짜리 아르헨티나산 초콜릿이 미국에 수출되는 경우, 올해 초에는 1달러에 거래되었다. 페소 가치가 절반으로 떨어진 지금은 0.5달러에 팔린다. 하지만 2016년 하반기부터 적자였던 아르헨티나의 무역수지는 여전히 적자 상태에서 헤어나지 못하고 있다. 아르헨티나가 다른 나라와 상품·서비스를 사고파는 거래에서 받아야 할 돈보다 줘야 할 돈이 훨씬 많다는 의미다. 더욱이 다른 나라 업체와 결제할 때는 자국 통화(페소)가 아니라 '국제적으로 통용되는 권위 있는 돈(달러)'을 줘야 한다. 이를 위해 아르헨티나 기업들은 중앙은행에서 페소를 달러로 바꿔야 하는데, 중앙은행에도 달러가 부족한 경우가 있다. 이른바 외환위기다. 해외 거래자에게 달러를 주지 못하게 되면 교역이 끊어지고 이에 따라 국민경제 전반이 마비될 수 있다.

물론 외국과의 상품·서비스 거래 외에도 달러를 확보할 수 있는 방법이 있다. 외국인이 아르헨티나에서 발행된 주식이나 채권, 부동산 등을 구입하는 경우다. 이른바 '외국인 투자'. 외국인들이 달러를 아르헨티나 중앙은행에서 페소로 바꾼 뒤(달러 공급 증가, 페소 수요 증가) 투자하게 되니까 페소 가치가 상승한다. 외국인들의 달러를 받고 페소를 내준 중앙은행에서는 외환보유고가 증가한다. 그러나 현실의 외국인들은 아르헨티나에 달러를 들고 오기보다는 빼가고 있을 뿐이다. 즉, 아르헨티나는 무역 거래에서나 자산 거래에서나 모두 적자를 보고 있다.

그래서 아르헨티나 정부는 '페소 가치 유지'에 사활을 걸고 여러 가지의 극한 수단을 감행해왔다. 우선 아르헨티나 중앙은행이 보유한 달러(외환보유고)로 페소를 사들였다. 달러를 대규모로 매각하고 페소를 사들이는 것이므로, 달러 대비 페소 가치의 인상을 기대할 수 있다. 중앙은행이 올해 들어 시장에 내다 판 외환은 모두 130억 달러에 달한다(지난 7월 현재 외환보유고는 모두 513억 달러). 기준금리를 올리는 방법도 있다. 높은 수익률을 찾아 달러를 들고 지구 전역을 헤매는 글로벌 유동 자본들에게 '아르헨티나 자산을 사면 초고수익률을 올릴 수 있다'고 신호를 보낸 것이다. 아르헨티나 중앙은행은 올해 초 27.5%였던 기준금리를 지난 4~5월에 걸쳐 40%까지 올렸다. 지난달 중순에 다시 45%로 인상하더니 2주 뒤인 8월 30일에는 60%로 15%포인트나 단번에 올려버렸다. 소비자와 기업으로선 감당할 수 없는 살인적 금리다. 실물경제가 어떻게 되든 일단 통화가치부터 안정시켜야겠다고 생각할 정도로 아르헨티나 경제 상황이 급박했던 것이다. 그러나 달러 매각이든 초고금리든 페소를 구하지는 못했다.

또 하나의 수단은 국제통화기금(IMF)에 구제금융을 신청하는 것이었다. 적어도 아르헨티나가 '총알(구제금융)'을 확보했기 때문에 빌린 돈이나 결제 대금을 떼먹지는 않으리라는 확신을 해외 거래자들에게 심어줄 수 있다. 아르헨티나 정부는 지난 6월 IMF로부터 500억 달러를 빌리기로 하고 1차분인 150억 달러를 받았다. 아르헨티나 정부는 이후 여러 차례에 걸쳐 IMF에 나머지 350억 달러를 빨리 달라고 독촉했는데, 그때마다 자금 이탈이 오히려 가속화하면서 페소 가치가 떨어지는 이변이 발생했다. 시장이, 'IMF 자금을 받으니 상황이 좋아지겠다'가 아니라 '지금 돈이 없다'로 받아들였기 때문이다.

더욱이 IMF는 돈을 빌려줄 때마다 엄혹한 조건을 내건다. 공기업 매각, 공무원 해고 및 임금 삭감, 연금 삭감 등을 통해 정부 지출을 줄이라는 것이다. '우리가 빌려준 돈을 엉뚱한 데 쓰지 말고', 경제 및 복지 시스템을 '돈 갚기에 적합한 구조'로 바꾸라는 의미다. 이왕 빌려주기로 약속한 달러를 한꺼번에 내주지 않는 것도 구제금융 조건을 이행하도록 강제하기 위해서다.

이런 압박에 따라 지난 9월 초 마우리시오 마크리 대통령은 텔레비전 연설을 통해 '비상조치'를 선언했다. 주된 내용은 교통·전기 등 공공서비스 보조금 삭감, 19개 정부 부처 통폐합으로 공무원 수 절반 축소, 농업 수출품에 대해 달러당 4페소 세금 부과, GDP의 1.3%로 예정된 내년 '근본 적자(primary deficit: 세입-세출)' 0%로 조정 등이다. 최근 수도 부에노스아이레스 등 아르헨티나 주요 도시에서는 이런 초긴축정책에 반발하는 시민들이 대규모 시위를 벌이고 있다.

마크리 정부의 긴축정책은 IMF로부터 구제금융을 받아내기 위한 자구책이지만 적어도 단기적으로는 이 나라 실물경제를 마비시킬 수밖에 없다. 대다수가 총수요를 극적으로 줄이는 조치이기 때문이다. 아르헨티나인 3분의 1 이상은 이미 빈곤선 아래에서 살고 있다.

아르헨티나뿐 아니라 터키, 브라질, 인도네시아, 남아프리카공화국 같은 신흥 발전국들이 급격한 자국 통화 절하와 자본 이탈, 물가 인상으로 몸부림치고 있다. 미국 중앙은행 연방준비제도(Fed)는 올 상반기에 이미 두 차례나 기준금리를 올려 신흥 발전국들에 투자되어 있던 자금을 빨아당겼다. 신흥국발 금융위기론이 최근 위세를 떨치는 이유다.

〈시사IN, 2018. 10. 2.〉

제5장 국제경제기구

1. IMF

1) 설립경위

세계경제는 제1차 세계대전과 대공황을 겪으면서 금본위제도의 붕괴, 무역제한조치의 만연, 환율의 불안정과 이에 따른 각국의 경쟁적인 평가절하 등을 경험한 데 이어, 1940년대에 들어와서는 극심한 인플레이션, 국제유동성의 부족 및 외환통제의 보편화 등에 직면하게 되어 국제 통화질서는 심각한 위기를 맞이하게 되었다.

이러한 배경 하에서 영국과 미국이 중심이 되어 세계경제를 위기에서 구출하고 안정과 번영을 보장할 수 있는 새로운 국제 통화제도의 설립에 관한 논의가 활발히 진행되어, 1943년 4월 영국이 국제 청산동맹안(케인즈안)을 그리고 미국이 같은 해 7월에 연합국 국제안정기금 초안(화이트안)을 발표하였다. 이 두 개의 안은 국제적으로 자유무역을 촉진하고 외환거래에 대한 각국 정부의 규제를 제한할 수 있는 국제기구가 설치되어야 한다는 데에는 같은 입장을 취하고 있어 1944년 국제 금융회의에서 화이트안을 기본으로 케인즈안의 내용을 약간 가미한 국제통화기금 설립에 관한 공동성명이 채택되었다. 그리고 그 해 7월 미국 뉴햄프셔주의 브레튼우즈에서 44개국이 참석한 가운데, 국제통화기금 설립협정안이 채택되었다. 그 후 1945년 35개국의 비준을 거쳐 IMF가 정식 발족하였으며 일명 브레튼우즈협정인 IMF협정은 1946년 창립총회를 거침으로써 국제 통화질서를 수립하였다.

1) 목적

IMF는 협정문상 그 목적을 다음 6개 항목으로 열거하고 있다.

첫째, 국제 통화문제에 관한 협의와 협력을 제공하는 상설기관을 통하여 국제 통화협력을 촉진한다.

둘째, 국제무역의 확대와 균형적 성장을 조장하고 이로써 모든 회원국 경제정책의 주된 목표인 고수준의 고용과 실질소득의 증대 및 유지와 생산자원의 개발에 공헌한다.

셋째, 외국환의 안정을 촉진하고 회원국간의 질서있는 환협약을 유지하며 경쟁적인 환평가절하를 회피한다.

넷째, 회원국간의 경상거래에 관한 다각적 결제제도의 확립과 세계무역의 성장을 저해하는 외국환에 관한 여러 가지 제한의 제거에 노력한다.

다섯째, 적정한 보장조건하에서 회원국으로 하여금 기금의 일반재원을 잠정적으로 이용할 수 있게 하고, 이로써 회원국이 국내적 또는 국제적 번영에 유해한 조치를 취하지 않고서도 국제수지의 불균형을 시정할 수 있는 기회를 제공함으로써 회원국에 신뢰감을 준다.

여섯째, 이상과 같은 조치로 회원국의 국제수지 불균형의 지속기간을 단축하고 그 정도를 경감한다.

이처럼 IMF의 목적은 환율안정과 외환자유화를 통해 국제무역을 확대하는 한편 적절한 국제유동성을 공급함으로써 회원국의 국제수지 불균형을 조정하여 세계각국의 균형적 성장을 달성하는 데 있다.

2) 조직과 기능

IMF는 최고 의사결정 기관인 총회와 총회로부터 위임받은 권한을 행사하는 상무이사회 및 잠정위원회, 일반업무를 관장하는 집행부로서 총재와 1명의 부총재 그리고 이들을 보존하는 실무기구들로 구성되어 있다.

(1) 총회

최고 의결기관으로 각 회원국이 임명한 위원과 대리위원 각 1명씩으로 구성된다. 일반적으로 위원은 재무장관, 중앙은행 총재가 되며, 대리위원은 위원의 부재시 투표권을 행사할 수 있다. 총회는 협정문의 개정, 신규회원국의 승인 및 탈퇴결정, 쿼타증액과 회원국간 쿼타 비중조정 등의 권한을 가지고 있으며, 연차총회는 본부 소재지인 미국의 워싱턴에서 2회 연속 개최 후 미국 이외의 회원국에서 1회 개최되는 것이 관례로 되어 있다. 우리나라도 미국을 제외하고 14번째로 1985년에 제40차 연차총회를 개최한 바 있다.

(2) 이사회

미국, 영국, 서독, 프랑스 및 일본 등 5대 출자국이 각각 1명씩 지명한 5명의 임명이사와 이들 국가를 제외한 모든 회원국이 19개 그룹을 구성하여 각 그룹당 1명씩 선출한 선출이사 19명 등 모두 24명으로 구성되어 있으며 임기는 2년이다[1]. 이사회는 운영에 관한 책임을 지며 총회로부터 위임받는 모든 권한을 행사할 수 있는 집행기관이다.

(3) 총재

상무이사회에서 선출되며 임기는 5년으로 총회의 위원 또는 상무이사직을 겸임할 수 없다. 또한 총재와 직원은 직무집행에 있어서 IMF에 대해서만 책임을 질 뿐, 그 외의 어떠한 회원국에 대해서도 책임을 지지 않는다.

3) 주요업무 및 우리나라와의 관계

IMF는 국제 통화질서의 안정유지를 위해, 첫째 각 국의 건전한 환율정책과 대외 지급제도를 위해 제경제정책의 운용에 관한 여러 가지 의무 부여 및 감

---

1) 러시아, 중국, 사우디아라비아는 상임선임이사국임.

독, 둘째 회원국의 일시적인 국제수지 불균형 발생시 조정자금 지원, 셋째 세계무역을 원활히 뒷받침하기 위한 SDR의 창출배분 기능, 그 밖에 회원국의 은행경영 및 통화문제에 관한 정책적 기술지원 제공 등을 실행하고 있다.

이러한 업무를 수행하고 있는 IMF는 2002년 현재 184개국이 가입하고 있으며 우리나라는 1955년 58번째 회원국으로 IMF에 가입하였다. 가입당시 우리나라의 쿼타는 12.5백만 SDR로 그 비중은 0.14%에 불과하였으나 그 후 일곱 차례의 증액과정을 거쳐 1987년 11월 쿼타는 462.8백만 SDR로 비중은 0.514%이나 제52차 IMF 연차총회에서 한국의 출자 지분율을 현재의 0.554%에서 0.779%로 상향조정하였다. 또한 IMF는 이번 총회에서 전체 기금규모를 1,453억 SDR(약 1,990억 달러)에서 45% 늘리기로 하는 한편 이같이 회원국별 지분을 재조정하였다. IMF에서의 발언권은 각 회원국이 기금에 출자한 자금의 규모, 즉 지분율에 따라 좌우되기 때문에 1백81개 회원국중 지분율 확대폭이 1위를 기록한 우리나라의 IMF내 위상 및 발언권이 상당부분 강화될 전망이다.[2)]

이에 따라 한국은 IMF에 8억 3,300만 SDR(11억 4,100만 달러)을 추가 출자해야 하며 이 경우 총 출자액은 16억 3,000만 SDR(22억 3,500만 달러)로 늘어나게 되어 출자서열이 현재의 36위에서 28위로 8단계 높아진다.

또한 우리나라의 IMF신용수혜는 1965년 환율의 안정과 국제수지 적자 보전을 위하여 9.3백만 SDR 규모의 제1차 스탠드바이협약을 체결한 이래 지금까지 16차례에 걸쳐 26.1억 SDR을 수혜받았으며 이 중 15.0억 SDR을 상환하였다. 한편 IMF는 우리나라가 1986년 경상수지 흑자전환 이후 계속적인 흑자기조로 1987년 3월 20일 우리나라를 국제수지 및 대외 준비사정이 건실한 국가로 판정되어 1988년 IMF 인출외채를 모두 상환하고, 외환자유화 의무를 수락, IMF 4조국에서 8조국으로 이행하였다. 1989년에는 IMF 자금수혜국에서

2) 2004년 주요 회원국별 출자액과 의결권을 살펴보면 미국 37,149백만 SDR(17.11%), 일본 13,312백만 SDR(6.14%), 독일 13,008백만 SDR(6%), 중국 6,369백만 SDR(2.94%)이다. 최근 1998년 외환위기를 겪은 이후 IMF 채무국이었던 러시아는 IMF와 4,900만 SDR의 출자에 합의하면서 IMF의 실질적인 채권국 지위를 획득하였음.

공여국으로 위상이 바뀌고 79억 9,600만 SDR쿼터(할당액)를 확보하였으며, 쿼터 및 투표권의 비중은 각각 0.56%이다. 그러나 1997년부터 연이은 대기업의 부도와 금융위기 등 경제 파탄이 일어나 총 150억~200억 달러의 IMF 구제금융을 신청하게 되었다.

2. WTO

1) 설립배경 및 목적

1995년 1월 1일 공식 출범한 WTO는 협정에 불과했던 GATT와 달리 강제력을 지닌 세계무역의 유엔이라고 할 수 있다. 즉, 1948년 23개국으로 출발한 GATT에 비하여 WTO는 창설회원국이 81개국이며 2004년 현재 148개국으로 세계무역의 90%를 차지하고 있으며 세계경제질서를 유지하기 위해 마련된 UR협정의 이행을 감시하고 집행하는 기구이다. WTO는 앞으로 시장개방을 비롯해 모든 세계교역질서를 규정하고 블루라운드(BR), 그린라운드(GR), 기술라운드(TR), 경쟁라운드(CR) 등 뉴라운드를 포괄적으로 논의하는 기구가 될 것이다. WTO의 출범으로 세계경제는 “총성 없는 경제전쟁”시대로 돌입함에 따라 무역의 국경을 없애고 세계경제의 지구화를 가속화할 것이다.

GATT체제가 공산품 교역 위주로 제한된 역할을 하는 데 그쳤으나 WTO체제는 GATT에서 다루지 못했던 서비스, 지적재산권, 무역관련투자조치에 관한 규범을 도입했고 GATT 밖에서 논의되던 섬유·농산물분야를 포함시켰다.

2) 조직과 기능

(1) 각료회의

모든 회원국으로 구성되며 최소 2년에 1번 개최함으로써 세계무역기구의 기능을 수행하고 다자간 무역협정에 관련된 모든 결정을 내린다. 각료회의 산하에는 일반, 상품교역, 서비스, 지적재산권 등 4개의 분야를 관장하는 각각의 이사회가 있으며 사무국을 두고 있다.

(2) 일반이사회

모든 회원국으로 구성되며, 분쟁해결, 규칙 및 절차에 관한 협정에 규정된 분쟁해결기구의 임무를 수행하기 위해 필요에 따라 개최한다. 또한 일반이사회는 다자간협정들을 운영하는 상품교역이사회[3], 서비스교역에 관한 일반협정을 운영하는 서비스이사회, 지적재산권에 관한 협정의 기능을 감독하는 지적재산권이사회를 설치하여 운용하고 있다.

(3) 위원회

무역개발위원회, 국제수지위원회, 예산행정 관리위원회, 지역협정위원회, 무역환경위원회 등 5개의 위원회가 있으며, 이들 위원회는 협정과 다자간협정들에 의하여 부여된 기능 및 일반이사회가 부여하는 추가적인 기능을 수행한다. 무역개발위원회는 개발도상국의 특혜조항의 이행 방법, 개도국의 세계무역체제 참가 유도 등의 기능을 수행하며, 국제수지위원회는 국제수지 관련 규제의 점진적인 철폐를 주관하고 있다. 또한 예산 행정위원회는 기여금의 산정 및 관리 그리고 행정업무를 담당하며, 무역환경위원회는 마라케쉬 각료회의에서 채택된 무역과 환경에 관한 의제들을 논의하고 있다. 지역협정위원회는 양국간, 지역간 무역협정의 운영 및 이들 협정이 다자간 무역체제에 미치는 영향을 연구하고 있다.

(4) 기타

그밖에 분쟁해결기구(DSB)와 무역정책검토기구(TPRB) 등이 있는데 분쟁해결기구(DSB)는 회원국 사이의 무역분쟁을 해결하기 위해 일방적인 무역보복을 막으면서도 분야별 교차보복을 인정해 WTO체제를 유지할 수 있는 토대를 마련하였다. 무역정책검토기구(TPRB)는 모든 회원국의 무역정책을 평가해 각국의 전반적인 무역제도에 대한 투명성을 제고하였다. 즉, 각 회원국의 무역정책과 관련제도 및 관행을 정기적으로 평가해 각국의 무역관련법과 제도 및 정

---

3) WTO협정 부속서 1A의 다자간 무역협정 운영을 감독하며 산하에 시장접근, 농업, 보조금 및 상계관세조치, 반덤핑 깁급수입제한 등의 문제를 다룸.

책을 투명하고 명료하게 보여 주도록 한 것이다.

이에 따라 미국과 일본, EU, 캐나다 등 4대 교역국은 2년마다, 5위에서 20위까지의 16개국은 4년마다, 그리고 나머지 나라들은 6년마다 무역정책을 평가받게 된다. 세계 12위 교역국인 우리나라는 지난 1992년에 처음으로 GATT에서 무역정책에 대해 검토를 받았으며, 1996년, 2000년, 2004년에 무역정책 전반에 대하여 검토를 받았다.

이와 같은 무역정책검토제도는 WTO회원국의 무역정책과 관련제도 및 관행 전반에 대한 이해를 제고하여, 궁극적으로 다자간 무역체제를 WTO를 중심으로 강화하는 것을 목표로 하고 있다.

3) 의사결정 방식

WTO는 만장일치의 합의제를 원칙으로 하되 합의가 이루어지지 않을 경우 다수결로 정하도록 되어 있어서 신속한 의사결정을 도모하고 있다. 다자간 무역협정의 해석 또는 의무면제에 관한 결정은 3/4 다수결로 채택하도록 하고 있다. 수정안을 채택할 때에도 90일 동안의 심사기간을 거쳐 합의에 따라 결정한다. 그러나 합의가 이루어지지 않을 경우에는 회원국 2/3 이상의 다수결로 수정안을 채택하도록 되어 있다. 특히 상품협정, 서비스협정, 지적재산권협정 중에서 최혜국 대우에 대한 조문은 모든 회원국이 찬성해야 개정할 수 있도록 되어 있다. 상품협정이나 지적재산권협정 중에서 회원국의 권리나 의무를 변경하는 수정에 대해서는 회원국 2/3 이상의 수락으로 수락회원국에게만 수정조문이 효력을 갖게 되며, 또한 회원국이 설정한 수락시한 내에 수락하지 않는 회원국에 대하여는 3/4 다수결로 WTO를 탈퇴하도록 해 WTO의 권한을 강화하였다.

이처럼 WTO는 회원국의 2/3가 찬성하면 최혜국 대우조항 등 일부 조문을 제외하고는 거의 모든 수정이 가능하고, 이를 받아들이지 않는 나라는 사실상 WTO를 탈퇴하도록 해 과거에 GATT가 합의제에만 의존했던 것과 큰 대조를 이루고 있다.

4) 분쟁해결절차

WTO는 미국의 슈퍼 301조 등 강대국이 일방적인 보복수단을 통한 통상압력을 상당부분 억제해 줄 것으로 기대된다. UR협정에 위배되는 불공정 무역행위를 당한 회원국은 WTO 안에 설치된 분쟁해결기구(DSB)에 주선·화해·중지를 요청할 수 있다. DSB는 분쟁해결 절차가 지연되는 것을 막기 위해 단계별 절차와 종료시한을 명확히 규정해 놓고 있다. 분쟁해결기구는 일방 회원국의 제소가 있으면 패널(panel)의 설치, 패널 및 상소기구의 보고서 채택, 판정 및 권고사항의 이행 감독, 보복조치에 대한 허가 등의 권한을 가지고 있다. WTO에서는 과거 GATT체제에서 패널보고서의 채택이 당사국의 방해로 지체되었음을 고려하여 진행 단계별로 시한을 설정하였고 패널보고서의 채택시 분쟁해결설기구가 이를 기각하지 않는 한 자동 채택되도록 패널 진해의 신속성과 효율성을 도모하고 있다. 물론 패널 패소국은 패널보고서에 제기된 법률문제 및 패널의 법률적 해석에 한하여 상소할 수 있다. 이 경우 분쟁해결 기구는 상소보고서를 책택한 후 30일 이내에 분쟁당사국은 권고 및 결저의 이행의사를 통보하며, 권고 및 결정사항이 이행되지 않을 경우 분쟁해결기구의 승인을 받아 보복조치를 취할 수 있다.4)

3. 국제경제기구와 한국5)

우리나라는 OECD(경제협력개발기구)와 IMF는 물론 WTO 등 세계 10위권의 국제통상국가라는 위상에 걸맞게 국제경제기구와 긴밀한 관계를 유지하고 있다. 특히 2005년말 IDB 가입으로 우리나라는 세계경제기구에는 모두 가입하였다. 그러나 선진통상국가로의 진입을 추진하고 있는 우리나라로서는 세계경제기구와 우리나라의 관계를 다시 한번 생각해보지 않을 수 없다. 무역규모로는 세계 10위권을 오르내리고 있는 우리나라지만 세계경제에서 차지하는 비

---

4) 한국수출입은행, ECA-국제기구 편람, 2004년, pp.330-331.
5) 매일경제, 2005년 4월 9일.

중은 2.2~2.3% 정도인 것으로 추정되고 있다. 그러나 우리나라가 국제기구에서 부담하는 분담금 규모는 1% 내외에 그치고 있는 것이 사실이다. IBRD 내에서 우리나라의 지위는 19억 달러를 출자, 1.10%의 지분을 갖고 있지만 투표권 보유비율은 22위이다. 아시아개발은행(ADB)에서는 우리나라의 자본금 출자비중이 전체의 5.094%로 4.393%의 투표권을 갖고 있다. 그리고 아프리카개발은행(AfDB)에서는 우리나라가 0.48%의 투표권을 가지면서 48위 정도의 영향력을 갖고 있으며 유럽부흥개발은행(EBRD)에서는 2억 유로(2억1천5백만 달러)를 출자, 1.00%의 지분율을 갖고 있다. 그래서 정부 안팎에서는 세계경제 지분만큼 분담률을 끌어올리는 것이 바람직한지 아니면 현재와 같이 생색만 내는 정도로 실리를 찾는 것이 좋은 것인지 논란이 적지 않다. 일본은 거의 모든 경제기구에 10~15%의 국제분담금을 내면서 목소리를 높이고 있다. 이를 통해 국제기구에 일본인들을 대거 진출시키는 교두보로도 활용하고 있다. 우리나라의 경우 정부 관계자에 따르면 1% 내외의 분담금 비중에도 불구하고 우리나라 사람들의 국제기구 진출은 그 지분의 절반 정도에 그치고 있다. 세계은행 등에는 한국인채용펀드까지 만들면서 우리나라 사람들의 채용을 지원했지만 여러 세계경제기구에서는 그 같은 펀드가 없어지고 있는 것이 현실이다. 우리 나라 경제의 위상에 걸맞게 국제적인 분담금을 늘릴 필요가 있음을 보여주고 있다.

국제기구 분담금 '미납' 대폭 증가

외교부 등 정부 각 부처들의 국제기구 분담금 미납액이 큰 폭으로 증가하면서 국제적 망신거리가 될 가능성이 높은 것으로 확인돼 파장이 예상되고 있다. 정부의 국제기구 분담금 연도별 미납액은 2006년 239억, 2007년 235억에서 2008년 오히려 678억으로 전년대비 2.9배나 증가했다. 2008년 미납액을 부처별로 살펴보면 외교부가 527억으로 전체의 78%를 차지하고 있으며, 기획재정부 76억, 노동부 52억, 환경부 13억 등 순이다. 우리나라는 현재 총 226개의 국제기구에 가입되어 있으며, 그 가운데 외교부가 98개로 가장 많으며, 환경부 28개, 교육과학기술부·지식경제부 등이 각각 12

개, 농림수산식품부 9개 등 순으로 알려져 있다. 주요 국제기구에서의 우리나라 분담금 규는 UN과 FAO(유엔식량농업기구) 전체 분담금의 2%를 차지하는 11위이며, IFAD(국제농업개발기금)는 17위, WEP(국제원자력기구)는 18위 등이다.

■ 부처별 국제기구 분담금 미납액 현황

(백만원)	2006년도	2007년도	2008년도
합계	23,858	23,529	67,794
외교부	10,801	21,014	52,701
기획재경부	6,535	181	7,573
노동부	2,367	2,300	5,200
교육과학기술부	24	-	-
문화체육관광부	-	-	57
농림수산식품부	-	-	416
보건복지가족부	3,609	6	-
환경부	131	-	1,317
국토해양부	1	-	5
경찰청	-	27	-
문화재청	-	-	118
산림청	-	-	18
특허청	3	1	73
기상청	385	-	310
해양결창청	2	-	6

〈데일리안, 2009. 12. 16.〉

한국 '원조 선진공여국 클럽' 가입

한국이 경제협력개발기구(OECD) 개발원조위원회(DAC)의 24번째 회원국으로 가입했다. 이로써 한국은 1961년 OECD 출범 이후 원조 수혜국에서 원조 공여국으로 지위가 바뀐 첫 번째 사례가 됐으며 1996년 OECD에 가입한 지 13년 만에 원조 선진국 클럽인 DAC 회원국이 됐다. 한국은 앞으로 DAC가 채택한 권고를 이행하고 이를 향후 원조정책에 반영해야 하며 국제경쟁입찰제도를 도입하는 한편 매년 대외원조의 이행실적과 현황 보고서를 제출해야 한다. 이와 관련, 정부는 원조 효과 고위급포럼 제4차회의(HLF-4)를 오는 2011년 서울에 유치해 국제사회의 개발원조 분야 논의에 주도적으로 참여할 수 있는 기반을 마련하기로 했다. 정부는 이 포럼을 통해 국제적 원조의 규범이 될 가칭 '서울선언'(Seoul Declaration)을 채택하는 방안을 추진할 예정이다. 또 정부는 작년에 약 8억 달러를 공적개발원조(ODA)로 제공해 경제규모와 국가 위상에 비해 기여 정도가 낮은 상황임을 감안, 유엔의 새천년개발목표(MDGs) 종결연도인 2015년까지 ODA를 현 규모의 3배 이상인 약 30억 달러로 확대해 나가기로 했다. 현재 DAC에는 OECD 30개 회원국 중 22개국과 유럽연합 집행위원회(EC)가 정식 회원으로 가입해 있다. 이로써 한국은 세계에서 처음으로 원조를 받던 나라가 원조를 주는 선진 공여국의 지위를 갖게 됨으로써 개발 도상국들이 한국을 발전의 모델로 삼을 수 있는 계기가 될 것이며 또한 정부가 지향하는 '글로벌 코리아'를 실현해 나가는데 주요한 초석이 될 것이다.

〈연합뉴스, 2009. 11. 26.〉

한국 DAC 가입 의미와 과제

우리나라의 25일(파리 현지시간) 경제협력개발기구(OECD) 산하 개발원조위원회(DAC) 가입은 대한민국의 국제적 위상과 국격(國格)을 한차원 높게 격상시키는 외교적 의미를 가진 '사건'이다. 한국전쟁 직후 절대빈국의 상태에서 국제원조로 연명하던 '최빈 수혜국'이 이제 신흥 개도국을 도와주는 위치의 '선진 공여국'으로 탈바꿈하는 상징적 모멘텀이기 때문이다. 특히 우리나라는 원조 수혜국에서 원조 공여국으로 전환된 유일한 국가라는 점에서 세계 원조사적으로도 의미가 각별하다.

DAC는 개발도상국에 대한 원조활동의 효율성을 높이기 위해 OECD 산하에 설립된 위원회로, 일정한 원조수준(공적개발원조 총액 1억 달러 이상 또는 국민순소득 대비 0.2% 초과)이 충족돼야 가입할 수 있다.

한국은 2015년까지 국민순소득(GNI) 대비 ODA 비율을 0.25%로 올린다는 목표를 세워놓고 있다. 그러나 정부가 내년 추정하는 ODA 예산은 국민순소득 대비 0.13% 수준에 그치고 있다. 2012년에는 0.15%, 2015년에는 0.25%로 단계적으로 끌어올린다는 구상이다. 정부 관계자는 "2015년 0.25%를 달성한다는 것은 매년 30억 달러(3조)에 달하는 자금을 원조에 쓴다는 의미"라고 말했다. 이는 ODA에 대한 정부의 재정부담을 '선진국' 수준으로 끌어올린다는 의미를 넘어 대외원조에 대한 큰 틀의 국민적 합의와 국가 전체적인 정책추진 시스템의 근본적 전환을 요구하고 있다는게 외교가의 시각이다.

ODA가 단순히 수원국만을 위한 인도적 지원을 넘어 잠재적 시장인 개도국에 대한 확실한 투자이자 우리의 성장동력 창출과 지속성장을 위한 기반 조성이라는 점을 국민들이 확고히 인식해야 한다는게 전문가들의 지적이다. 또 양적 성장이 질적 발전으로 이어질 수 있도록 대외원조의 기본이념과 방향을 정립하고 기관별로 분산된 ODA에 대한 정책추진 시스템을 통합해내는 것도 중요한 과제다.

〈연합뉴스, 2009. 11. 26.〉

각종 Group 해설

- G-5(Group of 5)
  1970년대 중반 미국, 일본, 영국, 프랑스, 독일 등 선진 5개 국의 경제정책 협력을 위한 모임으로 출발하였으며 1985년에는 플라자 합의를 한 바 있다.
- G-7(Group of 7)
  1986년 G-5에 이탈리아와 캐나다가 참여함에 딸라 성립되었다. G-7 정상회담은 1년에 한번, 재무장관 및 중앙은행 총재가 참석하는 G-7 재무회담은 최소한 6개월에 한번 모임을 갖고 있다.
- G-8(Group of 8)
  1977년부터 G-7 정상회담에서 러시아가 참석하여 정치적 현안을 논의하는 모임을 말하면 Political 8(P-8)이라고도 한다. G-7재무회담에는 러시아가 참가하고 있지 않기 때문에 G-7이 G-8으로 대체된 것은 아니다.
- G-10(Group of 10)
  IMF와 일반차입협정(GAB)을 채결한 미국, 일본, 독일, 영국, 프랑스, 이탈리아, 네덜란드, 벨기에, 캐나다, 스웨덴 등 10개국에 의하여 1962년에

결성된 모임으로 G-10 국가의 재무장관과 중앙은행 총재가 참석하고 있다. 그 후 IMF가 1984년에 스위와 일반차입협정을 체결하면서 스위스도 G-10 재무회담에 참가함에 따라 참가국수가 11개국이 되었으나 명칭은 그대로 사용하고 있다.

- G-20(Group of 20)

  국제금융체제 강화에 관한 G-7 재무장관 보고서에 기초하여 1999년 9월 창설된 선진국과 주요 신흥개도국간 회의체이다. 동 모임은 국제금융체제 개편의 기본방향에 관한 광범위한 합의 형성과 합의상항의 추진을 목적으로 하고 있다. G-20 회의에는 G-7 국가와 12개 신흥개도국(한국, 중국, 인도, 인도네시아, 아르헨티나, 브라질, 멕시코, 러시아, 호주, 남아공, 사우디아라비아, 터키)의 재무장관과 중앙은행 총재, EU, ECB, IMF, WB의 대표가 참석한다.

- G-22(Group of 22)

  1997년 APEC 정상회담에서 국제금융체제 개혁논의를 위해 선진국 및 개도국의 재무장관과 중앙은행 총재가 참여하는 모임을 만들자는 데 합의함에 따라 결성되었으며 1998년 4월 워싱턴에서 첫 모임을 가졌다. 동 모임에는 G-7과 15개 개도국(아르헨티나, 호주, 브라질, 중국, 홍콩, 인도, 인도네시아, 한국, 말레이시아, 멕시코, 폴란드, 러시아, 싱가포르, 남아공, 태국)이 참여하였다. 동 모임은 1999년 3월 G-33로 변경되었고 G-9월에는 다시 G-20로 대체되었다.

- G-24(Group of 24)

  개도국들의 모임인 G-24는 1971년 페루 리마에서 개최된 유엔무역 개발회의(UNCTAD) 연차총회 시 77그룹 각 교회의 결의에 따라 결성되었다는데 국제통화문제에 관한 개도국의 공동입장 수립을 주목적으로 G-24 국가의 재무장관들이 참석하고 있다. G-24는 아프리카그룹 9개국(알제리, 이집트, 에디오피아, 남아공, 가봉, 가나, 나이지리아, 코트디브아르, 콩고), 아시아, 유럽 그룹 7개국(이란, 필리핀, 레바논, 스리랑카, 시리아, 파키스탄, 인도), 라틴아메리카그룹 8개국(아르헨티나, 콜로비아, 브라질, 멕시코 과테말라, 페루, 베네주엘라, 트린니다드토바고)으로 구성되어 있다.

- G-77(Group of 77)

1964년 제 1차 유엔무역개발회의(UNCTAD)에서 77개 개발도상국이 선진국에 대한 협상능력을 강화하기 위해 결성하였다. 1967년 알제리에서 첫번째 각료회의가 있었고 1991년 제7차 각료회의는 북한(1973년 가입) 평양에서 열리기도 하였다. 현재 참가국은 134개국으로 증가하였으나 현재도 설립당시의 명칭을 그대로 사용하고 있다. 한편 우리나라는 1964년부터 동 모임에 참여하여 왔으나 1996년 OECD 가입과 함께 탈퇴하였다.

〈한국은행, 국제금융기구가 하는 일, 2005년 3월〉

제6장 | 경제통합

1. 경제통합의 의의

경제통합(Economic Integration)에 대한 공식적인 사용은 1949년 10월 31일 Paul Hoffman의 OEEC(유럽경제협력기구)에서의 연설에서 시작된 짧은 역사를 가지고 있으며, 아직까지도 경제통합의 정의에 대해서는 논자에 따라 다양하게 표현되고 있다.

그러나 일반적으로 경제통합이라고 하면 지리적으로 인접한 2개국 또는 그 이상의 국가들이 대등한 지위하에서 경제적 이익의 공동추구를 목적으로 동맹을 결성하여 회원국간에는 어떠한 차별적인 조치도 존재하지 않는 하나의 경제권이라 할 수 있다.

이러한 경제통합은 회원국간의 무역장벽의 제거로 보다 넓은 시장에서 자유무역의 이익을 추구하고자 하는 하나의 조치라 할 수 있으나 비회원국에 대한 차별조치로 세계 전체의 입장에서 볼 때 경제적 손실 내지는 자원배분의 비효율성을 수반한다. 이처럼 경제통합은 역내우선, 역외차별의 행동을 취하기 때문에 이에 가입하지 못한 제3국가는 불리한 입장에 놓이게 됨으로 WTO의 무차별대우의 원칙에 위배되는 것이나, 궁극적으로 회원국간의 무역장벽을 철폐하여 무역의 자유화를 달성하는데 목적이 있으므로 WTO는 예외로 규정하고 있다.

2. 경제통합의 방법

경제통합의 결성방법은 형태별, 범위별, 경제발전의 단계별 등 3가지로 분류할 수 있다. 먼저 경제통합의 결성방법을 범위별로 분류해 보면 부문별 통합(Sectoral Integration)과 전반적 통합(Overall Integration)으로 구별될 수 있는데 전자의 경우는 통합회원국의 특정 산업부문간에 통합이 이루어지는 형태로 유럽석탄철강공동체(ECSC), 유럽원자력공동체(EURATOM) 등이 이에 속한다. 반면에 후자의 경우는 회원국 전 부문에서 통합이 이루어지는 형태이다.

또한 경제통합은 통합의 형성주체 및 제도적, 법적 장치의 유무에 따라 기능적 통합과 제도적 통합으로 구분될 수 있다. 기능적 통합(Functional Integration)은 각 회원국이 주권을 보유한 상태 하에서 회원국간에 협력을 꾀하는 경우이고, 제도적 통합(Institutional Integration)은 각 회원국이 결합하여 초국가적인 기구를 만들어 통합하는 경우이다. 제도적 통합은 경제적 통합에 참가하는 회원국 상호간의 합의에 의해 통합의 조건과 형태를 결정하는 방식의 경제통합이며 혹은 초국가적 기구 내지 국제적 협력기관이 수립되어 이를 중심으로 경제통합을 형성하는 기구이다. 반면에 기능적 통합은 민간경제주체의 국경을 초월한 국제적 경제활동이 비록 제도적,법적 장치는 없으나 관련 지역내에서 활발히 진행되고 특정부문에서의 국가간 상호보완관계가 형성되어 경제적 결속도가 강화되는 형태의 통합을 의미한다.

또한 경제통합은 회원국 상호간의 경제가 상호 수평적 의존관계에 있는 가 또는 수직적 보완관계에 있는가에 따라 전자를 수평적 통합, 후자를 수직적 통합으로 구분할 수 있다. 수직적 통합은 선진국과 후진국간의 경제통합 즉, 공산품 수출국과 농산품 수출국의 경제통합으로 이는 1930년대의 식민지와 피식민지국간의 경제적 결합관계로 보통 블록경제라 한다. 이러한 수직적 통합은 후진국의 선진국에 대한 경제적 의존심화 내지는 종속적 관계로 문제가 발생할 수 있다. 반면에 수평적 통합은 회원국 상호간 경제발전단계가 유사한 경우로 경쟁촉진, 동태적 효과 등을 기대할 수 있으나 개발도상국간의 경제통합은 비록 회원국간 경제발전단계가 비슷할 지라도 자본 및 기술의 부족으로 경제통합체의 결속강화에 한계점이 있으며, 선진국간의 경제통합은 자본과 기술은 풍부할 지라도 역내의 자원이 부족하여 그 또한 한계점이 있다.

그러므로 수직적, 수평적 통합의 중간형태로서 중진국과 후진국, 중진국과 선진국간의 경제통합을 생각해 볼 수 있다. 비록 경제발전단계가 유사하진 않으나 중진국과 후진국의 경우, 후진국은 중진국으로부터 중간수준의 기술을 습득하고 중진국은 후진국으로부터 자원을 제공받음으로써 후진국은 중진국으로 발돋음할 수 있고, 중진국은 자원의 안정적 확보를 통해 안정적이고 지속적인 경제성장을 달성할 수 있다. 또한 중진국과 선진국 간의 경제통합의 경우, 선진국은 선진국의 사양산업 기술을 중진국에 이전하고 첨단기술분야에 집중투자, 육성할 수 있으며, 부분적으로는 중진국과의 협력으로 경제관계를 심화시킬 수 있다. 이렇게 함으로써 중진국은 그 나름대로 선진국으로부터 첨단기술을 습득함으로 경제발전을 이룩할 수 있다.

3. 경제통합의 형태

경제통합은 회원국간의 결속여부에 의한 발전단계에 의해 일반적으로 자유무역지역(Free Trade Area), 관세동맹(Customs Union), 공동시장(Common Market), 경제동맹(Economic Union) 및 완전한 경제통합(Total Economic Integration) 등 5가지 형태로 구분될 수 있다. 이 중 완전한 경제통합(Complete Economic Integration)는 경제적 통합뿐만 아니라 정치적 통합까지를 포함하여 각국의 주권포기와 관련되어 있어서 현실적으로는 아직 존재하지 않으나 EU는 이를 궁극적인 목표로 삼고 있다. 이러한 경제통합의 형태를 자세히 살펴보면 다음과 같다.

1) 자유무역지역

정치적, 경제적으로 밀접한 관계에 있는 2개국이상의 국가가 상호간에 관세를 인하 또는 철폐하고 무역의 수량적 제한조치를 제거함으로서 역내에서는 무역의 자유화가 실현되나, 역외국에 대해서는 회원국의 독자적인 관세 및 수량제한이 실시되는 경제통합의 가장 초보적인 형태이다.

자유무역지역은 각 회원국들이 역외국에 대해 독자적인 관세체계를 유지하고 있어 관세가 낮은 회원국을 이용해서 비회원국들이 얼마든지 시장을 침투할 수 있으며, 대외적인 통상조약을 체결하는 데 있어서 응집된 힘을 발휘할 수 없다. 현재 유럽자유무역지역(EFTA), 미국-캐나다 자유무역협정, 미국-이스라엘 자유무역협정, 북미자유무역협정 등이 이에 속한다.

원산지규정(Rules of Origins)

특정 제품의 원산지를 결정하기 위한 여러 가지 기준과 절차를 규정한 법령이나 행정규칙 등을 가리키며, 자유무역협정 등의 무역제도에 종속되어 국제적으로 공통된 규정은 없고, 각 나라가 독자적으로 정하거나 각 지역별 무역협정 대상국들이 협의하여 정한다. 원산지 판정기준은 원재료부터 마지막 가공까지 한 나라 안에서 이루어진 제품에 적용하는 완전생산기준과 2개 나라 이상에서 제품이 만들어진 경우 실질적 변형과정이 이루어진 나라에 적용하는 실질적 변형기준으로 나뉜다. 실질적 변형기준에는 세번변경기준, 부가가치기준, 특정공정기준이 있는데. 세번변경기준은 자유무역협정 체결 회원국의 역내 가공단계에서 원산지판정에 있어 비원산지재료에서 제품으로의 변경부분에 대해 실질적인 변형을 세번변경으로 판정하는 방식- 즉, 국제적인 통일 상품분류방식인 류, 호, 소호체계 내에서 변경이 이루어졌는지를 검토하는 방식이고, 가공공정기준은 역내에서 협정이 정한 생산공정을 거치는 경우 원산지 인정하는 기준으로 어류, 식물성 생산품, 석유제품, 화학제품, 플라스틱, 섬유 등에 적용된다. 그리고 부가가치기준은 제품의 생산과정에 일정수준 이상의 역내가치를 부가(추가)시킨 국가를 원산지로 인정하는 기준이다.

〈두산백과〉

2) 관세동맹

관세동맹이란 2개국이상의 국가가 회원국간의 관세 및 수량제한을 철폐하여 경제적 단일체를 형성하고 역내에서는 회원국간 공동정책을 실시하고, 대외적으로는 역외공동관세를 적용하는 것을 말한다. 이는 대외적인 관세까지도 회원국들이 공동보조를 취함으로써 자유무역지역보다 전진된 경제통합이다. 관세동맹은 역사적으로 오래전부터 존재하였는 바, 1834년 독일관세동맹(Zollverein)이 그 대표적인 예라고 할 수 있다.

3) 공동시장

공동시장이란 관세동맹보다 더욱 발전된 경제통합의 형태로서 역내에 있어 무역제한 뿐만 아니라, 노동과 자본을 비롯한 역내 생산요소들의 자유이동을 보장한 형태이다.

따라서 공동시장은 회원국이 갖는 정치, 경제, 문화 및 사회적인 동질성이 가장 중요한 요인으로 등장하며 궁극적으로는 회원국 간 경제정책의 조정을 통하여 경제 및 통화동맹으로의 발전을 도모하게 된다.

4) 경제동맹

경제동맹이란 공동시장의 진일보한 단계로 회원국 각국의 경제정책까지도 상호조정, 운영할 만큼 밀착된 경제통합의 형태이다. 이러한 경제동맹의 결성은 역내 각국의 각 부문의 경제정책을 상호조정하여 공동보조를 취할 뿐만 아니라 화폐도 공동으로 사용하는 공동화폐정책을 사용하고 있다. 현재 EU는 유로화를 공동화폐로 사용하고 있어 이 단계에 있다고 할 수 있다.

5) 완전한 경제통합

완전한 경제통합이란 제반 경제정책의 통일을 전제로 하며, 각 회원국들의 의사결정이 수렴하는 초국가적 기구의 설립을 통하여 경제,정치 등 모든 측면에서의 통합까지도 수반하는 경제통합의 형태이다. 따라서 완전한 경제통합은 각 회원국들의 경제주권을 포기하고 하나의 단일경제단위가 되는 경제통합의 최종단계로서 현실적으로는 회원국의 주권포기와 관련되어 있기 때문에 실현 가능성은 희박하나 모든 경제통합이 궁극적으로 목표로 하고 있는 이상형이라 할 수 있다.

경제통합의 단계와 형태는 그 분류기중에 따라 다양하나 이것은 하나의 모형에 불과한 것이며 실제로 근접국가 간의 경제통합이 반드시 경제통합이론에 의한 단계를 거치는 것도 아니고 또한 그 형태가 특정형태에 반드시 맞는 것도 아니다. 다만 어떠한 경제통합이든지 그들의 공통적 요소는 회원국 간에는 무역을 자유화하고 비회원국에는 각종 수입제한조치를 통하여 차별화 한다는 점이다.

4. 경제통합의 필요성과 조건

전후 4반세기동안 세계경제는 IMF, GATT체제를 중심으로 한 자유무역체제를 수립·유지하려고 노력을 기울여 왔다. 그러나 1970년대에 들어오면서 선진국간의 통상마찰, 남북문제의 심화로 자유무역체제는 붕괴되고 세계경제는 혼미의 와중에서 지역적 결합의 강화가 싹트기 시작하였다.

이에 따라 지리적으로 근접한 국가들은 역내의 무역자유화, 역외의 무역차별정책을 실시하는 경제통합체를 형성하게 되었으며 특히 EU의 형성은 아프리카, 남미 및 유럽국가들에게 영향을 줌으로써 각 지역 많은 경제통합체가 설립되었다. EU는 선진국간의 통합으로 경제적, 정치적 이익의 필요성에 의해 결성되었으나, 중남미, 아프리카 등의 개발도상국가들의 경제통합은 단순한 모방의 동기보다는 국가의 경제적 자립을 위한 경제성장의 유일한 처방책의 하나로 형성되었다.

이러한 필요성에 의해 형성된 경제통합이 현실적으로 긍정적인 효과를 얻기 위해서는 경제적, 정치적, 사회적, 문화적 여러 조건들이 충족되어야 한다.

이러한 경제통합의 조건은 다양하나, 일반적으로 경제적, 정치적 공동이익의 추구 하에서 경제발전단계의 동질성, 지리적 근접관계, 제정책의 조화 가능성 및 문화적, 역사적 동질성 등이 구비되어야 한다. 물론 이 외에도 공통적으로 사용할 수 있는 언어가 존재하거나, 통화에 있어서 공통된 화폐가 있을 경우 경제통합의 가능성은 보다 현실적으로 크다.

경제통합에 따른 회원국간 상호이익의 실현을 위하여 그 동안 경제통합은 회원국간의 지리적 근접성과 수송비 등을 고려하여 근접국가들이 지역적 경제통합체를 구성하여 왔다. 그러나 여기에는 많은 경제통합의 전제조건이 따를 뿐만 아니라 정치적인 동질성과 타협가능성에 의한 뒷받침도 있어야 한다.

5. 경제통합의 효과

각국들이 경제통합을 하는 이유는 경제통합이 회원국 상호간의 각종 경제적 장벽을 제거하여 시장을 확대시킴으로서 역내무역의 자유화를 꾀하며, 경쟁을 강화하고 비효율적인 산업을 축소시켜 보다 더 합리적인 분업을 증진시키고 나아가 규모의 경제를 이루어 경제성장을 꾀하기 때문이다.

1) 무역창출 효과 및 무역전환 효과

무역창출효과는 효율이 높은 공급원(회원국)으로부터 보다 안전하게 재화를 수입하는 효과로 자원이용의 효율화를 가져와 경제적 후생은 높고, 무역전환효과는 생산효율이 높은 회원국에서 적은 회원국으로 전환되는 효과로 자원이용의 비효율화를 가져와 경제적 후생에 손실이 발생한다.

무역창출효과는 국내공급증가의 생산효과와 가격하락으로 인한 수요증가의 소비효과에 의해 나타나며, 무역전환효과는 경제통합전에는 제3세계에서 수입한 것을 동맹 후에는 수입이 저생산비의 역외공급원으로부터 역내고생산비국가로 전환되어 그 차액만큼 손실을 보아 후생이 감소되는 경우이다. 무역창출효과와 무역전환효과에 의한 이익, 불이익에 대한 구체적인 측정은 불가능하나 만약 경제통합으로 역내의 무역창출효과를 상회할 경우 후생은 증대하게 되며, 그 반대의 경우 후생은 감소한다.

■ 무역굴절효과(trade deflection effect)

역외에 대한 관세율의 차이를 이용하여 역외 제품이 역내 저관세국을 통

해 역내 고관세국으로 수입되는 현상

■ 간접무역굴절효과

자유무역지역내 저관세국의 생산자가 자국 제품을 모두 고관세국의 동맹국에 수출하고 자국내에 필요한 제품은 저관세제도를 이용하여 역외에서 수입하는 현상

이러한 무역전환효과에 의한 손실은 회원국을 제외한 역외국에 분산되는데 반하여 무역창출효과는 역내국에 집중되므로 비록 세계적인 면에서 손실이 일어난다고 할지라도 경제통합체 내에 이익을 가져다주므로 지역적 이익을 위해서 통합하려는 욕구가 생기는 것이다. 이러한 욕구에 의해 EU를 비롯한 여러 지역에서 경제통합이 발생했던 것이다.

2) 소비효과

경제통합에 따른 차별적인 관세부과는 상대가격을 변화시킴으로써 소비형태의 변화를 초래한다. 즉, 경제통합전에는 자국내 소비자들은 수입상품에 대한 수요가 제한되었으나 경제통합후 자국상품과 회원국상품사이의 차별폐지로 보다 높은 가치가 있는 수입상품을 더 구입하고 보다 가치가 적은 자국상품을 덜 구입함으로서 소비를 조절할 수 있다. 따라서 경제통합 형성후 회원국의 생산구조가 경쟁적이면 일수록 그리고 생산비의 국제적 차이가 크면 클수록 대체성은 크게 되어 역내의 무역증가와 이에 따른 회원국의 국민후생증대를 유발케 한다.

3) 교역조건의 효과

교역조건은 제3국과의 관세협정에 따른 대외교섭력에 의해 영향을 받는다. 따라서 경제통합의 형성에 따른 역내관세의 철폐로 무역거래지역이 확대됨으로써 무역규모에 따라 무역조건은 개선된다. 그리고 UN 등 국제기구에서의 발언권이 강화되어 무역조건의 개선에 영향을 미친다.

그러나 경제통합협정에 의한 역내가격의 하락으로 회원국의 실질소득이 증

가되기 때문에 수입수요가 증가되고 역외국은 이와 반대로 통합 후 수출 저하에 의해 수입이 감소하기 때문에 역내국의 수출가격은 하락하여 회원국의 무역조건은 악화되는 방향으로 작용할 수 있다.

4) 규모의 경제

규모의 경제란 투입물을 일정비율로 증가시킬 때 산출량이 그 이상의 비율로 증가되는 것으로 경제통합에 따른 역내관세의 철폐로 시장이 확대됨에 따라 실현될 수 있다. 즉, 경제통합으로 역내의 각국의 시장을 통합함으로써 경제통합지역 내에서 각 회원국의 비교우위산업은 시장이 확대됨에 따라 생산시설의 확장에 의한 분업화, 전문화, 대규모생산이 가능케 되고 생산비가 절감되어 대규모 생산의 이익을 얻을 수 있다. 즉 역내의 생산자는 역내 각 산업의 최적규모에 의한 공장을 건설하여 경제통합 이전보다 확대된 시장을 상대로 하여 활동을 하게 되므로 생산의 규모를 확대시켜서 생산비 절감과 대량생산을 가능케 하여 규모의 경제를 실현시켜 경제적 이익을 확보할 수가 있다.

5) 경쟁의 격화

경제통합의 형성은 동맹지역내의 시장구조를 변화시켜 동종산업간의 경쟁을 격화시킨다. 즉, 경제통합형성으로 인한 역내관세의 철폐로 역내 동일산업의 경쟁상대자의 수가 증가된다. 이와 같은 수적인 증가는 경제통합 후 자국산업의 차별적 보호장치의 제거로 인한 역내의 경쟁 격화를 의미한다. 이러한 역내의 경쟁격화로 동종상품간의 가격이 인하되어 소규모생산은 지양되고, 대량생산이 이루어지며, 또한 가격의 하락으로 인한 소비자의 실질소득의 증가로 일반대중의 소비가 증가되어 이익이 발생한다. 또한 경쟁의 격화는 기술적 개선의 유인을 제공하고 비효율적인 산업의 제거를 초래함으로써 고도의 생산합리화를 이룩하여 생산능률의 향사에 기여할 수 있다.

그러나 경제통합이 오히려 동맹지역내의 카르텔 형성과 독점화를 촉진시켜 경쟁의 격화를 감소시킬 수 있다. 즉 경제통합전 일국내의 독점자들은 동맹형성후 역내관세의 철폐로 그들의 독점력을 동맹국내의 여러 지역으로 확장함으로써 역내의 초국가적인 카르텔을 형성하여 경쟁의 격화를 감소시킬 수도 있다.

6) 신투자의 유발

경제통합의 형성은 적어도 역내에서는 관세를 비롯한 제반무역제한장치가 철폐됨으로 역내시장의 안정에 그만큼 기여되어 역내 회원국간의 경제활동에 대한 위험성과 불확실성은 감소되고 나아가서는 수요의 안정적 확대를 도모함으로써 새로운 투자에 대한 불확실성과 위험의 감소를 이끌어 역내 회원국간의 무역의 증대에 기여하게 된다. 또한 대규모 광역시장의 형성에 따른 투자환경의 개선으로 역내시장 확보를 목적으로 한 새로운 외국투자가 증대되어 경제통합내에서의 자본형성의 큰 원천으로 등장하게 된다. 이에 따라 역내 회원국의 수출업자는 보다 안정된 시장을 대상으로 적극적인 활동을 계획수행할 수 있게 되어 역내의 무역증대에 기여하게 된다.

7) 신기술의 개발 및 외부경제 효과

경제통합에 의한 역내관세 철폐로 인한 시장 확대는 각국의 산업에 자극을 주어 각 산업은 고도의 신기술개발에 전념케 하며 경제자원의 개발 및 역내의 기술교류의 확대를 통하여 동맹전보다 급속한 산업기술의 발달을 촉진시킴으로써 경제발전을 꾀할 수가 있다. 또한 역내 동맹국의 기업 및 산업간의 신기술의 개발 및 도입으로 역내 동맹국간의 외부경제효과를 얻을 수가 있다. 즉, 숙련노동력, 동맹국 상호간의 무역정보의 교환, 역내 통신시설의 증가, 특화된 기술과 기재의 발전으로 어느 특정산업의 발전을 유도할 때 그 산업의 제품을 투입물로 사용하는 역내의 기타 관련 산업의 산업생산이 증대되어 역내의 전반적인 산업발전을 꾀할 수가 있다.

8) 역외국에 대한 영향

경제통합으로 역내국은 상호 관세의 철폐로 관세상 특혜대우를 하지만 역외국에 대해서는 공통관세제도를 채택하여 차별대우를 취한다. 이러한 차별적 대우는 역내제국간의 경제협력의 긴밀화에 의해 야기된 것에 불과할 지라도 역외국은 그만큼 불리하게 된다. 경제통합으로 역내국은 무역전환의 손실을 무역창출효과로 커버할 수 있으나 역외국은 타국의 경제통합형성으로 경제적 불리성을 초래하여 이를 커버할 수가 없다. 즉, 역내제국은 시장 확대로 상품의 판매기회가 증대되어 수출가격이 오르고 역외국으로부터의 수입량이 감소되어 수입가격이 하락된다면 무역상의 이익은 역내국에 유리하게 되어 역외국은 수출감소로 손실을 보게 된다. 이것은 역외국의 무역조건이 악화됨을 의미하며 이때에 역외국의 수출이 수입보다 한층 더 감소된다면 역외국의 국제수지는 더욱 악화된다. 특히 역내제국에 대한 역외국의 무역의존도가 크다면 역외국은 심한 타격을 받게 될 것이다. 그러나 역내제국의 실질소득이 증가되고 특히, 경제발전이 가속화된다면 원자재를 비롯한 식량, 소비재 등의 수입수요가 증대되어 역외국은 종래 무역전환에 의해 입었던 손실을 상쇄할 수도 있다.

이와 같이 경제통합은 통합내부에 있어서 무역창출효과 및 무역전환효과를 발생시킬 뿐 아니라, 시장의 확대를 통하여 경쟁의 격화, 기술변화의 가속화, 불확실성의 감소 등을 초래시키며 나아가서는 생산의 동태적 증가를 도모함으로써 경제성장을 촉진시키고 경제적 후생을 향상시킨다. 그러나 경제통합체제내에 있어서 가격메카니즘의 비효율적 운용으로 생산과 소비의 제분배가 합리적으로 이루어지지 않거나 대기업의 독점가격형성 등으로 경제통합의 긍정적인 경제효과는 저해될 수 있다.

또한 경제통합이 필연적으로 역내우선주의, 역외차별주의에 입각하여 경제활동을 운영하지 않을 수 없더라도 각 회원국이 자국이나 통합체의 이익만을 추구할 경우 세계경제는 수 개의 경제권으로 분할되고 국제경제의 균형적 성장은 파괴될 것이다. 그러나 이와 같은 경제통합의 제효과에 의해 세계 각 지역의 국가들은 지역적 경제통합을 형성하여 역내의 경제적 결속을 강화하고 세계경제에서 경제적 이익의 획득에 노력하고 있다.

6. 세계경제통합의 현황

EU의 성공은 유럽, 중남미, 아프리카, 아시아지역에서 지역경제 통합의 열기를 불어넣었다. 특히 경제발전의 어려움을 겪고 있었던 중남미, 아프리카, 아시아지역의 개도국들은 여러 가지 형태로 경제통합을 형성케 하였다. 2013년 5월 현재 WTO를 통해 파악된 지역무역협정(RTA: Regional Trade Agreement) 발효 건수는 총 370건이며 이 중 자유무역협정(FTA)이 215건으로 가장 많은 비중을 차지하고 있으며, 서비스협정이 115건, 개도국간 특혜협정[1)]이 15건, 관세동맹이 25건에 달한다.

지역별로 살펴보면, 유럽이 총 108개로 지역무역협정이 가장 많이 체결된 지역으로 이는 EU 확대 과정에서 새로운 회원국의 가입협정과 1991년 이후 EU와 중·동구 유럽국가와의 FTA체결이 주된 것이다. 이밖에 중동 및 아프리카 지역이 7개, 아시아는 26개, 아메리카 지역은 17개 지역무역협정이 발효중이다.

대륙별로는 아시아 국가들은 아시아 및 지역구가와 FTA를 활발히 추진한 반면 미주 국가들은 아시아 및 유럽, 대양주, 아프리카 등 여러 대륙의 국가와 FTA를 추진, EU 및 EFTA는 중·동구유럽, 아프리카, 걸프연안국가와의 FTA를 저극 추진하고 있다.

1) 유럽지역[2)]

2004년 5월 1일, 중·동유럽 소재 폴란드, 체코, 헝거리, 슬로바키아, 슬로베니아, 에스토니아, 라트비아, 리투아니아, 키프러스, 몰타 등 10개국이 EU에 신규 가입함에 따라 회원국 25개국, 인구 4억 5천만 명, GDP 9조 달러에 이르는 세계 최대의 단일 경제통합체를 형성하게 되었다. 새로운 10개국의 가

1) 개도국간 특혜협정(PSA, Partial Scope Agreement): 방콕협정과 같은 개도국간 경제협력을 위한 지역협정으로서 GATT 24조 혹은 ATS 5조의 조건 즉, 실질적으로 모든 무역 및 서비스의 자유화 조건을 충족하지 않아도됨. 따라서 일부 품목에 대한 제한적 자유화도 가능하다.
2) 김판수, 수운해외경제, 한국수출입은행, 2004년 6월.

입은, 세계 초강대국인 미국과 맞먹는 거대 경제 블록의 탄생이라는 의미뿐만 아니라, 유럽이 명실공히 하나의 유럽으로 통합된다는 중요한 역사적 의미를 포함하고 있다. 그러나 EU의 확대는 여기서 그치지 않을 전망이다. 루마니아와 불가리아가 2007년 가입을 목표로 현재 EU와 협상 중에 있고, 터키와의 가입협상 개시 여부도 금년 12월 EU 정상회의시 결정될 예정이다. 그리고 크로아티아, 일부 CIS국가 등도 가입을 희망하고 있어 앞으로도 EU는 지속적으로 확대될 가능성이 크다.

EU는 처음 철강·석탄분야에서 시작된 협력을 세계 정치· 경제의 시대적 상황에 대응하여 관세, 통상, 단일시장, 통화 및 재정, 외교안보, 내무사법분야로 점차 확대함으로써 현재에 이르렀다. 이 과정에서 유럽석탄철강공동체(ECSC), 유럽경제공통체(EEC), 유럽원자력공동체(EURATOM) 및 유럽연합(EU)이 각각 창설되었으며 이 중 ECSC 창설조약은 2002년 7월 종료되어 현재 발효 중인 조약은 3개이다.

ECSC는 석탄과 철강산업에 대한 감독권을 각국 정부로부터 분리시켜 초국가적 기주의 관할권 하에 둠으로써 경제적 실익뿐만 아니라 종전 후 유럽의 안보협력을 위해 설립되었으며, 이를 대외 무역, 농·수산, 교통, 원자력분야 등 경제 전반적인 협력으로 확대세킨 것이 EEC와 EURATOM이다. 이들 3개 공동체는 1967년 통합조약(Merger Treaty)에 의해 하나의 집행위와 이사회로 통합되었으며, 1993년 EU로 변경되었다. 1973년 영국, 덴마크, 아일랜드의 EC 가입을 시작으로 1981년에 그리스, 1986년에는 스페인과 포르투칼이 각각 가입함으로써 3차례의 회원국 확대가 이루어졌고, 1987년에는 상품과 서비스뿐만 아니라 노동, 자본 등 생산요소의 자유로운 이동의 보장과 조세장벽의 철폐를 통한 역내단일시장 완성을 위한 유럽단일의 정서(SEA)가 발효되었다.

EC가 경제분야 협력체라면 여기에 외교안보 및 내무사법 분야까지를 포괄하는 협력체가 바로 EU이다. EU 출범 이후 1995년에 오스트리아, 핀란드, 스웨덴이 추가 가입하여 회원국이 15개국으로 확대되었으며, 회원국간 금융, 통화정책의 수렴과 단일 통화의 도입을 위한 노력이 가속화되어 1998년 유럽중앙은행(ECB)이 설립되었으며, 2002년 2월부터 12개 회원국에서 유로화 통용이 이루어졌다. 외교안보분야에 있어서는 2003년 12월 EU정상회의시 유럽 최초의 독자적 안보독트린인 유럽안보전략(ESS)이 채택되었으며, 내무·사법 문야에서는 2004년 3월 마드리드 열차테러공격 가능성에 대한 EU 테러선언이 채택되었다.

EU의 확대는 국제정치적으로는 초강대국 미국과 어깨를 견주는 유럽세력의 등장이라는 의미로 해석되지만, 경제적 측면에서는 경제통합의 심화과정이기도 하다. 단기적으로 보면 EU 확대로 첫째, 총인구 및 경제규모의 변화이다. 확대 이후 EU의 총인구(2004년 기준)는 20% 증가한 455백만 명에 달하여 1957년 유럽경제공동체(EEC) 설립 이후 최대 규모로 미국(291백만 명)이 EU 총인구의 2/3, 일본(128백만 명)은 1/3에 불과하여 EU는 주요 선진국 가운데 최대 인구국으로 부상하였다. EU 전체의 GDP규모는 9조 6천억 유로(2002년 기준)로 늘어났으나 신규 가입국의 비중이 4.8%에 그쳐 과거의 회원국 확대에 비해 EU경제에 미치는 영향이 크지 않은 것으로 보인다.

둘째, 대외교역의 변화이다. 유럽 10개국의 신규가입 이후 EU의 대외교역은 큰 변화가 없을 것으로 예상되며 EU의 GDP대비 수출비중은 9.5%로 미국(6.5%)보다 높지만 일본(9.9%)에 비해서는 낮은 수준이다. 다만 농업(2.1%)은 미국(1.3%)과 일본(1.3%)에 비해 상대적으로 큰 비중을 차지하고 있다.

셋째, 노동시장의 변화이다. 신규 가입국의 실업율이 기존 회원국보다 높아 EU 전체의 실업률은 다소 높아질 것으로 예상(2003년 중 8.0% → 9.0%)되나, 앞으로 신규 가입국들의 경제성장률 확대는 장기적으로 실업률 하락에 기여할 것으로 예상된다.

넷째, 교역 및 경쟁의 변화이다. 경제통합으로 인해 무역장벽 및 규제가 철폐됨에 따라 역내국가간 교역량이 증가하며, EU 확대 이전까지 여전히 남아있던 농산물, 화학제품, 의류, 신발, 철강, 가구 등 일부 상품에 대한 무역장벽이 완전 철폐됨에 따라 역내 교역은 더욱 활성화될 전망이다. 한편 단일 시장의 확대로 단일시장 내 공급자가 늘어남에 따라 경쟁이 촉진되고 시장규모가 확대됨에 따라 규모의 경제도 발생하고, 이에 따라 상품가격은 낮아지는 반면 생산성이 높아짐에 따라 잠재 GDP는 증가할 것으로 예상된다.

끝으로, 자본 및 노동이동의 변화이다. EU 확대 이후 자본은 기존 회원국에서 자본스톡이 작고 자본의 한계수익이 높은 신규 가입국으로 이동하는 반면, 노동은 신규 가입국에서 노동의 한계수익이 높은 기존 회원국으로 이동할 것으로 전망된다. 자본과 노동의 자유로운 이동으로 EU 전체의 GDP는 증가할 것으로 보이나 노동이동의 경우 국가간 취업률, 지역적 거리, 문화 및 언어의 차이 등의 요소에도 상당부분 영향을 받을 것이다.

한편, EU 확대는 무엇보다도 유럽대륙에 안정과 번영, 민주주의의 비젼을 가져다 줄 것으로 기대되지만, 늘어난 회원국을 실질적으로 통합하고 미국이 독주하는 국제무대에서 정치적 위상을 높이기 위해서는 EU헌법 제정,[3)] 경제규모의 차이 극복, 노동시장 개방에 대한 이해관계의 대립 해소, 유로화의 위상강화, 기술혁신, 정보화, 기업환경 개선을 통한 국가경쟁력 강화, 회원국 간 권력 배분 및 운영의 효율화, 상이한 언어로 인한 행정의 비효율성 제거 등이 EU가 앞으로 해결해야 할 과제이다.

경제통합으로 부활하는 옛소련… 관세동맹 가속도

옛 소련권 경제통합체인 러시아-벨라루스-카자흐스탄 3국 관세동맹이 오는 2015년까지 관세 및 비관세 무역 장벽을 완전히 철폐하겠다는 계획을 밝혔다. "2015년까지는 석유 에너지를 포함해 모든 분야에서 관세 및 비관

3) EU 헌법안에는 의사결정방식의 변경, 유럽대통령 및 외무장관직 신설 등 유럽통합 역사에 기록될 만한 내용들이 담겨있음. 우선 각 회원국 법률보다 상위 효력을 지닌 EU 헌법은 일반 헌법처럼 인간 존엄성과 자유·민주주의·평등·법치 등의 정신이 명시되어 있으며, 헌법안에는 모든 회원국들이 6개월씩 돌아가며 의장국을 맡는 현행 제도를 폐지하고, 2년 6개월 임기의 대통령직과 5년 임기의 외무장관직 신설을 규정하고 있음. 또한 유럽의회의 의원 수도 현재 732명에서 최대 750명으로 늘리는 한편, 회원국별, 의원수를 최소 6명에서 최대 96명으로 제한하고 있으며, EU 집행의원 수도 2014년부터 30명에서 17명으로 줄어 듬. 이외에 헌법안은 ▷ EU 집행위원회 권한 강화 ▷ 인권, 난민고용 문제 등에서 구속력 있는 EU 권리현장 채택 ▷ EU 탈퇴조약 신설 등을 담고 있음.

세 장벽들이 철폐될 것"이라고 강조했다. 러시아-벨라루스-카자흐스탄 등 옛 소련 3개국은 지난해 초부터 상품과 노동의 자유로운 이동을 목표로 한 관세동맹(단일경제공동체·CES)을 결성해 운영하고 있다. 푸틴 러시아 대통령은 3국 관세동맹에 다른 옛 소련 국가들을 끌어들여 옛 소련권을 아우르는 거대 경제통합체인 '유라시아 연합(Eurasian Union: EAU)'으로 발전시킨다는 구상을 밀어붙이고 있다. 경제 통합을 통한 옛 소련 부활의 꿈을 이루겠다는 구상이다.

〈연합뉴스, 2013. 5. 13.〉

2) 중남미 지역

중남미지역은 역사적, 문화적, 종교적 측면에서 다른 국가에 비하여 공통점이 많으며 이를 바탕으로 1950년대부터 지역경제협력기구를 설립하여 국가간 경제협력을 강화하여 왔으나 각 국가간 이해관계의 대립으로 지역경제 통합의 활성화 달성은 이루지 못하였다. 즉 중남미지역은 경제성장에 필요한 누자재원의 부족과 국내시장의 협소, 불충분한 사회간접자본 등 경제적 빈약성을 지니고 있어 경제통합에 의한 경제적 효과를 얻지 못하고 있다. 그러나 중남미국가들은 대부분 미국의 정치·경제적인 면에서 밀접한 관계를 맺고 있고 석유 및 농산자원을 비롯한 다양하고 풍부한 천연자원을 보유하고 있어서 경제개발 잠재력은 다른 어느 지역의 국가보다 큰 편이다. 특히 최근에는 만성적인 고율의 인플레이션이 진정되고 있고, 정치가 안정됨에 따라 국가간 경제협력의 강화 및 활성화에 노력하고 있다. 현재 중남미 지역에는 안데안공동시장(ANCOM) 및 중남미공동시장(CACM), 카리브공동시장(CARICOM)및 중남미통합연합(LAIA) 등이 형성되어 역내국가의 경제협력의 긴밀화를 꾀하고 있다.

최근 NAFTA형성으로 중남미국가들은 기존의 미국시장 상실을 우려하여 미국과의 FTA 체결추진 및 지역 대 지역간의 경제통합을 고려하고 있다. 또한 브라질, 아르헨티나, 파라과이, 우루과이 등 남미 4개국은 1991년 3월 아순시온협정을 체결하여 1995년 남미공동시장(MERUCOSUR)을 창설하였다.[4] 남미공동시장은 남미인구의 2/5 이상인 2.5억 명, 남미 GDP의 50% 이상인 약 7천억 달러를 차지하는 거대한 단일 시장의 등장으로 회원국간 관세 및 비관세 장벽 철폐는 물론 역외국수입상품에 대한 역외공동수입관세[5]를 적용하며 농업, 공업, 환율 등 기타정책의 시행에 있어서 각국의 공동보조를 취함으로써 실질적인 경제통합을 추구하고 있다.

중남미 지역은 높은 인플레이션, 누적 대외채무 등 경제침체를 벗어나지 못하고 있으나 최근 경제안정화정책, 외자유치정책 및 민영화정책 등 경제개혁으로 차츰 경제가 활성화되고 있으며 특히 동지역은 인종과 문화적 유사성, 경제현실이 서로 동질적이라는 점에서 상호 경제공동체결성 노력이 가속화될 것으로 보인다. 한편으로는 중남미제국들은 관련 국가들의 경제력이 미미하여 공동체실현을 통한 세계경제 영향력 행사는 미미할 것으로 판단, 오히려 미국의 후원을 받거나 미주자유무역지대에 편입하려는 움직임도 보이고 있다.

중남미 지역은 지역주의 현상이 극심하여 2중, 3중의 지역협정으로 연결되어 있다.[6] 이러한 지역주의의 심화로 역외국의 중남미지역 시장진입이 갈수록 어려워지고 있는 가운데 향후 북미와 남미가 하나의 시장으로 통합된다면 북미사장에 유입되던 아시아산 경공업제품은 중남미로, 중남미시장에 유입되던 아시아의 첨단 중화학공업제품은 북미제품으로 상당부문 전환 될 것으로 우려되고 있다.

현실적으로 대부분 중남미 국가들이 자국산업의 보호를 위해 역외 국가들에 대해서는 고율의 관세를 부과하는 반면, 역내 국가 간에는 남미공동시장(MERCOSUR), 안데스공동체(ANCOM), 중미공동시장(CACM) 같은 경제통합을 통해 무관세 및 특혜관세 혜택을 부여하고 있어 수출활로 타개를 위해서는 동시다발적인 대중남미 FTA 추진과 함께 새로운 수출기법과 상품개발이

---

4) 준회원국으로 칠레가 1996년 10월에, 볼리비아가 1997년 1월에, 페루가 2003년 12월에 각각 가입하였음.

5) 자본재는 14%, 정보통신분야는 16%의 역외공동관세를 부과하고 있음

6) NAFTA, MERCOSUR, Andean Group, The Caribbean Community(CARICOM), Central American Common Market(CACM) 등 기존 무역협정(RTA)에 Free Trade Area of Americas(FTAA), Central America Trade Agreement(CAFTA) 등 추가 논의 중임.

무엇보다도 시급한 실정이다.

현재 중남미 수입시장은 약 4,200억 달러 규모로 추산되며, 이중 브라질·아르헨티나 등 남미시장(1,825억 달러)이 전체 수입시장의 49.9%를 차지하고 있으며, 멕시코, 파나마 등 중미 시장(1,825억 달러)이 43.6%, 쿠바를 비롯한 카리브시장(274억 달러)이 6.5% 차지하고 있다. 중남미는 인구 5억 명, GDP 2조달러, 수입 4,200억 달러 규모의 성장 잠재력이 큰 시장이지만 국별 시장 규모, 성장가능성 등이 차이가 커 수출전략 수립시 선택과 집중이 필요하다.

3) 아시아 지역

아시아·태평양지역에서는 그동안 태평양경제협의회(PBEC), 태평양경제협의회(PECC)를 비롯 아·태경제협력체(APEC)[7]등이 적극적인 활동을 전개하면서 다각도의 아·태경제협력방향을 제시하였다.

그러나 현실적으로 아시아·태평양지역은 지리적 광범위, 경제력 격차, 제도·관습 등의 차이로 인해 현실적으로 전 지역을 포함하는 공동시장 내지 자유무역지대와 같은 단일화된 경제협력체계 형성이 용이하지 않다. 다만, 특정목적이나 특수한 경우를 위한 경제협력(ad hoc funcional type of regional cooperation)은 가능하나 최근 동남아시아, 동북아시아 등 아시아지역 내의 작은 경제통합체 결성 움직임이 대두되고 있다. 그러나 이러한 움직임은 중동지역을 제외하고는 경제통합추진이 부진한 상태이며 그 지역도 종교적, 정치적 이유로 경제통합체가 활발히 진행되지 못하고 있다. 그러나 최근에는 유럽 및 미주지역에서의 지역주의화 움직임으로 아시아 지역에서도 지역 내의 경제협력을 위한 노력이 가시화되고 있다. 특히 일본을 중심으로 한 동아시아 경제공동체, 중공의 동북아경제권(황해경제권) 및 대중화경제공동체의 모색 등 일련의 경제통합의 움직임이 활발히 진행되고 있는 가운데 ASEAN은 2008년까지 역내관세를 5~10%로 인하함으로써 아세안자유무역협정(AFTA)체결에 합

7) 회원국은 21개국으로 회원국간 무역 및 투자방벽의 지속적인 완화를 통한 개방적인 지역주의를 지향하고 있다.

의하였다. ASEAN 자유무역협정은 경제발전 단계가 비슷한 국가 간의 수평적 통합으로 태국, 말레이시아, 인도네시아, 싱가포르, 필리핀, 부르나이, 베트남, 라오스, 캄보디아, 미얀마 등 10개국으로 구성되어 있으며 인구 5.2억 명, GDP 규모 5,512억 달러로 EU, 북미자유무역협정에 비해 그 경제규모는 작으나 ASEAN국가들의 경쟁력은 AFTA의 결성으로 보다 강화될 것이다.[8)]

아시아 지역의 3대 FTA

- TTIP : 세계경제를 선도하는 미국과 EU는 무역과 투자자유화를 통해 미국과 EU 모두 TTIP 체결의 정치적 효과를 극대화하고 국제통상 규범의 주도권을 확보하기 위해 타결내용보다 시기를 중시할 전망.
- TPP : 미국이 주도하는 아태지역 최대 경제블록으로 아태지역 12개국(미국, 일본, 캐나다, 멕시코, 호주, 베트남, 칠레 등)이 참여하는 다자간 FTA로 2010년부터 16차례 협상을 진행하였고, 사안별로 이해관계국 간 예외를 두는 중간수준의 FTA가 될 가능성이 있음.
- RCEP : TPP에 맞선 범아시아 단일시장 형성을 목표로 TPP의 확산으로 동아시아 경제질서 형성에서 주도권 상실을 우려한 아세안, 중국 등은 역내 16개국과 RCEP 협상 출범을 선언하였는데 한중일 FTA와 TPP협상결과와 연동될 것으로, 시기적으로 3대 FTA 중 가장 늦게 타결될 가능성이 있음.

〈권혁재 외 3인, 세계통상질서의 재편: 3대 FTA의 부상, 삼성경제연구소, CEO 인포메이션, 제895호, 2013. 5. 15.〉.

남아시아 7개국은 1980년대 들어 빈곤퇴치와 더불어 역내 빈곤국들의 권익옹호를 위하여 지역협력체 창설을 추진, 1985년 SAARC를 창설하였으나 회원국간 경제력 격차 및 정치적 갈등 등의 이유로 실질적인 협력을 강화하기 위한

8) ASEAN은 1967년 8월 방콕에서 태국, 말레이시아, 인도네시아, 싱가포르, 필리핀 등 5개국이 참여로 결성되어 초기에는 공동안보체제의 구축이 목적이었으나 최근에는 경제협력, 국제무대에서의 공동보조 및 발언권 강화 등을 추구하고 있음.

구체적인 방법을 제시하지는 못해 실질적인 진전을 하지 못했다. 특히 인도가 남아시아 전체 인구의 GNP 모두 77%에 육박하는 압도적인 비중을 차지하고 있음에 따라 여타 회원국들은 자국 시장개방에 따른 인도 상품의 수입급증을 우려하여 시장개방에 매우 소극적인 입장을 견지하여 왔다. 그러나 전세계적으로 지역경제통합 형성이 증가하는 추세를 보이자, SAARC는 EU와 같은 형태의 경제통합을 목표로 삼고 그 전 단계로 남아시아 특혜무역협정(SAPTA) 및 자유무역협정(SAFTA)을 추진키로 하였다. 2004년 1월 6일 '이슬라마바드 선언문'을 통해 정상들은 남아시아 경제공동체 창설을 위해 적절한 정치경제적 환경을 조성키로 결의하였으며, 역내 교역 원활화를 위해 각종 교역 장벽의 제거, 통관 및 운송 절차의 조화, 기업인 비자발급 절차의 간소화 등을 제안하는 한편, 회원국들이 빈곤국에 대한 바나덤핑, 상계관세 부과시 특혜를 부여하도록 하였다. 이에 따라 14억 인구를 지닌 남아시아 지역에 자유무역지대가 창설될 경우 규모 및 지역적 특성상 EU와 유사한 지역블록으로 성장할 것이라는 기대가 모아지고 있으며, 이를 위한 회원국의 적극적인 노력이 요구된다. 과거 경험에 비추어 볼 때 2016년 남아시아 자유무역지대 창설을 비롯하여 거의 대부분의 분야를 포괄하고 있는 금번 선언문의 발표내용이 어느 정도 실현될지 미지수이다.[9].

또한 걸프만협력협의회(GCC)는 1981년 5월 중동국가 6개국[10] 정상회의에서 회원국간 정치적 협력, 경제통합, 상호 방위협력을 목적으로 설립되었는데, GCC 국가들은 역내 GDP의 1/3을, 정부재정수입과 수출의 3/4를 석유에 크게 의존하고 있다. GCC 가입국들은 정치·종교·문화·언어 등 여러 측면에서 공통성을 지니고 있다. 또한 상대적인 측면에서 중동지역 내에서 정치적으로 안정되어 있고 경제적으로 부유한 국가들의 협의체이다. GCC는 2003년 회원국의 관세를 5%로 단일화시키고, 3년간의 완충기간을 거쳐 2006년부터 경제통합을 시행할 예정이며, 유로화의 성공적인 출범에 자극받아 2008년까지 "아랍 디나르"를 단일통화로 도입할 예정이다. 이를 위해 GCC회원국들은 서로

9) 최윤정, 세계경제동향, 대외경제정책연구원, 2004년 1월 12일.
10) 사우디아라비아, 쿠웨이트, 아랍에미리트, 카타르, 바레인, 오만 등이다.

다른 재정 및 무역구조를 통합해 나가며, 국가별로 차이가 큰 경제정책 목표도 단일한 지역개념으로 조정해 단일통화의 사용을 위한 인프라의 구축에 노력하고 있다. 또한 GCC는 2005년 5월 브라질에서 남미공동시장과 자유무역지대의 창설을 위한 정상회담을 개최하여 거대한 자원대륙인 중남미와 중동지역간 경제협력에 역점을 두고 있다. 이 밖에 중동지역에서는 2005년 1월 아랍연맹 22개 회원국중 17개국이 회원국 간 관세철폐를 골자로 하는 아랍자유무역지대 창설에 합의함으로써 정식 출범되었는데 향후 3년 안에 역내교역량이 63% 이상 급증할 것으로 예상된다.

IMF "걸프 단일통화 구축, 비용이 더 커"

걸프 지역 일부 국가가 추진 중인 단일통화 구축 사업에 대해 국제통화기금(IMF)이 비판적인 분석을 내놓았다. IMF는 보고서에서 "걸프 지역 산업계의 긴밀한 동조화가 이뤄지지 않으면 단일통화의 비용이 편익을 훨씬 넘어서게 될 것"이라고 지적했다. 또 걸프협력이사회(GCC) 단일통화가 제대로 작동하려면 회원국 상호 간 무역과 투자가 역외 무역·투자보다 많아야 한다고 덧붙였다. 그러나 걸프 지역 국가는 현재 역내 국가 교류보다 미국이나 유럽, 아시아 등 역외와 더 많은 무역·투자를 하고 있다.

'중동판 유로'로 불리는 GCC 단일통화는 지난해 도입을 목표로 2001년부터 협의가 진행돼 왔지만 2006년에는 오만이, 2009년에는 아랍에미리트(UAE)가 각각 불참을 선언했다. 사우디아라비아와 카타르, 쿠웨이트, 바레인 4개국은 2009년 6월 통화동맹 창설협정에 서명했지만, 최종적으로 단일통화를 출범시킬 '걸프중앙은행' 설립은 요원한 상황이다. 신문은 UAE와 오만의 이탈에 이어 올해 유로존 위기, IMF 보고서 등으로 GCC 단일 통화 전망이 더욱 불투명해졌다고 지적했다.

〈연합뉴스, 2011. 12. 8.〉

한편 동아시아 지역에서도 경제의 통합화 움직임이 활발하게 전개되어 1990년 12월 말레이시아의 마하티르 수상 아세안을 중심으로 한국, 일본, 중국, 대만, 홍콩은 물론 베트남, 미얀마까지 포함하는 동이사아 경제그룹(EAEG)을 창설하여 우루과이라운드에서 소외된 아시아지역 국가들의 공동전략 수립을 통하여 미국과 EU와의 무역교섭에 대응하자고 주장하였다.

그 밖에 대중화 경제권은 중국 남부의 관동성 및 복건성과 대만, 홍콩, 마카오 등으로 중화민족이라는 민족적 연대감을 바탕으로 단일시장 형성을 위한 역내 협력을 이루자는 것으로 대만, 홍콩이 자본과 기술, 및 경영의 노하우를 제공하고 중국의 값싼 노동력을 이용하여 노동집약적 제품을 생산하고 이를 대만과 홍콩을 통해 수출하는 수직적 분업체계를 형성하고 있다.

동해를 둘러싸고 일본, 러시아, 중국, 한국 등으로 구성되는 환동해 경제권과 러시아 동부, 한국, 중국, 일본 등 동북아 지역의 국가들로 구성되는 동북아 경제권은 동지역의 서로 다른 경제발전단계, 상이한 정치체계, 상이한 문화 배경 등을 고려할 때 EU와 같은 역내 구속력이 강한 경제권으로 탄생되기는 어렵다. 그러나 최근 중국의 후진타오 주석의 ASEAN 10개국 + 3시스템(한국, 일본, 중국)인 아시아경제공동체의 건설 제안은 아시아 지역이 EU와 NAFTA에 버금가는 단일경제권의 형성의 가능성을 보여주고 있다.

4) 미주지역

미국은 전 세계적으로 지역주의가 확산되는 경향을 보이는 가운데 다자간협상을 통한 범세계적 무역주의화의 추진이 국가간 이해대립으로 어렵게 되자 1980년대 중반부터 대외통상정책 기조를 쌍무적 협상으로 전환하였다. 이처럼 미국이 쌍무협상을 통해 지역적 자유무역을 우선 확보하고 이를 토대로 범세계적 자유무역을 점진적으로 달성하여 간다는 방향으로 선회한 이유는 다음과 같다. 첫째, 매년 1,000억 달러를 상회하는 무역수지적자로 미국의 대외경제 기반 약화 둘째, 세계경제의 다극화로 미국의 리더십 약화 셋째, 미국의 수출증대 넷째, 안보상의 이유 다섯째, 미국경제발전의 새로운 동기 부여 등이다. 특히 미국은 중남미국가와의 경제 관계를 강화하기 위해 범미주경제권을 구상하고 있다. 특히 1994년1월에 발효된 북미자유무역지대(NAFTA)는 미국, 캐나다, 멕시코 3개국이 단일시장을 형성하여 노동과 산업의 효율성 및 생산성을 증대시킴으로써 역내국가의 경제활성화를 도모하고 있다. 미국은 EU, 일본 등에 대한 통상압력의 수단으로 활용, 탈냉전 후 세계경제질서의 재편과정에서의 견인차 역할 수행, 미 남부국경지역의 불안정성을 제거하여 미국 기업의 멕시코 진출 기회 확보, 장기적으로 중남미시장과 연결한 AFTA(American Free Trade Area) 결성 등을 꾀하고 있다. 캐나다도 멕시코 시장 진출과 농산물 수출 증대 도모, 미국시장 내에서의 경쟁력 유지 확보를 위해, 멕시코는 미국시장의 안정적 확보, 외자 유치 및 기술이전을 통한 고용 증대 및 경제성장을 추진하기 NAFTA를 결성하게 된 것이다. NAFTA는 인구 4.3억 명, GDP 규모 12.5조 달러, 수출 1.2조 달러, 수입 1.7조 달러의 시장규모를 지니고 있다.

미국은 2004년 4월 현재 이미 이스라엘, 캐나다 및 멕시코(북미자유무역협정: NAFTA), 요르단, 칠레, 싱가포르 등 총 6개국과 자유무역협정을 체결하였으며, 이 가운데 칠레와 싱가포르는 2004년 1월 1일로 발효되었다. 그리고 2004년 5월 18일에 체결된 호주와의 자유무역협정인 AUSFTA는 미국이 NAFTA 이후 선진국과 체결한 최초의 자유무역협정으로 약 99%에 이르는 제조업제품의 무관세화가 실현될 전망이다.

미국은 현재 수출의 경제성장 기여도가 25%에 이르고 약 1,200만 개의 일자리를 창출하고 있다고 평가하고, 수출장벽을 제거함으로써 공정한 경쟁의 장을 조성하고 새로운 시장을 창출하기 위한 노력을 경주하고 있다. 이러한 목적을 달성하기 위한 구체적인 수단으로 최근 미국은 다자무역체제 강화와 동시에 양자 및 지역차원의 자유무역협정(FTA) 체결에도 집중하고 있다. 이는 세계적으로 양자 및 지역차원의 자유무역협정이 확산되고 있는 추세에 있기 때문에 미국을 제외한 자유무역협정이 체결되면 장기적으로 미국의 경제적 이익이 침해될 우려가 있기 때문이다. 이미 미국은 지역 차원의 미주자유무역협정(FTAA)을 2005년 12월 출범시킨다는 목표아래 대상 국가들과 협상을 추진하고 있으며, 남아프리카 관세 동맹(SACU)과 자유무역협정 체결을 위한 협상을 벌이고 있다. 이밖에도 미국은 파나마, 콜롬비아, 태국과도 자유무역협정 체결을 위한 협상을 벌일 계획이다.

5) 아프리카 지역

아프리카 지역은 국가의 경제력 자립을 위한 경제성장의 유일한 처방책의 하나로 경제통합체를 결성하였는데 이를 뒷받침해줄 시장규모의 협소, 자본금 미비로 커다란 성과를 얻지 못하고 있다. 1965년 자유무역지대 설치 및 서부 아프리카 지역의 균형발전을 위해 설립된 남부 아프리카제국 경제공동체(ECOWAS)는 역내 회원국간[11] 긴밀한 협조로 역내 경제안정 및 균형발전을 도모하여 역내공동시장의 형성을 기본 목표로 하고 있다. 그러나 ECOWAS는 역내국 간 이해 대립, 자본 부족 등으로 제대로 추진 못하고 있다.

1980년 4월 남부 아프리카 9개국[12]은 투사카 선언으로 남부 아프리카개발조정회의(SADCC)를 설립하여 역내국간 균형발전, 상호호혜 및 평등에 입각한 경제협력과 통합을 통해 역내기업의 경쟁력 제고, 빈곤퇴치, 역내 평화와 안정 등을 추구하고 있다.

아프리카연합(AU)는 1999년 7월 아프리카 단결기구(OAU) 정상회의에서 리비아의 가다피 국가원수가 아프리카합중국 건설을 제안한 후 그 해 9월 아프리카연합 출범을 위한 Sirte선언을 채택하여 2002년 7월 공식 출범하였다. 아프리카연합(AU)는 회원국 53개국에 EU를 모델로 하여회원국의 정치, 경제, 사회적 통합을 위한 초국가적인 기구를 지향하고 있으며 세계사회에서 아프리카의 위상강화에 노력하고 있다. 이러한 경제통합체 추진이외에도 아프리카 각국 중앙은행 총재들은 2003년 8월 우간다 캄팔라에서 개최된 연례회의에서 2021년까지 아프리카 단일통화를 채택하고 공동중앙은행을 설립하기 위해 협조하기로 합의하였다.[13]

---

11) 회원국은 베넹, 감비아, 라이베리아, 나이지리아, 부르키나파소, 가나, 말리, 세네갈, 까뽀베르테, 기니, 시에라리온, 코트디브와르, 기니비사우, 니제르, 토고 등 15개국.

12) 현재는 앙골라, 콩고민주공화국, 모리셔스, 말라위, 세이셀, 스와질랜드, 나미비아, 보츠와나, 잠비아, 탄자니아, 레스토, 모잠비크, 짐바브웨, 남아프리카공화국 등 14개국.

13) 경향신문, 2003년 8월 20일

경제통합체로 되살아나는 소련

1991년 12월 8일, 폴란드와 국경을 접한 벨라루스 서부 비스쿨리 지역의 벨라베슈스카야 숲에 있는 소련 지도부 별장. 보리스 옐친 러시아 대통과 레오니트 크라프축 우크라이나 대통령, 스타니슬라프 슈슈케비치 벨라루스 최고회의(의회) 의장 등 3국 정상이 소련에 종말을 고하는 역사적 문서에 서명했다. 후에 '벨라베슈스카야 협정'이라 불리게 된 이 문서에서 정상들은 소련을 해체하고 보다 느슨한 형태의 국가모임인 독립국가연합(CIS)을 창설키로 합의했다. 70여년을 존속한 소련제국에 조종(弔鐘)을 울리는 순간이었다. 그로부터 20년이 지난 2011년 11월 18일, 모스크바 크렘린궁, 드미트리 메드베데프 러시아 대통령과 누르술탄 나자르바예프 카자흐스탄 대통령, 알렉산드르 루카셴코 벨라루스 대통령이 '유라시아 경제통합에 관한 선언서'에 서명했다. 옛 소련에 속했던 러시아와 카자흐스탄, 벨라루스 등 3국을 중심으로 경제통합을 이루고, 이후 다른 소련 국가들을 끌어들여 유럽연합(EU)과 유사한 경제공동체로 발전시킨다는 내용을 담은 문서였다.

'유라시아 연합(Eurasian Union: EAU)'이란 이름의 이 경제공동체는 소속 국가 간 상품과 노동, 자본의 자유로운 이동뿐 아니라 단일 경제정책 및 통화정책 실현, 단일 통화 도입까지를 목표로 하는 것으로 알려졌다. 소련이 붕괴한 지 정확히 20년 만에 사실상 경제관계를 축으로 하는 옛 소련 부활을 추진하겠다는 것이었다.

3국 정상은 경제 통합 선언서와 함께 통합 과정을 주도하고 새로 탄생하는 경제공동체를 운영할 초국가조직인 '유라시아경제위원회' 창설에 관한 협정에도 서명했다. 나자르바예프 대통령은 "각국이 행사하던 175개의 권한과 기능이 위원회로 넘어갈 것"이라고 밝혔다. 유라시아경제위원회가 장기적으로 EU 집행위원회와 유사한 기능을 수행할 것이란 의미였다.

경제공동체 창설을 통한 옛 소련 부활 움직임이 활발해지고 있다. 1990년대 중반부터 간헐적으로 논의돼온 이같은 구상에 본격적으로 불을 지핀 건 블라디미르 푸틴 러시아 총리였다. 푸틴 총리는 지난 10월 초 현지 유력 일간 '이즈베스티야' 기고문을 통해 내년 러시아, 카자흐스탄, 벨라루스 등 3국 모임으로 출발하는 '단일경제공동체(Common Economic Space: CES)'에 키르기스스탄, 타지키스탄 등 옛 소련 국가들을 끌어들이면서

EAU로 발전시켜 나가는 방안을 제시했다. 옛 소련권 3국은 내년 1월 1일부터 관세 장벽을 없애고 자본과 노동의 자유로운 이동을 보장하는 CES를 본격 출범시킨다. 푸틴은 "우리는 여기서 머물지 않고 더 높은 수준의 통합체인 유라시아 연합 창설이란 야심한 목표를 설정하려 한다"면서 EAU는 회원국 간의 경제·통화 정책을 보다 긴밀히 조율하고 완전한 의미의 경제연합을 형성하는 초국가조직체가 될 것이라고 설명했다. 그는 "유라시아 연합은 열려있는 프로젝트이며 CIS 국가들을 포함한 다른 파트너들이 여기에 참여하는 것을 환영한다"고 말했다. 푸틴은 그러면서 EAU가 옛 소련 부활 시도라는 비판을 의식한 듯 "이미 과거가 된 어떤 것을 복원하거나 베끼려고 시도하는 것은 어리석은 일"이라며 EAU는 절대 소련의 부활이 아님을 애써 강조했다. 푸틴의 제안에 이어 옛 소련 주요 국가인 러시아, 카자흐스탄, 벨라루스 등 3국이 경제 통합을 선언하면서 EAU 구상은 급물살을 타게 됐다. 전문가들은 푸틴이 내년 대선에 승리한 뒤 대통령으로 크렘린에 복귀하면 자신이 제안한 EAU 구상을 강하게 밀어붙일 것으로 예상하고 있다.

전문가들은 대략 2015년 무렵 EAU가 출범할 것으로 예상하고 있다. 의회와 학계 등에서 EAU 논의에 적극 참여하고 있는 러시아 국제경제 및 국제관계연구소(IMEMO)의 겐나디 추프린 박사는 "모든 것이 계획대로 진행되면 2015년쯤이면 유라시아 연합 창설이 가능할 것"이라며 "1991년 정치적 존재로서의 소련은 무너졌지만 이후에도 옛 소련 국가들 간의 경제 관계가 완전히 사라진 것은 아니었으며 다만 얼어붙고 단절되거나 부분적으로 파손됐을 뿐"이라며 "공통의 문화와 문명, 역사, 언어 등을 가진 옛 소련 국가들 사이의 경제 관계 복원에 그렇게 오랜 시간이 걸리지는 않을 것"이라고 예상했다.

EAU 구상에 대한 옛 소련 국가들의 반응은 대체로 긍정적이다. 옛 소련 15개 공화국 가운데 이미 서방권으로 편입된 발트3국(에스토이나, 라트비아, 리투아니아)을 제외하고 EAU에 소극적이거나 비판적인 나라는 조지아(러시아명 그루지야)와 우즈베키스탄, 아제르바이잔 등 3개국뿐이다. 러시아 주도의 CES에 참여하고 있는 카자흐스탄과 벨라루스는 당연히 적극 환영하는 입장이다. 러시아를 비롯한 옛 소련 국가들에 대한 경제 의존도가 높은 키르기스스탄도 적극적이다. 아르메니아, 타지키스탄 등도 긍정적으로 검토 중이다. 러시아와의 협력 관계 강화와 유럽경제권으로의 통합을 동시에 추구하고 있는 우크라이나는 신중하긴 하지만 여전히 검토하겠다는 입장이다.

반면 친(親) 서방 노선을 걸으며 러시아와 갈등을 겪고 있는 조지아는 EAU를 소련 부활 시도라고 비판하며 참여할 뜻이 전혀 없다고 밝히고 있다. 미하일 사카슈빌리 조지아 대통령은 EAU를 "러시아 민족주의자들의 가장 야만적인 구상이며 소련을 부활시키려는 시도"라고 혹평했다. 이슬람 카리모프 대통령의 권위주의 정부가 강력한 국가통제적 경제시스템과 폐쇄적 대외 정책을 고수하고 있는 우즈베키스탄은 옛 소련 국가들과의 경제 통합이 현 정치경제체제의 붕괴로 이어질 것을 우려하고 있다.

〈연합뉴스, 2011. 12. 4.〉

3대 경제블록 가시화 한국, 도전과 응전의 시기

최근 미국, 유럽연합(EU), 일본 등 선진경제권이 동시다발적으로 자유무역협정(FTA) 협상을 추진하고 있다. 미국은 일본 등 태평양 12개국과 환태평양 경제동반자협정(TPP)을, EU와는 환대서양 경제동반자협정(TTIP)을 추진 중이다. 이에 중국 등 아시아 16개국은 역내 포괄적 경제동반자협정(RCEP) 출범으로 맞서고 있다.

3대 FTA가 모두 타결될 경우 지금까지 보지 못한 거대 경제블록이 탄생할 것이다. TTIP는 국내총생산(GDP)을 기준으로 세계경제에서의 비중이 45%이고, TPP는 38.4%, RCEP는 29.4%다. 이렇게 세계 GDP의 80%에 육박하는 3대 FTA가 출범하면 세계 통상질서는 이들 경제블록 중심으로 급속히 재편될 것이다. 또한 3대 FTA에 대한 한국의 수출 비중이 전체 73%를 차지해 거대 경제블록의 등장은 한국에도 큰 도전이 될 것이다.

글로벌 금융위기 이후 미국은 태평양, 대서양을 아우르는 TPP와 TTIP를 통해 거대시장을 창출하고 역내 무역활성화를 추진해 수출을 확대하는 정책을 강력히 추진하고 있다. 이에 재정위기에 처한 EU와 장기 침체에 허덕이는 일본 또한 경제적 실리와 미국의 전략적 목표에 공감하며 이에 동참하는 실정이다. 그런데 이러한 선진국 주도의 경제블록화에 대해 중국은 선진국들의 경제블록화가 중국을 고립하고 외부압력을 통한 대외개방을 확대할 것이라고 인식하여 아세안과 함께 독자적 경제공동체인 RCEP에 힘을 집중하는 것으로 보인다.

3대 경제블록의 등장과 영향

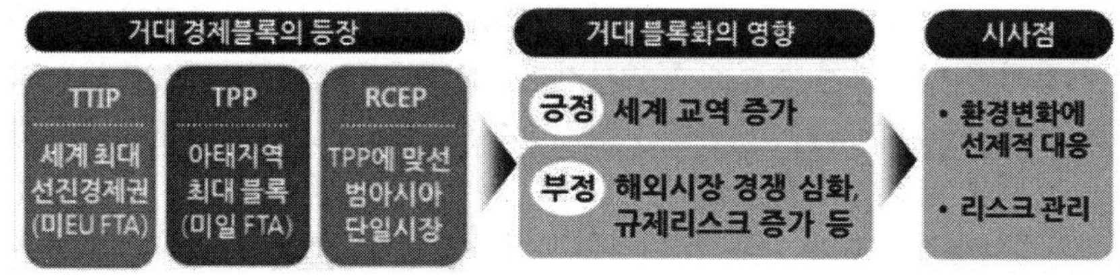

거대 경제블록은 어떤 효과가 있고, 국제질서를 어떻게 바꿀 것인가. 먼저 긍정적 효과를 보자. 세계경제의 80%를 차지하는 3대 FTA가 출범하면 해당 국가의 경제가 성장해 세계경제 활성화에 도움이 될 것으로 예상된다. 즉 주요국이 상호 관세 등 무역장벽을 완화하면 국가 간 교역이 증가할 테고, 이로 인해 침체에 빠진 미국, EU 등 선진국 경제가 일정하게 성장할 것으로 기대된다. 각국 정부 및 연구기관에서 밝힌 나라별 추가 성장률을 보면, TTIP 체결 시 EU 0.3~0.5%p, 미국 0.2~0.4%p, TPP 타결 시 일본 등 참여국 0.4~1.5%p, RCEP 발효 시 중국 등 참여국 최대 1.8%p 등이다.

두 번째, 거대 경제블록의 등장은 세계무역기구(WTO) 중심의 기존 국제통상질서에 큰 변화를 가져올 것으로 예상된다. 약 150개국이 참여하는 WTO는 지난 20여 년간 세계 무역자유화를 선도해온 명실상부한 세계무역질서의 중심 기구였다. 그러나 WTO의 업그레이드를 위한 도하개발어젠다(DDA) 협상이 선진국과 신흥국의 견해차로 10여 넘게 지지부진하면서 그 위상이 점차 약화됐다. 여기에 금융위기 이후 그동안 FTA 같은 지역주의에 무관심하던 선진국까지 수출을 확대하려고 FTA 경쟁에 뛰어들어 WTO의 위상 약화는 더 가속화할 것으로 보인다. 따라서 세계는 단일한 경제체제에서 3대 거대 경제블록이 경쟁하는 시대로 접어들 것으로 예상된다. 상호 통상규범과 게임 룰이 다른 이들 간 경쟁은 WTO라는 단일 기준 시대에서 복수 기준이 적용되는 불확실성 시대로의 진입을 보여주는 사건이라 할 수 있다.

한편, 3대 경제블록에 포함되지 않은 국가는 경쟁적으로 회원 가입을 추진하든지, 여의치 않으면 독자적 길을 모색할 개연성이 있다. 브라질이나 러시아의 경우가 대표적인데, 이들은 지역 내 국가들과 메르코수르(Mercosur)나 3국 관세동맹(러시아, 카자흐스탄, 벨로루시가 2015년까지 3국 내 모든 관세 및 비관세 장벽을 철폐할 계획) 같은 독자적 경제공동체 건설에 나서 자국 이익을 지키고자 할 것이다.

세 번째로, 3대 FTA 간 경쟁 심화로 선진국과 신흥국, 혹은 신흥국 간 복잡한 무역마찰이 일상화할 것으로 예상된다. TTIP 체결 시 미국과 EU는 세계 최대시장을 바탕으로 글로벌 통상 규범제정자로서의 입지가 강화될 것이다. 그리고 이들 선진국은 중국 등 신흥국을 대상으로 지식재산권, 환경, 노동, 경쟁 부문에서 TTIP 규범을 준수하라고 압박할 것이다.이에 이미 거대하게 성장한 중국 등 신흥국도 선진국의 통상 공세에 만만찮은 반격을 가할 것으로 보인다. 최근 미래산업인 태양광산업의 주도권을 놓고 중국, EU, 미국이 반덤핑과 보복조치 등 치열한 경쟁을 벌이는 것이 대표적 사례이다. 여기에다 신흥국 간, 즉 남남갈등도 심상치 않다. 브라질, 인도는 선진국과의 대결에서는 신흥국 진영에 서 있으나, 무역흑자국 중국과는 미·중 갈등 못지않게 치열한 통상 분쟁을 벌인다. 인도의 경우 20여 년간 최대 반덤핑 제소국이 중국일 정도다. 이처럼 국제사회는 영원한 적도 동지도 없는, 만인의 만인에 의한 투쟁 시대가 상당 기간 지속될 전망이다.

3년 넘게 협상을 진행해 미국이 연내 타결을 목표로 하는 TPP를 제외하면, TTIP와 RCEP 협상 타결은 최소 2~3년 걸릴 것으로 예상된다. 즉 TPP가 가장 먼저 타결되고, TTIP는 2014~2015년, RCEP는 이보다 조금 늦게 타결될 전망이다. 따라서 특별한 변수가 없다면 2015년이 넘어야 3대 경제블록이 현실화할 것이다.

그렇다면 3대 FTA의 출현은 한국 경제에 어떤 영향을 미칠까. 먼저 미국과 EU 간FTA(TTIP) 체결로 선진국 경제가 회복되면, 이들 국가에 대한 한국 수출도 늘어 우리 경제에 긍정적 효과가 있을 것으로 전망된다. 특히 현지 진출 한국 기업의 매출 증가로 한국 기업과 현지 기업 간 중간재 교역이 늘어날 것으로 예상된다.

이런 긍정적 효과는 대체로 세계 모든 국가가 누리게 되지만, 부정적 측면은 우리나라와만 관련 있다는 점에 유념해야 한다. 한국 처지에서는 세계시장 최대 경쟁국인 일본 기업이 미국, EU 등과 FTA를 체결할 경우 한미 FTA, 한·EU FTA 선점효과가 감소하고 미국이나 EU 시장에서 경쟁이 더 심화될 것이라는 점이 문제다. 예를 들어 한미 FTA 최대 수혜품목 가운데 하나인 자동차의 경우, 2017년이 돼야 미국 측 수입관세(2.5%)가 철폐된다. 그런데 TPP가 타결되면 일본 기업도 이러한 효과를 동등하게 누리게 된다. 즉 한미 FTA의 선점효과가 약화된다고 볼 수 있으며, 이는 한·EU FTA 경우도 마찬가지다.

그렇다면 한국은 어떻게 해야 할까. 한국 같은 중견 국가가 거대 경제권 발(發) 블록화 경쟁을 주도하기엔 한계가 있다. 따라서 어느 협상에 참여할 것인가 하는 문제보다 우리의 강점을 적극 활용하는 자세가 필요하다. 한국의 강점은 다른 나라가 갖추지 못한 넓은 글로벌 FTA 네트워크에 있다. 시간이 오래 걸리는 다자간 협상도 소홀히 할 수 없지만 아직 중국, 중남미, 러시아 등 한국이 FTA를 체결해야 될 상대는 많다. 선진국이 거대 경제권 형성에 주력하는 사이 우리는 이러한 빈틈을 발 빠르게 선점할 필요가 있다. 또한 3대 FTA 진행 상황을 면밀히 관찰해 기존 FTA나 국내 경제 및 산업 정책과 충돌할 개연성에 대비해야 한다. 예를 들어 미국·EU FTA (TTIP)의 경우 한미 FTA나 한·EU FTA와 충돌하지 않을지 혹은 우리의 이익이 침해되지 않을지 면밀히 살펴보고 그 영향을 분석해야 할 것이다.

한국 기업도 3대 FTA 등장에 적극 대응해야 한다. 먼저 한미 FTA나 한·EU FTA를 최대한 활용하는 자세를 가져야 할 것이다. 즉 FTA로 개방된 미국 및 유럽시장에서 선점효과를 극대화하는 노력을 더 많이 기울여야 한다. 또한 통상 압력, 통상 마찰 강화에 대비하는 시스템을 구축해야 할 것이다. 원산지 규정 준수, 지식재산권이나 환경 등 규제리스크에 선제적으로 대응할 수 있는 인력과 대응방안 수립에 만전을 기해야 한다. 특히 수출에 주력하는 중소·중견기업의 경우 정보 부재로 낭패를 볼 수 있으므로 정부와 협력해 대응체계 구축에 만전을 기울여야 한다.

끝으로 해외 시장의 경쟁심화에 맞서 품질 제고, 시장다변화 등 대응전략도 강화해야 한다. 특히 선진국, 중국 등 주요국에 집중된 무역을 다양한 국가와 상품으로 분산할 필요가 있다. 또한 해외에 생산거점을 둔 기업의 경우, RCEP 등 다자간 FTA로 한국 기업의 생산거점이 집중된 중국이나 아세안의 투자환경이 개선된다는 점을 활용해 생산거점 운용 방안을 효율적으로 개선하는 일도 중요한 과제라 할 수 있다.

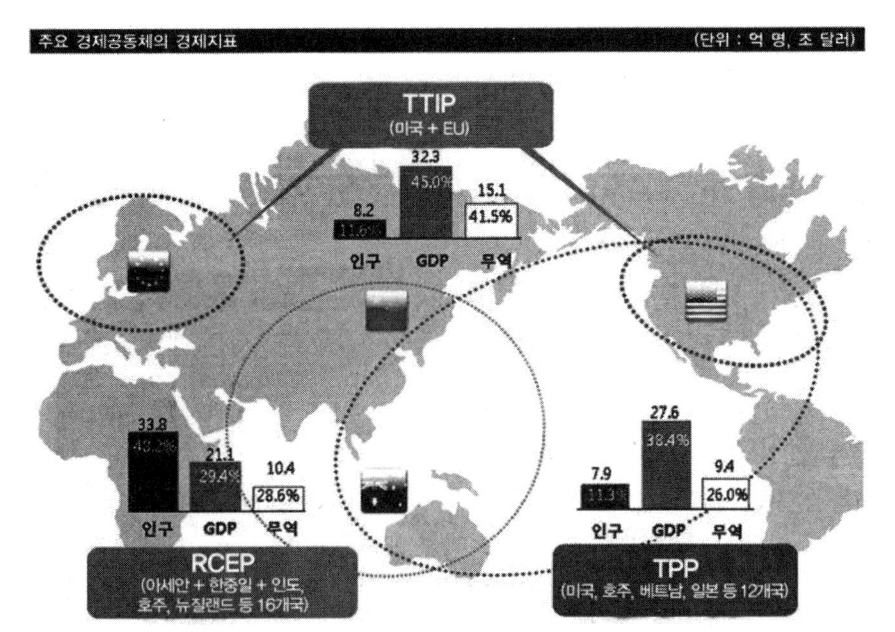

〈권혁재, 3대 경제블록 가시화 한국, 도전과 응전의 시기, 주간동아, 2013. 06. 24. 893호, pp.26~28; 권혁재 외 3인, 세계통상질서의 재편: 3대 FTA의 부상, 삼성경제연구소, CEO 인포메이션, 제895호, 2013. 5. 15.〉

EU, 경제통합 강화 추진

유럽연합(EU)이 경제적 통합 및 조정 능력 강화를 추진한다. EU 집행위원회는 27개 회원국의 경제개혁 정책을 조율하고 회원국 간 경제협력을 조정하기 위한 경제통합 강화 방안을 20일 발표했다. EU 집행위는 이날 성명을 통해 각국의 경제 정책을 사전 조정하고 개별 국가의 정책을 통합적으로 지원하기 위한 '융합·경쟁기구'(Convergence and Competitiveness Instrument : CCI)를 창설할 것이라고 밝혔다.

EU 집행위가 제안한 사전 조정 제도에 따르면 회원국이 EU 전체에 영향을 미치는 대규모 경제개혁을 추진할 경우 개별 국가가 정책을 결정하기 전 EU 차원의 정책 논의를 거치도록 돼 있다. 사전 조정을 통해 각국의 개혁

정책이 다른 회원국에 긍정적, 혹은 부정적 영향을 미치는 것을 평가하고 EU 차원의 대책을 마련할 수 있다. 융합·경쟁 기구는 사전 조정 과정에서 회원국 간 계약을 체결할 필요성이 있을 경우 이를 주선하거나 대행하는 등 여러 국가가 관여하는 개혁 정책의 수행을 지원한다. 이런 제도와 기구를 통해 기존의 회원국 예산 감시기능과 EU 차원의 경제정책 수립 및 통제 기능이 더 정교해지고 강화된다.

유로존(유로화 사용 17개국)의 재정, 경제 위기 해결을 위한 경제 정책 조율과 금융개혁 문제에서 일부 이견이 노출되기는 했지만 전체적인 틀에서 EU는 결집된 모습을 보이면서 경제통합체로서 기능을 발휘하고 있다.

그러나 아직 단일 경제단위로서 경제통합 완성까지는 해결해야 할 과제가 적지 않다. EU는 유로존 위기가 금융부문에서 촉발된 것에 주목하고 금융개혁을 통해 경제통합의 기반을 확고히 하려는 정책을 추진하고 있다. 이를 위해 EU는 은행들에 대한 단일감독 체제를 구축하고 아울러 단일 청산체제를 마련하고 있다. 더 나아가 '개혁 협약' 형태의 구속력 있는 경제통합 방안을 추진하고 있다.

이 같은 경제통합 강화 계획은 EU의 헌법 격인 '리스본 조약'의 개정을 통해 법적 정당성을 확보할 수 있다. 따라서 오는 2014년 유럽의회 선거가 실시되고 새로운 EU 집행위원장이 선출된 이후에야 단일 은행 감독체제에서 출발한 EU의 경제통합 강화 과정이 마무리될 것으로 전망된다.

〈연합뉴스, 2013. 3. 21.〉

한국의 FTA추진 현황

우리나라는 명실상부한 통상국가로서 지속적인 경제발전을 위해서는 교역의 확대가 필수적이다. 즉 열린 세계시장이 우리의 경제적 생존과 직결되는 것이다. 최근의 세계 통상환경을 보면, 자유무역협정(FTA: Free Trade Agreement)을 중심으로 한 지역주의(Regionalism)가 가속화되고 있다. 이러한 지역주의의 경향은 과거 GATT체제보다 현재의 WTO 체제에서 오히려 급속도로 확산되는 경향을 보이고 있다. 각국의 FTA 체결 경쟁은 현재 진행 중인 도하개발어젠다(DDA) 협상이 의미있는 합의 도출에 난항을 겪고 있어 많은 국가들이 양자간 지역협정에 의존하는 경향이 더욱 뚜렷해졌다.

이러한 상황에서 우리나라가 적극적으로 FTA를 추진해야 하는 이유는 우선 1992년 EU의 출범과 1994년 NAFTA의 발효를 계기로 지역주의가 세계적으로 확산되면서 FTA 네트워크 역외국가로서의 피해를 최소화하고, 나아가 이러한 도전에 적극적으로 대응하기 위해 FTA를 추진하게 되었다는 점이다. 특히 우리의 대외경제 규모가 국내총생산(GDP)의 80% 이상을 차지하고 있는 점을 고려할 때(2009년 국내총생산(GDP)에서 대외교역(수출+수입)이 차지하는 비중은 82.2%), 주요 경쟁국이 FTA를 앞다투어 추진하고 있는 통상환경 하에서 우리나라가 기존 수출시장을 유지하고 새로운 시장에 진출하기 위해 FTA 확대에 전력을 다하는 것은 당연하다. 왜냐하면 주요 교역국이 여타 국가와 먼저 FTA를 체결한다면 우리 상품은 고관세 적용에 따른 가격경쟁력의 저하로 점차 그 시장을 잃을 수밖에 없기 때문이다. 따라서 우리 상품의 수출경쟁력을 유지하고 안정적인 해외시장을 확보하기 위해서는 주요 교역국가들과의 FTA 체결이 필수적이다. 둘째, 능동적인 시장개방과 자유화를 통해 국가 전반의 시스템을 선진화하고 경제체질을 강화하기 위해 FTA 추진이 필요하다. 우리 경제가 질적인 발전을 통해 진정한 선진 경제로 거듭나기 위해서는 FTA를 능동적·공세적으로 활용할 필요가 있다.

이러한 이유로 정부는 2003년이래 적극적으로 FTA를 추진해왔으며, 특히 거대경제권과 자원부국 및 주요 거점 경제권을 중심으로 전략적인 FTA 체결 확대 전략을 통한 FTA 네트워크를 구축해 나가고 있다. 동시다발적인 FTA 추진을 통해 그동안 지체된 FTA 체결 진도를 단기간 내에 만회하였으며, 현재 FTA 네트워크의 글로벌화를 위해 노력하고 있다. 이를 통해 우리 기업의 세계시장 확보를 지원하고, 동아시아 FTA 허브국가로 발돋움하려 한다.

정부는 세계적인 FTA 확산추세에 대응하여 안정적인 해외시장을 확보하고 개방을 통해 우리 경제의 경쟁력을 강화하기 위해 FTA를 적극 추진한 결과 칠레, 싱가포르, EFTA, ASEAN, 인도, EU, 페루, 미국 등 45개국과의 FTA가 발효되었다. 2012년 3월에는 터키와의 FTA 상품분야 협상이 마무리되었고, 콜롬비아 등과의 FTA 협상도 진전을 보이고 있다. 그 외에도

호주, 뉴질랜드, 캐나다, GCC, 멕시코 등과 FTA 협상이 진행 중이며, 동아시아내에서는 중국, 일본 등과의 FTA를 통해 동아시아 지역통합에 기여한다는 구상을 가지고 있다.

우리나라 FTA추진현황(발효 및 타결)

상대국	추진현황	의의
칠레	• '99.12월 협상 개시 • '03.2월 서명, 04.4월 발효	최초의 FTA, 중남미시장의 교두보
싱가폴	• '04.1월 협상 개시 • '05.8월 서명, 06.3월 발효	ASEAN 시장의 교두보
EFTA (4개국)	• '05.1월 협상 개시 • '05.12월 서명, 06.9월 발효	유럽시장 교두보
ASEAN (10개국)	• '05.2월 협상 개시 • '06.8월 상품무역협정 서명, • '07.6월 발효 • '07.11월 서비스협정 서명 • '09.5월 발효 • '09.6월 투자협정 서명 • '09.9월 발효	우리의 제2위 교역대상(2011년 기준)
인도	• '06.3월 협상 개시 • '09.8월 서명 • '10.1월 발효	BRICs국가, 거대시장
EU	• '07.5월 협상 출범 • '09.7월 협상 실질 타결 • '09.10.15 가서명, • '10.10.6 서명 • '11.7.1 잠정발효	세계최대경제권(GDP 기준)
페루	• '09.3월 협상 개시, • '10.8월 협상 타결, • '10.11.15 가서명, • '11.3.21 서명, • '11.8.1 발효	자원부국, 중남미 진출 교두보

상대국	추진현황	의의
미국	• '06.6월 협상 개시, • '07.6월 협정 서명, • '10.12월 추가 협상 타결, • '11.10.22 "한미 FTA 이행법" 미 의회 상·하원 통과 • '11.11.22 비준동의안 및 14개 부수법안 국회 본회의 통과 • '12.3.15 발효	거대 선진경제권
터키	• '08.6월~09.5월 공동연구, 총 4차례 공식협상 개최(10. 4월, 7월, 11. 3월, 12. 3월) • '12.3.26 기본협정 및 상품무역협정 가서명 • '12.8.1 기본협정 및 상품무역협정 정식서명	유럽, 중앙아시아 진출 교두보
콜롬비아	• '09.3월~9월 민간공동연구, 총 6차례 공식협상 개최(09. 12월, 10. 3월, 6월, 10월, 11. 10월, 12. 4월), 12. 6. 25 협상타결 선언 • '12. 8. 31 한·콜롬비아 FTA 가서명 자원부국, 중남미 신흥시장	

〈외교통상부 홈페이지에서 정리〉

팍스유로피나를 향해

유럽 국가들이 자유무역지대를 창설한 이래 50년 동안의 경제통합을 거쳐 1999년 단일통화인 유로가 탄생했다. 하지만 유로 사용 10여년 만에 그리스, 아일랜드, 포르투갈 등 유로존 내 주요 국가들이 연쇄 재정위기에 처하게 되었다.

단일 국가 차원에서 재정위기 원인을 분석하면 방만한 재정운용, 부정부패 등을 지적할 수 있으나, 지역 차원에서의 문제점은 좀 더 근본적이다. 국가 간 실제 환율과 금리 격차가 큼에도 불구하고 단일통화를 쓰다보니 외부 수치로 드러나지 않는 문제가 누적되어 온 것이다. 각국 화폐가 달랐다면 국가의 사정이 반영돼 환율 조정이 일어났을 것이다. 게다가 한 국가의 화폐가치는 그 나라의 산업 구성비에 따라 고환율이 유리할 수도 있고, 저환율이 더 좋을 수도 있다. 그러나 유로존 내 정부들은 자국 특성을 반영한 금리정책을 시행할 수 없으며, 경상수지 적자가 누적되어도 환율이 높아지지 않아 시장 기능에 의한 재조정을 받을 여지도 없다. 이런 비효율성은 유로존 내 국가들의 경제 성장 둔화로 고스란히 이어졌다. 비유로존 EU 국가인 영국, 스웨덴 및 덴마크 등의 경제성장률과 비교하면 절반에도 못 미친다. 지금까지 구제금융 신청국 이외에도 스페인, 이탈리아로의 위기 확산 우려가 지속되는 등 유로존 재정위기는 현재 진행형이다. 이런 상황에서 유로존 국가 정상들은 유로존 내 영구 구제기금인 유럽안정기구(ESM)와 신재정협약에 동의했다. 향후 신재정협약이 각국의 동의 하에 발효된다면, 공동체가 가입국 예산 감사 권한뿐만 아니라 사전 검열권을 포괄적으로 행사하는 것으로 이는 정치통합의 시작이라 할 수 있다. 또 협약이 발효되면 유로존 정상회의 및 유로존 재무장관회의가 공식 기구로서 발족하게 된다. ESM 운용을 통해 공동체 예산 재원을 확보하고 재정통합 과정을 지원하며, 역내 각국의 정부 지출과 역내 시민의 복지 수준 평준화 등에 관여할 수 있다. 이는 재정 부실이 예상되는 국가에 공동체가 선제적으로 개입할 수 있는 근거를 갖추는 것으로 실질적인 유럽연방의 시작이라 할 수 있다.

지금까지 EU는 정치적으로 분리된 개별국가가 경제적으로 통합해 가는 제도적 과정을 원활히 이행해 왔다. 그러나 독일이 주도해 온 재정 통합 등의 정치적 부문에서는 십여 년 넘는 기간 동안 주요국의 확연한 의견 대립이 존재했다. 위기 상황이 재촉한 정치통합이 향후 유로화의 위상을 제고할 것인지, 또 EU 내 유로존과 비유로존으로 이원화된 구조를 원활히 통합해 나갈지, 무엇보다 제도 구축을 통해 유럽연방으로 귀결될 것인지 그 귀추가 주목된다.

현재 ESM 및 신재정협약은 몇몇 개별 국가의 승인이 불투명한 가운데 이를 주도했던 독일에서 위헌소송 끝에 조건부 합헌으로 결정났다. 그 결과 지난달 26일 독일정부는 유로존 17개 국가 중 마지막으로 ESM을 비준했다. 이에 따라 ESM이 최근 공식 출범했다. 향후 ESM이 본격적으로 운영돼 영구구제기금 운용 기관으로서 해법을 제시할 것으로 기대된다. 위기의 한 중심에 놓인 EU 국가들과 정치 통합을 이끌 '정치 통화' 유로. 이들은 현재 다음 단계 도약을 위한 구름판 앞에 집결한 상태다.

〈한국경제신문, 2012. 10. 22.〉

아프리카 자유무역 창설 임박

남아프리카 14개국이 참여하는 아프리카 최대의 자유무역지대 창설이 임박한 것으로 보인다. 오는 17일 남아프리카개발공동체(SADC)가 자유무역지대 창설을 위한 정상회의를 남아프리카공화국 요하네스버그에서 개최할 예정이다. SADC는 지난 1996년 남아프리카공화국, 모잠비크, 짐바브웨 등 12개 국가가 자유무역지대 결성을 목적으로 출범했으며 2004년에는 14개 국가로 늘어났다. SADC가 이번 요하네스버그 정상회의에서 자유무역협정(FTA) 체결에 성공할 경우 총 인구 1억 7,000만 명, 시장규모 3,600달러에 달하는 아프리카 최대의 자유무역시장이 열리게 된다. 또 FTA가 체결되면 전체 14개 SADC 회원국 중 앙골라와 콩고민주공화국을 제외한 12개국은 전체 무역의 85%에 대해 수입관세를 면제키로 했다. 앙골라와 콩고민주공화국은 추후에 FTA에 서명할 예정이다. SADC는 2010년까지 경제통합을 발효하고 2015~2016년 공동시장 및 화폐동맹 구축에 이어 2018년 단일통화를 도입한다는 일정이다.

〈조은효, 파이낸셜뉴스, 2008년 8월 6일자〉

남미판 유럽연합 남미국가연합 출범

남미판 유럽연합(EU)을 지향하는 남미국가연합(UNASUL)이 공식 출범했다. 세계적으로 에너지와 식량 위기감이 고조되는 상황에서 원유와 농산물 등 풍부한 자원을 갖춘 남미지역의 공동체가 탄생함에 따라 국제사회에서 남미의 입김은 한층 세질 전망이다. 남미 12개국 정상들은 이날 브라질 수도 브라질리아에서 정상회의를 갖고 UNASUL 창설조약에 서명했다. 남미대륙에서 12개국이 모두 회원국으로 참여하는 단일기구가 등장한 것은 UNASUL이 처음이다.

UNASUL은 남미의 양대 경제블록인 남미공동시장(메르코수르)과 안데스공동체(CAN)를 묶어 경제성장을 가속화하고 정치·외교적 사안에도 대외적으로 한목소리를 낸다는 계획이다. 궁극적으로는 EU와 같은 정치·경제적 통합체로 발전하는 것을 목표로 삼고 있다. 중남미 국가는 전 세계 산유량의 8.8%(2006년 기준)를 차지하고 있다. 남미지역 단일 통합기구를 창설하려는 움직임은 2004년 페루 쿠스코에서 열린 정상회의에서 시작됐다. 이후 수차례의 정상회의와 각료급 회의 등을 거쳐 지난해 베네수엘라에서 열린 '남미 에너지 정상회의'에서 UNASUL이라는 명칭을 갖게 되었고, 그후 각 분야의 세부적인 통합 계획을 추진해왔다.

UNASUL 12개 회원국의 인구는 3억 8,000여만 명이며, 전체 국내총생산(GDP)은 물가를 감안한 구매력평가지수(PPP) 기준으로 2007년 현재 3조 7,000억 달러 수준으로 추정된다. GDP는 북미자유무역협정(NAFTA, 16조달러)이나 EU(15조 달러)의 약 4분의 1 규모다. 국가별로 보면 브라질은 세계 10위권 안에 드는 GDP 규모를 갖춘 데 비해 볼리비아 가이아나 파라과이 수리남 등은 브라질 국영 에너지회사인 페트로브라스 시가총액의 10분의 1에 불과할 정도로 격차가 심하다. 이번 UNASUL 출범을 계기로 남미의회, 남미은행, 남미안보협의회 등 역내 국제기구가 잇따를 전망이다.

〈박성완, 한국경제신문, 2008. 5. 26.〉

남미국가연합 개요

가입국	12개국(가이아나, 베네수엘라, 볼리비아, 브라질, 수리남, 아르헨티나, 에콰도르, 우루과이, 칠레, 콜롬비아, 파라과이, 페루)
임시의장국	칠레
창설일	창설 협정체결: 2008년 5월 23일 창설 선언: 2004년 12월 8일(쿠스코선언)
면적	1,772만km^2
인구	3억 8,000만 명
GDP(PPP기준)	3조 9,000억 달러(1인당 1만 달러)
공식언어	스페인어 포르투갈어 네덜란드어 영어

*GDP는 2007년 추산임.
자료: 위키피디아 18년 단일통화를 도입한다는 일정이다.

〈조은효, 파이낸셜뉴스, 2008. 8. 6.〉

이탈렉시트의 이면

신판 흥부놀부전 이야기. 어느 날 놀부가 흥부에게 자기 집에 들어와 살라고 했다. 흥부와 그의 식구들은 부자 형님과 한집에 살면 좋을 것이라는 막연한 기대감에 들어가 살기로 했다. 그런데 막상 집에 들어와 살다 보니 당초 생각과는 달랐다. 같은 공간에서 살 뿐 살림살이는 따로 했다.

인색한 놀부는 틈만 나면 흥부에게 '나처럼 잘살려면 절약해 돈을 모아야 한다'고 가르쳤다. 돈을 모아야 살림도 합칠 수 있단다. 흥부는 속으로 '누가 그걸 모르나' 하며 투덜거렸다. 문제는 또 있었다. 흥부가 따로 살 때는 밖에 나가면 친구들이 가난한 흥부를 도와줬다. 이제 친구들은 '한집에 사니 당연히 부자 형님이 도와주겠지' 하며 외면했다. 흥부는 형님이 도와줄 것을 생각하고 씀씀이를 늘린 것도 후회가 된다. 살림은 합치기 전보다 더 어려워졌고 한번 늘린 씀씀이를 줄이긴 힘들었다. 아내와 자식들의 불만은 쌓여갔다. 급기야 이럴 거면 다시 나가 살자고 조른다. 흥부는 '그래도 형님이 도와주겠지' 하며 놀부 눈치를 보고 있다. 여차하면 집을 나갈 생각도 있다. 놀부는 독일, 흥부는 이탈리아로 보면 최근 유럽에서 벌어지고 있는 이탈렉시트(이탈리아의 유로존 탈퇴) 논란과 본질이 비슷하다. 이탈렉시트는 정치권 슬로건으로 등장했지만 근본 원인은 유럽국가 간 경제적 불균형의 심화다. 역설적이지만 유럽 국가들이 1990년대 들어 '하나의 유럽 건설'이라는 명분 아래 본격적으로 추진했던 화폐 통합과 관세동맹이 원인으로 작용했다.

유로화라는 단일통화를 내걸고 출범한 유로존은 '평균의 함정'이라는 문제를 드러냈다. 경상수지 흑자국은 화폐가치가 절상돼 흑자 폭이 줄어들고 적자국은 반대로 화폐가치가 절하되면서 적자 폭이 줄어드는 것이 일반적이다. 하지만 유로화의 가치는 여기에 참여한 19개국 통화가치의 평균에 가깝게 결정됐다. 그러다 보니 경상수지 흑자국 통화는 상대적으로 저평가되고 적자국 통화는 고평가됐다. 경상수지 적자국은 적자가 더 커지고 흑자국은 흑자가 더 커지는 불균형이 확대됐다. 남유럽 국가들은 화폐 통합 초기 소비를 늘린 데다 날로 커지는 경상수지 적자까지 국가 재정으로 메우다 보니 나랏빚이 더욱 늘었다.

유럽 경제 통합의 다른 축인 관세동맹도 비슷하다. 관세동맹을 체결하면 역내 관세는 철폐되고 역외 국가에 대해서는 단일 관세를 매긴다. 그러자

산업경쟁력이 높은 국가는 수출이 늘어 '즐거운 비명'을 질렀고 상대적으로 경쟁력이 떨어지는 국가는 수입이 더 늘어 불균형이 심해졌다. 독일은 관세동맹과 화폐 통합의 수혜국, 이탈리아를 포함한 남유럽 국가들은 피해국이 됐다. 남유럽 국가들이 독일에 재정문제를 해결하는 데 적극 나서줄 것을 요구한 것도 이런 이유 때문이다.

하지만 독일은 남유럽 국가들의 방만한 소비에서 이유를 찾았다. 이 때문에 이들 국가가 허리띠를 졸라매는 '긴축'을 해야 한다며 맞섰다. 불균형은 국가 간 불신을 낳았다. 유럽이 당초 계획했던 재정과 정치 통합의 로드맵은 교착 상태에 빠졌다. 남유럽 국가들의 불만은 커졌다.

이 공간을 대중의 불만을 자극해 정치적으로 이용하는 포퓰리즘 세력이 파고들었다. 이탈리아 포퓰리즘 정당인 오성운동은 자국 문제를 해결하기 위해 '유로존 이탈'도 불사해야 한다고 주장하며 선거에서 제1당에 올랐다. 유로존 이탈은 이탈리아 하나로 끝나지 않는다. 스페인, 포르투갈 등의 연쇄 이탈을 불러와 유로존의 붕괴와 직결된다.

이들 국가를 지원할 돈줄을 쥐고 있는 독일은 딜레마에 빠졌다. 유로존이 붕괴되면 그동안 누렸던 이익이 사라지는 것은 물론 유럽 분열에 따른 정치적 책임도 감수해야 한다. 하지만 무턱대고 지원할 경우 갈수록 늘어날 지원금을 감당하기 어렵다.

유로존 위기는 일시적 지원으로 해결될 문제가 아니다. 경제적 불균형을 해소하는 보다 근본적인 방법이 마련되지 않으면 위기는 계속 반복될 수밖에 없다. 이탈렉시트 이면에 있는 구조적 문제를 해결하기 위한 유럽 국가 간 신뢰 회복과 공동 노력이 시급한 시점이다.

〈매일경제, 2018. 6. 7.〉

제7장 국제자본이동

1. 국제자본이동이란?

국제자본 이동이란 나라와 나라 사이에 이동하는 자본의 흐름을 말한다. 원래 국제자본 이동은 두 나라 사이의 재화와 서비스에 대한 실물거래를 결제하기 위해 자본의 이동을 화폐적 거래로 파악하였으나, 오늘날 국제자본 이동은 무상원조, 이민에 의한 본국송금, 자본재, 신기술 및 경영능력 등을 포함하고 있다. 이처럼 국제 경제관계에서는 상품의 이동뿐만 아니라 이와 병행하여 자본이 이동되고 있다. 이러한 국제자본 이동은 후진국의 경제발전과 국제거래의 불균형을 해소시키는 데 중요한 역할을 하고 있다.[1)]

---

1) 국제 자본이동 규모는 1980년대 전반기에는 2차 오일쇼크로 전세계 자본이동 규모는 연간 5,000억 달러에 불과했으나 2003~2006년에는 연평균 37%씩 늘어나 2006년 8조 5,000억 달러에 이르렀다. 이를 국가 및 권역별로 살펴보면, 2006년 유입액을 기준으로 EU가 2조 1,000억 달러, 미국이 1조 9,000억 달러로 전세계 자본이동을 주도하고 있다. 특히 2006년 1조 3,000억 달러의 자본이 유입된 영국을 합산하게 되면 유럽 경제권의 자본유입 총액은 3조 4,000억 달러에 이른다. 이는 전세계 자본이동의 40%를 차지하는 동시에 미국의 2배에 가까운 규모에 해당한다. 한편 신흥시장 국가들의 경우 자본유입 규모는 연간 1조 달러 남짓한 수준임.

2. 직접투자

1) 직접투자의 개념

기업경영권을 지배할 목적으로 단독으로 기업을 경영하든가 또는 그 나라의 자본과 합작하여 공동경영을 하는 경우 경영 또는 통제를 수반하는 외국에의 투자를 직접투자라 한다. 그러나 직접투자에 대한 개념은 각 국가의 경제사정에 따라 상이하나 국제자본이동의 주류를 점하고 있는 미국상무성의 기준을 중심으로 살펴보면 다음과 같다.

첫째, 미국의 거주자인 개인 또는 법인이 의결권이 있는 주식의 25% 이상을 단독소유한 해외자회사 및 기타의 기업조직

둘째, 비록 미국의 거주자가 의결권 있는 주식의 단독소유의 비율이 25% 미만일지라도 합계가 50%를 넘는 경우

셋째, 미국의 거주자가 해외에서 소유하고 있는 개인기업 또는 실물자산 마지막으로, 미국기업에 직속되어 있는 해외자회사 등 이러한 요건을 갖춘 자본이동이 직접투자인 것이다.

2) 직접투자의 형태와 요인

직접투자는 목적과 동기에 따라 4가지 형태로 나눌 수 있다.

첫째, 수출시장의 개척 또는 확대를 위한 투자로서 시장지향적 형태이다. 이는 수출에 따른 경제적, 법적 어려움을 피하기 위해 현지 생산시설에 직접 투자하는 것을 말하는데 자본과 기술면에서의 선진국형이다.

둘째, 국내에서 부족한 원자재를 장기적인 측면에서 안정적으로 조달하기위한 투자로서 자원지향적 형태이다.

셋째, 기술획득 및 이전을 위한 투자로서 비교적 소액의 자본이 사용되거나 혹은 전혀 자본투자가 필요치 않으며 투자수혜국이나 투자국 어느쪽 국가에 대해서도 정치적·경제적 위험부담이 없다. 즉, 투자국이 직접투자를 현금으로 하는 것이 아니라 특허나 기술을 빌려주고 대가를 받는 것이기 때문에 국방산

업 등 전략산업을 제외하고는 큰 영향을 받지 않는다.

마지막으로, 경제규모가 국제화·다양화됨에 따라 이익추구를 우선으로 하는 투자로 외국의 부동산과 주식투자, 금융기관에 대한 투자 등이 이에 속한다.

이러한 직접투자의 형태는 해외자회사나 해외지점을 설치하여 새로운 사업을 일으키거나 기존의 외국기업을 흡수하는 경우가 전형적이며, 이외에 해외영업과 관련하여 지점 또는 현지회사의 운영에 필요한 부동산과 같은 실물자산을 취득하는 경우도 이에 속한다.

헤지펀드

헤지펀드는 원래 여러 나라와 여러 상품에 투자해 위험을 회피, 분산(헤지)하기 위해 만들어진 펀드로 짧은 시간에 높은 수익을 노리는 투기자본이다.

헤지펀드는 현재 전 세계적으로 4,000개가 넘으며 주로 100명 미만 투자가의 돈을 끌어다가 펀드를 만들고 펀드운영회사를 운영한다. 이를 사모투자회사라 하며. 세금을 피하기 위해 본사는 형식적으로 카리브해의 버뮤다나 말레이시아 라부안 등 세금을 안 내도 되는 곳(텍스헤븐, 조세회피지역)에 설립한다. 우리나라에도 이런 헤지펀드가 많이 활동하고 있다. KT&G (옛 담배인삼공사)라는 회사의 주식을 사들인 뒤 경영에 참여하겠다고 요구한스틸파트너스 펀드, 2003년 SK그룹의 경영권을 넘봤던 소버린, 제일은행을 팔아 1조원이 넘는 이익을 챙겼던 뉴브리지캐피털, 한미은행 대주주였던 칼라일펀드 등이 국내에서 돈을 벌어 간 대표적 헤지펀드이다.

〈중앙일보, 2006. 4. 27.〉

3) 직접투자의 효과

직접투자는 자본의 국제적 이동인 만큼 국제수지와는 밀접한 관계가 있으며 이에 대한 장·단점의 효과가 있는데 장기적·단기적인 측면에서 투자국과 수혜국의 입장에 따라 상이하다. 즉, 국제수지 적자에 시달리고 있는 수혜국으로서는 단기적으로 이의 해결에 도움이 되나 장기적으로는 이에 대한 자본수익이 투자국으로 이전되어 오히려 국제수지 적자의 요인이 될 수 있다.

따라서 직접투자의 효과를 높이기 위해서는 이익발생의 가능성, 현재 및 미래의 시장 또는 원료공급의 전망, 기존시장의 보호, 외환의 자유, 투자국의 안정성, 현지국정부의 투자에 관한 법령과 태도, 관세 및 수입제한조치, 각종 조세 등이 검토되어야 한다.

(1) 무역수지 효과

직접투자가 무역수지에 미치는 효과는 양면적이다. 이를 상품 측면과 요소 측면으로 구분해 살펴볼 수 있다. 상품 측면에서는 무역수지에 부정적이다. 직접투자를 통해 해외현지 생산제품이 국내수출을 대체하게 되는 수출대체효과와 현지에서 생산된 제품이 국내로 유입되는 역수입효과가 발생한다. 요소 측면에서는 무역수지에 긍정적 효과가 발생한다. 해외진출 기업의 생산활동을 위한 부품수출 등 수출유발효과와 국내생산시 소요될 요소의 수입이 해외로 전환되는 수입전환효과이다. 현재 해외진출기업에 의해 자본재와 부품이 국내로부터 조달되는 비율이 60~70%에 이르기 때문에 수출유발 효과가 매우 크게 나타나고 있다.

한국의 개도국에 대한 직접투자는 수출대체 효과는 크지만 역수입효과는 적고 수출유발효과가 매우 커 전체적으로 보면 수출의 급증과 무역수지 흑자 확대를 경험하고 있는 상황이다. 이처럼 수출유발효과가 큰 것은 한국에서 비교우위를 잃은 노동집약산업의 개도국(특히 중국) 진출이 직접투자의 주류를 이루고 있기 때문이다.

(2) 산업공동화 효과[2)]

와세다 대학의 고바야시(小林英夫) 교수에 의하면 산업공동화는 국제경쟁력을 상실하고 수입 확대·수출 감소 때문에 타격을 받은 산업 혹은 기업이 소멸하거나 해외로 이전됨으로써 국내 산업 기반이 없어질 뿐만 아니라 이를 대신하는 신산업의 창출이나 산업의 고도화가 일어나지 않고 산업구조에 공백이

---

2) 이지평, 산업공동화 어떻게 대처할 것인가, LG경제연구원, 2003.11.12

생기는 현상을 말한다. 즉, 공동화는 국제경쟁력의 상실 때문에 발생하는 것이며, 해외투자는 공동화의 원인이 아니라 공동화 현상의 결과라고 할 수 있다. 그리고 부가가치가 낮은 어떤 제조업이 망하거나 해외로 이전되고 제조업 비중이 하락하는 제조업 공동화 현상은 소득 수준의 향상 과정에서 피하기 어려운 일이라고 할 수 있다. 선진국의 비교열위인 저부가가치 노동집약산업이 개도국에 투자되면, 선진기술이 개도국의 노동집약산업에 이전됨에 따라 개도국 저부가가치 산업은 보다 싼 값으로 제품을 생산할 수 있게 된다. 그 결과 선진국의 교역조건이 개선되어, 선진국의 고부가가치 수출이 촉진되며, 선진국의 저부가가치 산업이 해외이전으로 유휴화된 생산요소는 고부가가치 산업의 수출·생산 확대에 흡수될 수 있게 된다. 이 경우 산업공동화가 발생한다하더라도 일시적으로 그치게 된다.

일반적으로는 선진국이 비교우위에 있는 고부가가치 첨단산업을 개도국에 투자하게 되면 산업공동화가 장기적으로 나타날 우려가 높아진다. 왜냐 하면 선진국의 대 개도국 직접투자는 개도국의 첨단산업의 생산성이 개선되어 선진국 비교우위산업의 수출이 개도국의 생산으로 대체됨에 따라 선진국 비교우위 산업도 생산감소를 피할 수 없기 때문이다.

이처럼 고부가가치 주력 산업의 해외투자에 대해서는 공동화를 촉진한다는 우려가 많으나 오히려 국민경제에 긍정적인 효과를 주는 경우가 많다. 예를 들어 일본 자동차 산업은 1980년대 이후 통상마찰을 회피하기 위해 선진국에 생산거점을 이전했으나 이는 일본 자동차 회사의 글로벌 경영체제를 강화하는 계기로 작용했으며, 그 결과 일본의 자동차 수출은 오히려 확대되어 왔다. 기술, 브랜드, 마케팅 측면에서 글로벌한 경쟁력을 가진 기업만이 수출을 안정적으로 확대시킬 수 있기 때문이다. 일본 자동차 회사들이 일본 국내에만 머물고 있었다면 노동력 확보 측면에서 어려움에 직면하여 지금과 같은 글로벌 기업으로서 성장하지 못했을 것이다. 다만, 경쟁우위 산업이 국내에 충분한 투자기회가 있으면서도 국내투자를 외면하고 해외투자를 과도하게 늘릴 경우에는 국민경제에 부정적 영향을 줄 것이다. 만약 노사분규, 규제 등으로 인해 국내투자 환경이 악화되어서 이러한 산업에서도 해외투자가 증가한다면 우리경제에 큰 손실이 아닐 수 없다. 또한 해외 진출 기업이 현지 시장의 개척보다도 해외에서 생산한 제품을 국내로 들여오는 역수입에 열중할 경우 국민경제에 미치는 부정적 영향이 확대 되며, 반대로 해외거점이 국내 원부자재의 수입 조달 비율을 높일수록 긍정적 효과가 확대된다.

외국인 투자자가 한국을 등지는 진짜 이유

2012년 말 집권한 아베 신조 일본 총리가 가장 먼저 한 일은 중앙은행 총재 교체였다. 이전 민주당 정권에서 선임된 시라카와 마사아키를 성장론자인 구로다 하루히코로 바꿔버렸다. 그것도 전임자의 임기가 채 끝나지도 않은 상황에서 밀어내다시피 했다. 중앙은행 독립성을 훼손한다는 비판은 "경제부터 살려야 한다"는 아베 총리의 주장에 묻혀버렸다.

구로다 총재는 대규모 양적완화를 통해 엔고를 엔저로 바꿔놓았다. 수출의존도가 높은 일본 대형 제조업체들은 신이 났다. 글로벌 시장점유율이 빠르게 올라갔고, 해외에 나가 있던 공장이 국내로 유턴하는 사례도 빈번했다. 아베 총리는 매년 새해 첫 골프를 한국의 전경련 격인 게이단렌 회장과 함께하고 있다. 매일 공개되는 그의 일정에는 기업인과의 회동이 수시로 포함된다. 그들을 만나 애로를 듣고 정부 차원에서 요구할 건 당당히 요구했다. 일본 경제와 기업을 짓눌렀던 엔고를 해결해서 실적을 좋게 만들어줬으니 국가를 위해 고용과 투자를 늘려달라고 주문했다. 기업들도 적극적으로 화답했음은 물론이다. 지금 일본 청년들은 사실상 '100% 취업률'을 즐기고 있다. '기업부터 돈을 벌어야 한다'는 총리의 국가 운영 방침이 효과를 본 것이다. 아베 총리의 친기업 행보는 지금도 여전하다. 25일부터 2박3일 일정으로 기업인 500여 명을 이끌고 중국을 방문했다. 철저히 경제협력이 목적이다. 태국 스마트시티 건설 협력, 제3국 인프라스트럭처 개발 공동 참여, 양국 간 통화스왑 재개 등을 논의한다. 50여 건의 양해각서 체결이 예정돼 있다.

중국과 일본은 한일 관계 이상으로 불편한 사이다. 센카쿠열도를 둘러싼 영토 분쟁이 생겼을 때는 평범한 일본인이 중국 도심에서 테러를 당하기도 했다. 일본 기업의 중국 현지 공장이나 법인은 방화 또는 파괴 피해를 입었다. 하지만 미국의 보호주의에 직면한 아베 총리는 국가적 자존심보다는 기업들이 먹고살 거리를 마련해주는 게 급선무라고 판단했다.

한국은 어떤가. 문재인정부 출범 이후 기업들이 잔뜩 움츠러들었다. 선진국들이 경쟁적으로 법인세를 내리는 와중에 우리는 되레 올렸다. 최저임금 인상, 주52시간 근무제 도입 등으로 비용 증가가 불가피하다. 사회적으로는 기업 오너와 경영자가 단죄의 대상이 된 듯한 분위기까지 형성됐다. 정부가 나서서 기업과 기업인들의 기를 살려주면 좋으련만 그렇지도 못하다. 대통령이 대기업 총수들과 정식으로 만난 것은 지난해 7월 호프미팅 한 차례뿐이다. 평양 방문 때 4대 그룹 총수가 동행했지만 기업 목소리를 듣는 자리는 아니었다. 일부 대기업의 국내외 사업장을 방문하는 형식으로 개별 기업과 회동이 몇 차례 있는 정도다.

되레 정부는 최근에도 기업 옥죄기를 더욱 강화하고 있다. 지난 18일 열린 국정현안점검조정회의에서는 경제민주화 관련 입법 과제들이 올해 정기국회에서 처리되도록 총력을 기울이자는 다짐이 있었다. 주요 내용으로 공정한 시장질서 확립, 재벌 개혁, 대·중소기업 및 노사 간 상생협력 강화, 소비자 보호 강화, 과세형평 제고 등이 나열됐다. 기업 오너들의 지배권을 약화시키고, 한편으로는 기업이 버는 돈을 최대한 주변과 나누도록 하기 위한 조치들이다.

9월 미국 금리 인상 이후 글로벌 증시가 동반 하락하고 있다. 10월 하락률로 보면 한국 증시는 주요국 지수 중 최악의 수준이다. 외국인이 10월에만 4조 원 이상 돈을 빼나갔다. 미국 금리 인상과 글로벌 무역분쟁으로 신흥국이 타격을 받을 것으로 예상됐지만 가장 큰 타격을 한국이 받고 있다. 주식 투자를 위해 기업을 선택하려면 우선 그 회사의 오너나 CEO를 분석한다. 회사를 성장시킬 의지가 있는지 돈 벌 능력은 있는지 등은 기본이다. 한국 증시 투자 여부를 저울질하는 외국인은 우리 정부를 어떻게 판단할까. 요즘 외국인들의 거센 매도 공세를 외부 요인으로만 치부하는 건 너무 순진한 시각이 아닌지 걱정이다.

〈매일경제, 2018. 10. 26.〉

3. 다국적기업

1) 다국적기업의 개념

다국적기업이란 한 국가의 국경을 넘어서 생산과 마케팅을 확대하고 있는 외국 자회사를 지닌 다국적 기업을 가리켜 MNC(Multinational Corporation)라 한다. MNC의 기원은 학자마다 견해가 다르지만 17세기 상업자본주의가 발전함에 따라 설립된 서인도 회사를 그 출발로 보는 견해가 일반적이다. 그러나 현대적 의미의 다국적 기업은 2차 세계 대전 이후 미국 기업들에 의해 본격화 되었다고 볼 수 있다. 제2차 세계대전 이후 선진국의 대기업들은 자국의 모회사 이외에 여러 국가에 걸쳐서 그들의 자회사를 현지 설립하여 범세계적인 생산, 시장, 경영 및 조직망을 갖추어 무역, 금융, 투자 등에 있어서 국제 경제질서에 새로운 변화를 일으키고 있다.

다국적기업은 본국의 모회사와 외국에 소재하고 있는 몇 개의 자회사들로 구성되어 있는데, 이들간에는 지휘통제, 기업정보 보고, 이익송금 등 경영관계를 중심으로 수직적 관계가 있으며, 자회사끼리는 중간제품의 공급, 정보교환 등 내부거래 관계를 중심으로 수평적 관계를 유지하고 있다.

2) 다국적기업의 진출동기와 성장요인

국제자본 이동의 가장 큰 특징을 이루는 다국적기업의 활동은 선진국중심으로 이루어지고 있는데, 그 배경은 세계경제의 확대, 자본이동의 자유화, 급속한 기술 및 연구개발, 기술이전, 그리고 기업자체 내의 생산능력 확대로 제품의 소비시장필요성 등에 의해 성장하였다. 이러한 배경하에서 다국적기업의 성장요인은 기업의 내적 및 외적 요인으로 나누어볼 수 있다. 기업의 외적 요인으로는 첫째, 다국적주의의 팽배 둘째, 경제협력의 강화 셋째, 각국의 외환, 무역정책(외자유치정책, 외국투자 자유화정책) 넷째. 법적, 사회적 제약(반트러스트법, 경쟁격화), 그리고 기업의 내적 요인으로는 첫째, 시장확보 및 제품순환 등의 마케팅요인 둘째, 유리한 산업입지, 자원 확보, 생산요소 저렴 등의 생산적 요인 셋째, 특혜관세 등의 재정적 요인 넷째, 최고경영층의 다국적기업화의 의지, 기술이전, 이윤확보 등의 전반적 경영상의 요인 등을 들 수 있다.

이러한 진출동기로 다국적기업은 어느 특정국에서 투자손실을 다른 지역에서 보완할 수 있으며, 각국의 시장 및 기업정보를 활용함으로써 계열회사간의 자금이전을 통한 환위험 분산의 용이 그리고 다른 제품과의 경쟁에서 우위성을 가질 수 있다. 생산지점의 현지진출로 관세 및 비관세장벽을 우회할 수 있어 시장의 경쟁력이 제고될 수 있으나 저임금의 개도국의 노동력을 확보함으로써 본국에서는 고용기회의 상실로 실업문제가 발생하여 노동조합의 반발을 야기시킬 수 있다.

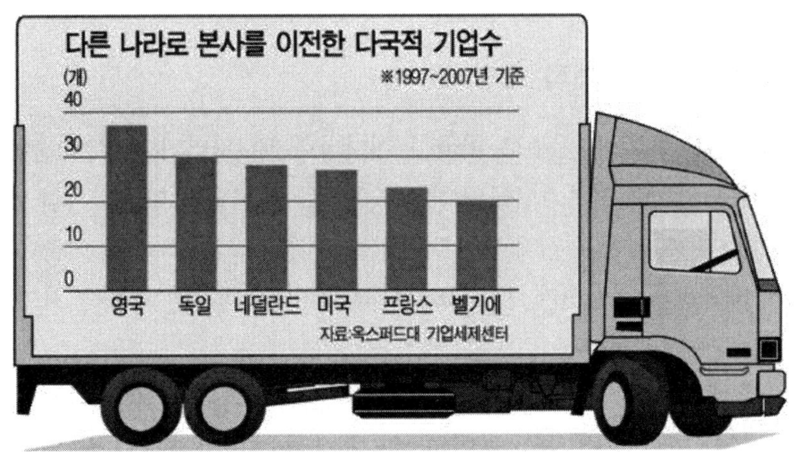

3) 다국적기업의 특징

다국적기업은 그 판매활동이 국경을 넘어 이루어지고 있어 기업형태면에서 일반 국내기업들이 갖지 않는 특징들을 가지고 있다. 첫째, 다국적기업은 개별 자회사의 이윤보다 기업전체의 이윤을 최대화하는 데 목적이 있으므로 세부담 경감의 방법으로 상품이전에 수반되는 이전가격을 적용하고 있다.

둘째, 다국적기업이 동종상품을 판매하는 수평적 결합관계에 있는 경우 자회사간의 경쟁을 피하기 위하여 국제시장의 지역적 분할을 실시하는 경우가 많다. 즉, 각 지역의 소득수준, 시장규모, 수송비, 현지기업과의 경쟁관계 등을 감안하여 각 자회사별로 시장의 영역을 정하고 이에 맞추어 생산과 판매 등을 행하게 된다. 또한 다국적기업은 시장이 현지 국내기업들에 의해 점유되고 있는 경우, 자회사의 설립에 의해 시장의 침투가 곤란하므로 기존의 현지기업의 주식을 취득함으로써 대외적 확장을 꾀하고 있다.

셋째, 다국적기업은 모회사와 자회사간에 다수의 관련특허를 공유 활용함으로써 기술적 우위에 의해 현지 국내기업들을 제압하여 시장확대를 꾀하고 있다.

마지막으로, 다국적기업의 생산 및 판매활동은 서로 다른 각국의 통화지역에 걸쳐서 이루어지고 있으므로 각 지역의 통화정세 및 전망에 대해 현지 국내기업들보다 조직적으로 수집·이용할 수 있어 환위험을 분산시킬 수 있다.

4) 다국적기업의 경제적 효과

다국적기업의 초기에는 주로 미국이 캐나다나 EU지역 등으로 진출하였으나, 최근에는 EU 및 일본기업들도 개발도상국을 중심으로 다국적기업 대열에 참가하고 있다. 이러한 선진국 다국적기업들의 개발도상국으로의 진출은 해당국가의 경제규모와 성장관계 등 제요인에 의하여 그 경제적 효과는 차이가 있으나 대체로 다음과 같다.

첫째, 경제개발 및 고용효과이다. 다국적기업은 개발도상국들이 필요로 하는 자본, 기술, 경영능력 등을 들여와 개발도상국들의 유휴자원 및 노동과 결합함으로써 개발도상국의 경제개발을 촉진하고 고용을 증대시킨다. 그러나 다국적기업이 단독으로 투자할 경우, 기업의 소유권과 경영권이 외국인 지배 하에 놓임으로써 그 파급효과는 단절될 수도 있으므로 개발도상국들은 자국경제의 발전을 위해 다국적기업의 단독투자보다는 합작투자 방식을 선호하고 있다.

둘째, 기술수준의 향상과 수입대체이다. 다국적 기업은 특허권, 노하우, 신기술 및 산업정보 등을 출자대상물의 일부로서 들여옴으로써 개발도상국들은 선진기술을 접할 수 있고, 나아가서는 기술의 국내파급을 통하여 기술수준의 향상을 꾀할 수 있다. 이에 따라 지금까지 수입하던 상품의 경우 부분적으로 국산화가 가능해지고 이러한 수입대체 과정을 통해 국제수지를 개선할 수 있다.

셋째, 국제기술 획득이다. 다국적기업은 기술상의 독점적 위치를 활용할 수 있는 가장 좋은 위치에 있으며 또한 외국으로 기술을 이전시키고 전파시키는 가장 중요한 매개체이다. 따라서 투자수혜국의 입장에서 볼 때 선진기업의 자본과 기술을 이용함으로써 국내고용과 생산량의 증대, 그리고 이를 바탕으로 한 수출의 증가로 국제수지 효과를 얻을 수 있다. 또한 신기술도입으로 경쟁이 격화됨에 따라 기존 독점체제가 지양되어 소비자의 이익을 얻을 수 있다.

마지막으로, 자원의 세계적인 최적배분이다. 기술, 인력, 자본 등의 제반경영자원이 국경을 초월하여 이동되는 다국적기업의 투자는 특히 투자수혜국이 지닌 저렴하고 특수한 생산요소가 결합하여 국제적으로 자원배분의 개선이 이루어져 국제경제의 효율성이 제고되고 나아가서는 그 국가의 경제·사회발전에 커다란 영향을 끼친다.

이러한 다국적기업의 개발도상국으로의 진출로 개발도상국은 정(+)의 경제적 효과를 얻을 수 있으나 개발도상국의 국내시장이 잠식될 우려가 있다. 또한 다국적기업이 기업규모의 거대성과 기술적 우위를 이용하여 개발도상국의 국내정치에 관여함으로써 정치적 혼란을 야기시킬 수 있다. 뿐만 아니라 수직적 통합생산, 마케팅 활동을 통한 규모경제의 달성과 기술적 노하우의 보호에 의한 경쟁업체의 시장진출을 억제함으로써 피투자국 시장의 독과점화를 초래할 수도 있다. 따라서 개발도상국은 이러한 다국적기업의 부(−)의 경제적 효과를 줄이고, 정(+)의 경제적 효과를 달성하기 위해서는 다국적기업에 대한 규제와 감시는 물론 그 행동방향을 자국의 경제발전을 촉진할 수 있도록 유도해야 할 것이다.

5) 다국적기업과 해외투자[3)]

최근 중국이나 동아시아 일부 국가들이 국내에 축적된 자본 이 빈약한 상태

3) 김창현, LG주간경제, LG경제연구원, 735호 2003년 7월 9일.

에서 급속한 경제 발전을 이루어내는 수단으로 활용하는 것이 MNC들의 해외 직접투자(Foreign Direct Investment)이다. 소비자 유통시장은 개방하지 않고 완제품의 수입에는 높은 관세를 부과하는 대신에, 생산 시설 및 기술 투자에는 여러 가지 인센티브를 제공함으로써 MNC들의 직접 투자를 유도하는 것이다. 이를 통해, 저축 및 외환의 부족을 메울 수가 있고, 고용 창출 및 이익에 대한 조세 수입을 통해 재정도 튼튼히 함으로써 경제 발전의 선순환 구도를 정착시키는 시발점으로 MNC들의 자본력을 활용하는 것이다. 결국, MNC들은 글로벌 시장을 대상으로 사업을 운영함으로써 규모의 경제 효과를 극대화하는 동시에, 생산 요소 투입 측면에서도 자국 내에서 충족시킬 수 없는 부족한 자원을 확보하는 이점을 누리게 된다.

그러나 해외직접투자가 장점만 있는 것은 아니다. 법과 제도, 문화가 다른 곳에서 사업을 영위하면서 부담해야 하는 외국인 비용 또한 클 수 있다. 관세를 회피할 수 있고, 싼 노동력을 이용할 수 있다고 하더라도 유통을 장악하고 있고 현지 시장을 누구보다 더 잘 이해하고 있는 현지기업과의 경쟁에 있어서 외국인이라는 한계를 극복하는 것이 쉬운 일만은 아니다.

자본과 노동력의 이동이 자유로운 글로벌 시대에 있어, MNC의 진정한 경쟁력은 전세계 시장을 대상으로 비즈니스를 영위하며 체득한 지식, 자신을 차별화할 수 있는 기술적 Know-how, 그리고 이를 시의적절하게 공유할 수 있는 지식 기반 네트워크인 것이다.

중국 및 동아시아 국가에 대한 수출 비중이 높은 한국 기업들 역시 해외 시장에서 현지 생산기지를 가지고 있는 MNC들과의 직접적인 경쟁이 치열해지고 있다. 그 결과, 한국 기업들도 다양한 국가에 생산 및 마케팅 기지를 건설하고 MNC로 성장하고 있거나 이미 주요한 MNC로 활동하고 있다. 한국 기업이 해외 사업을 성공적으로 운영하기 위해서는 먼저 지식과 기술 그리고 이를 공유할 수 있는 기업문화와 네트워크에 집중 투자해야 하는 이유가 여기에 있다.

외국인직접투자 유치의 기대 효과

외국자본이 국내기업에 투자하는 것을 의미하는 외국인 직접투자는 안정적인 외환유입의 통로라는 특징을 지니고 있다. 투자성격상 국제 금융시장을 통해 들고나는 단기 차입자금과는 달리 투자자가 투자금액 을 일시에 회수해 나가는 것이 거의 불가능하기 때문이다.

안정적인 외환확보 외에 외국인 직접투자가 가지는 경제적 효과로는 우선 실업문제의 해소, 선진 경영기업과 기술의 도입, 경쟁촉진, 세수확 대 등을 들 수 있다. 실업이 무엇보다 심각한 사회경제적 문제로 자리잡고 있는 유럽 국가들의 경우 외국인 직접투자를 실업문제 완화의 수단으로 활용한 사례가 많다. 외국인 직접투자는 정도의 차이는 있지만 투자대상국의 고용을 창출 하는 효과가 있다. 외국인투자에 의해 공장이 건설되고 생산과 경영관리 등에 현지 인력이 채용되는 것은 물론 생산제품의 유통 분배 등과 관련한 현지기업의 고용에도 간접적으로 영향을 미친다. 실업해소가 선진국형 효과라면 개발도상국이 외국인 직접투자로부터 얻고자 하는 효과 중에선 기술이전 효과가 상당히 큰 비중을 차지한다. 로열티를 주고 선진기업의 기술을 도입하기도 하지만 외국기업의 국 내 유치과정에서 발생하는 물적 인적 교류를 통한 기술습득도 주요한 채널이다.

외국인 직접투자는 그 나라 시장의 경쟁을 활성화함으로써 국내 경 제구조의 효율성을 제고하는 것은 물론 제품가격 하락에 의한 소비자 후생 증대 효과도 가져온다. 외국인투자는 또한 기존의 현지기업들로 하여금 현지에 진출한 외국 기업들의 경영방법 마케팅 서비스 등을 모방하도록 하는 전시효과도 가진다. 그러나 외국인 직접투자가 수입의 양을 늘리면서 무역수지에 부정적인 영향을 줄수 있다. 특히 중간재의 해외 조달 비율이 높을수록 부정적 영향은 커지며 외국인 투지기업이 제3국에 대한 수출보다 내수판매를 목적으로 하는 경우 무역수지 악화 효과는 확대된다. 이와 함께 외국인 투자자금의 유입은 환율을 절상시키는 압력으로 작 용하면서 국제수지를 악화시킬 수 있으며 외국인 투자기업이 본국으로 보내는 과실송금도 국제수지에 마이너스 효과를 갖는다. 하지만 장기적으로는 외국인 투자기업이 중간재를 국내에서 조달할 비율이 높아지고 생산제품의 수출비율도 증가함으로써 국제수지에 대 한 부정적 효과가 상쇄되기도 한다. 특히 외국인 투자기업의 생산제품 이 기존에 수입에 의존하던 것이었다면 무역수지 개선효과는 그만큼 더 클 수 있다.

〈매일경제, 2000. 9. 23〉

* 외국인투자촉진법 제2조에 의하면 외국인직접투자는 외국인이 대한민국 국민이 영위하는 기업의 의결권있는 주식을 10% 이상 소유하거나 또는 당해기업의 경영에 참여하는 등 실질적인 영향력을 행사하면서 지분을 소유하는 것으로 규정되어 있다.

윔블던 효과

윔블던 효과(Wimbledon Effect)란 언뜻 테니스와 관련이 있을 것 같지만 '국내 시장에서 외국 기업들이 활개를 치고 다니는 반면 자국 기업들은 부진을 면하지 못하는 현상'을 의미한다. 윔블던 효과의 어원은 물론 테니스에서 왔다. 널리 알려진 대로 윔블던 테니스 대회의 주최국은 영국이다. 하지만 남자부는 1950년대 이후, 여자부는 1970년대 이후 영국 선수가 우승컵을 차지한 적이 없다. 이 말이 경제와 연관을 맺게 된 것은 1986년 영국 정부가 대대적인 금융시장 규제 완화를 시행하면서부터다. 당시 영국 정부는 런던 금융시장이 국제 금융거래의 중심에서 밀려날 위기에 처하자 은행 구조조정과 함께 대규모 규제 완화 조치를 취했다. 이 과정에서 자생력이 부족한 영국 은행들은 외국 금융기관에 합병되는 처지에 놓였다. SG워벅, 베어링 등 대형 은행들이 외국계 금융회사에 인수되었고, 동시에 외국의 대형 금융사들이 영국에 본격 진출했다. 이런 상황에서 영국은 윔블던 테니스에서처럼 다국적 금융사에 거래 장소만 제공한다는 자조 섞인 뜻으로 '윔블던 효과'란 말이 등장하였다.

윔블던 효과가 우리경제의 주요 화두로 떠오르고 있다. 금융 부문의 규제 철폐를 통해 외국 자본이 국내 금융 시장에 본격 진출하기 시작했기 때문이다. 지난해 증시에서 외국인들이 차지한 비중은 시가총액의 40%를 넘어섰다. 은행권의 경우 한미은행을 합병한 미국계 투자은행 씨티은행이 한국씨티은행을 출범시킨 데 이어 영국계 투자은행인 스탠다드차타드은행(SBC)이 최근 제일은행 인수를 확정지었다. 외환은행의 경영권은 독일계 투자은행인 코메르츠방크에서 미국계 펀드인 론스타로 넘어가 있다. 외국계 자본의 행보는 당연히 국내 은행가를 초긴장 상태에 몰아넣었다. 일부에서는 토종과 외국계간의 '은행 전쟁(Bank War)'이란 용어까지 공공연하게 사용하고 있다. 외국계 금융사들은 앞으로 40조 원 규모인 국내 인수합병(M&A) 시장에서의 영향력도 더욱 강화할 전망이다. 이에 따라 국내 금융시장에서 윔블던 효과는 갈수록 심화될 전망이다. 현재 국내에서 쓰이고 있는 윔블던 효과는 다소 부정적인 뉘앙스가 강하다. 그러나 외국 자본의 국내 금융시장 참여는 장단점이 모두 있는 '양날의 칼'에 가깝다. 국내 주요기업의 대주주가 된 외국계 자본이 거액의 배당이나 자본이득을 본국으로 과도하게 송금하거나 주가를 띄우기 위해 사업 확장보다는 인원 감축 등 손쉬운 구조조정에만 매달리는 것은 국내 경제를 주름지게 한다. 하지만 국내 금융회사의 기업 지배구조를 개선해 투명경영을 촉진하고 국내 금융시장에 선진 금융기법을 이식하는 것은 윔블던 효과의 긍정적인 측면이다.

〈문권모, LG주간경제, 2005. 3. 18〉

조세피난처

조세피난처는 각종 세제상의 특혜와 금융 거래의 익명성으로 인해 전세계를 떠도는 불법 자금의 온상이 되기도 한다. 조세피난처(Tax haven)란 법인세, 개인소득세에 대한 원천과세가 전혀 없거나, 있다 해도 15% 미만의 세율을(실제는 보통 2~5% 내외) 부과하는 방식으로 세제상의 특혜를 제공하는 국가나 지역을 말한다. 조세피난처는 크게 세 가지로 분류된다.

첫째, 실질적 세금 부과가 거의 없는 택스 파라다이스(tax paradise)로 바하마, 버뮤다, 케이맨 제도 등이 이에 속한다. 세계적 휴양지인 케이맨군도는 세계 5위 금융중심지이기도 하다. 각국의 280여 개 은행, 780여 개 보험회사, 560여개 자산운용사와 함께 8만여 개 기업이 이곳에 등록돼 있다. 5만 3,000명 인구보다 기업이 더 많다. 대부분 기업은 직원이 한 명도 없는 서류상 회사, 페이퍼 컴퍼니다. 작은 건물 하나에 서류상 입주업체가 1만개가 넘는 경우도 있다. 케이맨군도에선 수입품에 대한 관세를 빼고는 세금이 전혀 없다. 그래서 기업들은 케이맨군도에 서류상 회사를 만든 뒤 이 회사가 실제 영업을 하거나 투자를 한 것처럼 회계처리를 해 본국에서 내야 할 세금을 피하고 있다.

둘째, 외국에서 들여온 소득에 대해 전혀 과세를 하지 않거나 극히 낮은 세율을 부과하는 나라 또는 지역으로 홍콩, 라이베리아, 파나마 등을 들 수 있는데 이들은 택스 쉘터(tax shelter)라 불린다.

셋째는 택스 리조트(tax resort)로 특정 기업이나 특정 사업 활동에 대해 세제상의 혜택을 인정하는 곳인데 룩셈부르크, 네덜란드, 스위스 등이 이에 속한다.

일반적으로 조세피난처에는 세제상의 우대뿐 아니라 외국환 관리법, 회사법 등의 규제가 적고 금융 거래의 익명성이 철저히 보장되기 때문에 탈세와 돈세탁용 자금 거래의 온상이 되기도 한다. 한국의 경우, 말레이시아의 라부안섬을 주요 조세피난처로 이용하는 경향이 있는데, 관세청이 2000년도에 실시한 조사에 따르면 840여 개의 국내 기업이 라부안섬에 1,100여 개의 현지법인 또는 지사를 설립, 운영하고 있는 것으로 나타났다. 또한 당시 조사에서 라부안섬을 이용한 8,310억 원 상당의 불법 외환거래가 적발되기도 하였다. 또한 최근 제일은행 매각후 거대 차익을 남기고도 과세 대상이 아니라는 논란을 빚고 있는 뉴브리지캐피탈 역시 라부안섬에 설립해 둔 역외회사를 통해 과세 회피를 하고 있다는 비난을 받고 있다.조세피난처에 설립되는 회사를 일반적으로 역외회사(off-shore company)라 부르는데, 이런 역외회사들 중 상당수는 실체가 없는 유령회사(paper company)인 경우가 많고, 특히 카리브 연안이나 지중해 연안 국가 등 작은 군도와 같은 곳에서 운영되는 역외회사들의 경우는 불법 자금 조성의 온상으로 많은 지적을 받기도 한다. 스위스 은행들에 불법 자금이 몰려 있다는 심증이 있어도 스위스 은행 측에서 이에 대한 자료 제공을 해주지 않기 때문에 이를 제대로 밝혀내지 못하듯이, 역외회사들의 경우 역시 조세피난처 정부가 정보 제공을 꺼리기 때문에 그 불법적 내용을 밝혀내기는 쉽지 않다.조세피난처를 통한 외국자본들도 우리 국내에 많이 들어오고 있다. OECD는 케이맨군도처럼 세금이 아예 없거나 아주 적고, 자금 흐름이 불투명한 30여개 국가·지역을 조세피난처로 지정했다. 이 조세피난처들에 흘러들어간 돈은 5~7조 달러에 이를 것으로 추정된다. 조세피난처 때문에 세계 각국이 입는 세수(稅

收) 손실이 한 해 2,000억 달러가 넘는다는 주장도 있다. 이 때문에 글로벌 금융위기 이후 재정 적자에 시달리는 미국과 유럽은 조세피난처와의 전쟁에 적극 나서고 있다.

〈오영일, LG경제연구원, 2005. 05. 20.; 조선일보, 2011. 02. 27.〉

전 세계 조세피난처 은닉재산 18조 5천억 달러

국제구호단체 옥스팜은 전세계 부자들이 조세 피난처에 숨겨놓은 금액이 최소 18조 5천억 달러(약 2천 76조 원)에 이르며 이로 인한 세금 손실액이 1,560억 달러에 이른다고 주장했다. 홍콩 사우스차이나모닝포스트에 따르면 크레디스위스 글로벌 웰스 데이터북이 추산한 전세계 순 금융자산 94조 7천억 달러 가운데 19.5%가 조세피난처에 있다고 추정했다. 이처럼 조세피난처에 자금이 몰리는 이유는 무거운 세금을 피하거나 재산을 은닉해 비자금을 만들기 위해서다. 법인이나 개인이 조세피난처 국가에 페이퍼컴퍼니를 만든 뒤 이 회사에 수익을 몰아주거나 이 회사가 수익을 낸 것처럼 조작하면 세금을 줄일 수 있다. 자금 유출입에 대한 비밀을 철저히 보장하기 때문에 재산을 빼돌려 비자금을 조성하기에도 유리하다. 조세피난처 영국령 '버진 아일랜드'는 카리브 해 외딴 곳에 위치한 곳으로 소설 '보물섬'의 배경 중 하나로 널리 거론된 장소다. 실제로 영화 캐리비안의 해적 2편의 부제 '망자의 함(Dead Man's Chest)은 버진 아일랜드에 속한 작은 섬의 이름이다. 몇 백 년 전 해적과 약탈자들의 은신처였던 이곳은 우연의 일치인지 21세기에 들어서 현대판 보물섬으로 이름을 날렸다. 이 영국 자치령의 작은 섬이 이번엔 조세피난처(Tax Haven)가 되어 해적 대신 세계 각지의 부자들이 몰려와 섬에 돈을 파묻은 것. 버진 아일랜드가 이렇게 조세피난처가 될 수 있었던 이유는 본국인 영국의 간섭을 거의 받지 않는 자치령이기 때문이다. 특히 세금이 낮고 규제가 매우 느슨한 점이 결정적으로 작용했다. 한국을 포함한 세계 각지의 부호들은 이런 장점을 악용해 재산을 은닉하고 조세를 회피하는 수단으로 버진 아일랜드를 택했다. 국제탐사보도언론인협회(ICIJ)에 따르면 5층밖에 되지 않는 빌딩 한 채에 18,000개 기업이 들어와 있다고 한다. 물론 이 회사는 그저 '페이퍼 컴퍼니'일 뿐이고, 그 안을 살펴보면 정당한 거래가 불가능한 검은 돈 그리고 떳떳하지 못한 거래내역들로 가득하다.

〈장정미, 뉴스메이커, 2013. 7. 2.〉

적대적 M&A 방어 전략

- 독약처방 (Poison Poll)은 적대적 M&A시도가 있을 때 이사회 결정만으로 신주를 발행해서 인수자를 제외한 모든 주주에게 시가 절반 이하 가격으로 살 수 있도록 해서 M&A를 저지하는 방법. 이렇게 되면 상대편은 경영권 확보를 위한 주식을 사모으는데 훨씬 많은 돈이 들어가게 됨. 적대적 M&A의 가장 강력한 방어 수단으로 각광 받고 있음.
- 황금낙하산(Golden Parachute)은 새로운 대주주가 대표이사나 임원을 해임할 경우 거액의 퇴직금을 주도록 정관에 규정해 적대적 M&A를 어렵게 만드는 경영권 보호 기법.
- 황금주는 1984년 영국 정부가 브리티시텔레콤을 민영화할 때 처음 선보인 것으로 주요 의사결정에 대해 거부권을 행사할 수 있는 권한을 가진 특별주.
- 백기사(白騎士) 전략은 공격 대상 기업이 자신에게 우호적인 주주들을 확보하는 것임. SK 텔레콤은 의결권 없는 자사주(10.23%)를 우호 세력인 포스코에 매각, 우호 지분을 늘려 경영권을 보호하는 방안을 검토하기도 했음.
- 황금알은 공격자가 노리는 핵심 사업 부문을 독립시켜 M&A 의욕을 없애버리는 전략(알을 낳아 분리시킨다는 의미).
- 여론 호소 전략은 말 그대로 여론에 호소하는 전략으로 가장 효과적인 M&A 방어수단으로 활용됨. 지난 93년 6월 삼성그룹이 기아자동차의 지분을 매집하자, 기아자동차측은 '재벌그룹이 자금력을 이용해 기업을 탈취하려 한다'는 부정적인 여론 조성에 나서 결국 삼성의 인수 시도를 무산시키기도 했음.

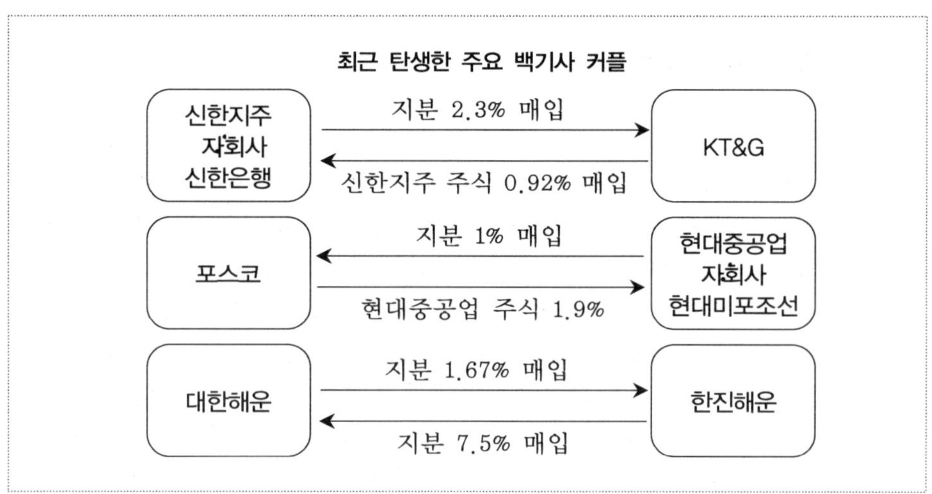

넛크래커(Nutcracker)

넛크래커 현상은 '높은 기술수준과 생산 효율성의 일본 그리고 낮은 요소비용을 무기로 한 중국 사이에 끼어 있는 한국경제와 기업의 처지'를 호두까는 기계인 넛크래커에 빗대 표현한 말이다. 넛크래커 상황은 샌드위치 현상이라고도 하며 사용하는 사람마다 표현의 다양함은 있으나, 그 핵심은 한국경제와 기업의 위기상황을 표현하기 위함이다. 한마디로 선진국과 중국을 필두로 한 개도국 사이의 틈새에 끼어 있는 최근 우리나라 상황을 총칭한다. 중국은 이미 고도성장을 통한 자본 축적과 기술 향상을 달성하고 있으며, 일본도 1990년대의 소위 '잃어버린 10년'에서 벗어나 한국을 전방위적으로 압박하고 있다. 이에 비해 한국경제는 지속적인 경제성장률 하락, 고유가 및 원부자재비 상승부담, 투자부진 및 정치사회적 불안, 수출과 내수의 괴리 현상 등 악재가 겹치면서 지속 가능한 성장에 대한 조심스러운 비관론까지 일고 있다. 북한 핵문제는 그 본질상 통제 불가능한 외생변수로 남겨 놓더라도 이러한 현상의 본질은 우리 경제의 구조적 문제로 볼 수 있다.

〈홍성빈, LG경제연구원, 2007. 4. 20.〉

엑슨-플로리오법

미국의 엑슨-플로리오법은 정부가 국가 안보를 이유로 외국인 투자를 제한할 수 있도록 한 법이다. 1980년대 일본계 기업의 인수·합병(M&A) 공략에서 미국 기업들을 보호하기 위해 상원의 엑슨 의원과 하원의 플로리오 의원이 공동 발의해 1988년 제정됐다. 외국인의 자국 기업 인수를 외국인투자심의위원회가 조사해 국가 안보를 손상할 수 있다고 판단되면 대통령이 이를 중단, 금지할 수 있도록 한 장치이다. 경제협력개발기구(OECD) 회원국들은 이 법에 대해 국가 안보의 개념이 매우 모호해 거의 모든 산업에 적용 가능하고 소수 지분의 획득까지 규제 대상에 포함하는 등 자의적인 심사가 이뤄질 가능성이 있다며 불만을 토로하고 있다. 한편 우리나라에서도 2008년 2월 외국인투자촉진법 시행령을 개정하여 외국인투자가 '국가안보위해'에 해당하는 경우 정부가 이를 제한할 수 있도록 하였다. 또한 외국인이 국가안보와 관련한 기간산업의 지배주주가 되는 경우 사전승인절차를 거치도록 하는 법안이 2008년 7월 발의되어 국회에서 논의되고 있다.

〈한국경제신문, 2007. 11. 5.〉

4. 글로벌 브랜드[4)]

1) 글로벌 브랜드란?

글로벌 브랜드하면 흔히 고급 브랜드를 연상한다. 물론 글로벌 브랜드 중에는 고급 브랜드가 많으나 글로벌 브랜드가 되기 위해서 반드시 고급 브랜드이어야 하는 것은 아니다. Ivory, Nivea, Black & Decker, Honda 등은 고급이 아니다. 하지만 모두 전 세계를 시장으로 하는 글로벌 브랜드이다. 물론, 전세계를 상대로 마케팅을 하기 위해서는 기본적으로 품질이 전제되어야 한다. 그러나 고품질이 꼭 고품격을 의미하는 것은 아니다. 물론 브랜드의 역량이 커지고 사업 무대가 전세계로 확대된 이후에는 글로벌 관점에서 제품을 개

4) 이우성, 주간경제, LG경제연구원, 647호, 2001년 10월.

발하고 생산하는 것이 당연하다. 하지만, 사업이 일정 규모에 이르기 전에는 자사가 익숙한 시장에서 제품의 경쟁력을 확실하게 다지는 것이 더 중요하다. GE, Nokia, Toyota, Coca Cola, Yamaha 등 대부분의 유명 브랜드들 모두 초기에 자국 시장을 토대로 사업을 키워왔다.

그렇다면 글로벌 브랜드란 도대체 무엇인가? 글로벌 브랜드란 다양한 국가에서 동일하게 사용되는 브랜드 또는 복수 지역의 특정 세분 시장에서 경쟁력 있는 인지도와 선호도를 확보한 브랜드라고 할 수 있다. 복수 지역이라 함은 국가내의 지역이 아니라, 아시아, 유럽 등과 같은 경제, 사회적 권역을 의미한다. 예를 들어 특정 브랜드가 중국, 말레이지아, 인도네시아, 필리핀 등 아시아 권역에서만 정착되었다면 지역 브랜드(Regional Brand)이지 글로벌 브랜드는 아니다. 또한 '특정 세분 시장'이란 어떤 상품에 대한 전체 시장이 아니라 상품의 특성이나 고객의 특성 등으로 세분화된 시장 중 특정 시장을 의미한다. 예를 들어, 자동차 시장 중에서도 고급 승용차 시장, 고급 SUV 시장 등은 전체 자동차 시장을 구성하는 특정 세분 시장이라고 할 수 있다. 경쟁력 있는이라는 의미는 세분 시장에서 생존 및 성장이 가능한 수준을 의미한다. GE는 글로벌 시장에서 1등이나 2등이 아니면 퇴출시킨다라는 원칙을 통해 2위 이상의 지위를 경쟁력 있는 수준으로 평가하였다. GE와 같은 기업이 경쟁하는 세분 시장은 거의 전체 시장에 필적하는 대규모 시장인 경우가 많다. 이런 경우 대기업들간의 치열한 경쟁으로 과점 체제와 유사한 경쟁 체제가 형성되어 최상위권에 속하지 못하면 생존하기 어렵게 된다.

인지도와 선호도라는 의미는 자사의 브랜드가 특정 지역의 특정 세분 시장의 소비자로부터 인지도와 선호도를 확보하고 있다면, 비록 매출이 발생하지 않더라도 글로벌 브랜드로 볼 수 있다는 의미이다. 예를 들어, Porsche 스포츠카는 한국내 판매 실적이 미미하다. 하지만, 대부분의 사람들이 그 이름은 알고 있다. 즉, 한국의 여건이 성숙된다면 쉽게 매출이 이루어질 수 있는 인지도와 선호도가 형성되어 있다. 이런 경우 매출이 이루어지지 않더라도 글로벌 브랜드로 보는 것이 타당하다.

글로벌 브랜드가 되기 위해서는 기본적인 품질이 확보되어야 한다. 글로벌 시장은 일반적으로 국내 시장에 비해 자사의 지위가 약하다. 수많은 브랜드들이 난무하는 과잉 커뮤니케이션 시대에 자사 브랜드가 글로벌 시장에서 자리를 잡기 위해서는 단순하면서도 명확한 커뮤니케이션이 필요하다. 국내 시장에서는 다양한 브랜드를 사용하는 것이 제품의 차별화 포인트를 명확히 인식시키는데 도움이 되는 경우가 많다. 하지만, 글로벌 시장에서는 하나의 브랜드를 알리기에도 힘겨운 경우가 많다. 이럴 때 여러개의 브랜들르 도입하가나 서브브랜드를 사용하는 것은 소비자에게 혼란을 줄 수 있다. BMW는 단순한 커뮤니케이션의 모범적인 사례를 보여준다. BWM는 서브 브랜드의 사용을 최소화하며, 어느 나라에서나 동일한 컨셉트로 커뮤니케이션한다.

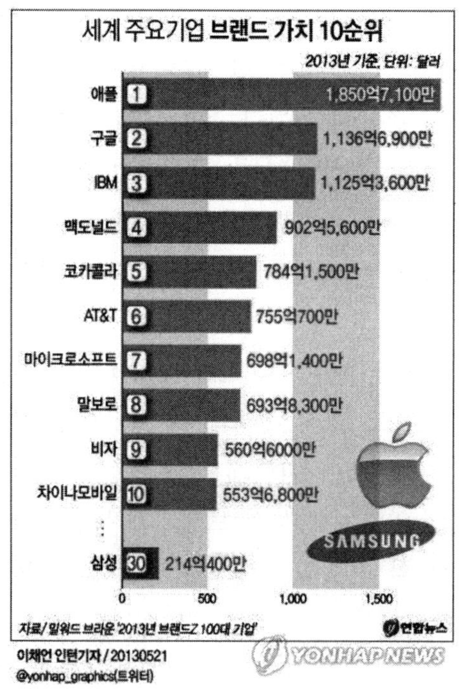

〈연합뉴스, 2013년 5월 21일〉

글로벌 시대에 글로벌 브랜드의 육성은 필수적이다. 글로벌 브랜드에 대한 지나친 욕심이나 환상을 버리고, 자사에 적합한 방향성에서 장기적 노력을 기울이는 것이 글로벌 브랜드를 육성하는 길이 될 것이다.

2) 글로벌 브랜드의 장점

하버드 대학의 Theodore Levitt 교수는 1983년, 글로벌 시장(The Globalization of Markets)이라는 개념을 소개하면서 글로벌 경영의 필요성에 대해 역설한 바 있다. Levitt은 동질화되는 소비자 특성에 주목하고, 글로벌 시장을 겨냥한 표준화된 제품 개발 및 규모의 경제를 추구할 것을 권고하였다. 이러한 Levitt의 주장은 글로벌 브랜드 구축의 필요성을 잘 보여준다. 기업들은 글로벌 브랜드의 구축이 여러 가지 실질적인 혜택을 제공해 준다는 점에 주목할 필요가 있다. 우선, 글로벌 브랜드를 구축하면 제품 및 서비스의 표준화를 통해 비용을 절감할 수 있다. 또한 글로벌 시장을 상대로 커뮤니케이션 프로그램을 실행하면서 지역별 커뮤니케이션 비용을 줄일 수 있다. 게다가 한 시장에서 구축된 브랜드 파워가 다른 시장으로 전이되는 브랜드 후광 효과(Halo effect)로 인해 신규 시장 진입이 용이해진다. 이처럼 글로벌 브랜드 구축으로 인한 장점은 분명해 보인다.

3) 한국 기업들의 글로벌 브랜드 전략

대부분의 한국 기업들은 브랜드를 기업 활동의 결과물로 인식하는 경향이 강하다. 반면 글로벌 브랜드를 키워낸 선진 기업들은 브랜드를 장기적인 이익의 원천으로 인식하고 기업 활동의 중심으로 삼고 있다. 글로벌 리서치 기관인 밀워드 브라운이 세계 주요기업의 브랜드 가치를 산정해 발표한 '2013년 브랜드Z 100대 기업'에 따르면 삼성의 브랜드 가치는 214억 400만 달러(약 23조 8천억 원)로 전년도 141억 6,400만 달러에 비해 51% 상승했다. 이에 따라 삼성의 브랜드 순위도 지난해 55위에서 25단계 상승한 30위를 기록했다. 브랜드 가치 1위는 1,850억 7,100만 달러를 기록한 애플로 작년에 비해 1% 상승하는데 그쳤다. 구글은 올해 브랜드 가치가 5% 상승한 1,136억 6,900만 달러를 기록, 순위도 2위로 올라섰다. 이어 IBM, 맥도널드, 코카콜라가 각각 1,125억 3,600만 달러, 902억 5,600만 달러, 784억 1,500만 달러 등으로 각각 3~5위를 차지했다. AT&T(755억 700만 달러), 마이크로소프트(698억 1,400만 달러), 말보로(693억 8,300만 달러), 비자(560억 6,000만 달러), 차이나모바일(553억 6,800만 달러) 등도 10위 권 내에 이름을 올렸다. 삼성 외에도 브랜드 가치가 급상승한 기업은 텐센트(Tencent), 프라다, 자라 등이다.특히 272억 7,300만 달러로 21위를 차지한 중국 인터넷업체 텐센트의 브랜드 가치는 올해 52%가 상승했다. 반면 페이스북은 지난해에 비해 브랜드 가치가 36% 감소해 순위는 19위에서 31위로 떨어졌다. 페이스북의 브랜드 가치는 212억 6,100만 달러이다.[5]이는 한국 기업의 향상된 글로벌 경쟁력을 보여주는 대목이다.

그러나 브랜드 측면에서 한국 기업들의 글로벌 경쟁력은 아직 미미한 수준이다. 더구나 일본 및 미국 기업들의 견제가 본격화되고 중국 기업들이 빠르게 추격해 오고 있는 상황이다. 많은 한국 기업들이 지속적으로 해외 매출 비중을 늘려가고는 있지만, 글로벌 기업들 및 중국 기업들과의 경쟁에서 살아남기 위해서는 강력한 브랜드를 구축하는 것이 필수적이다. 기업 간 기술 격차가 줄어들면서 차별화 요소가 갈수록 줄어들고 있기 때문이다. 따라서, 제품 및 서비스 측면에서의 차별화는 점점 더 어려워지고 있다. 결국, 가장 확실한 차별화 요소 중 하나는 브랜드다. 제품과 서비스는 모방이 가능하지만, 브랜드는 모방이 불가능하기 때문이다. 그렇다면, 한국 기업들은 글로벌 브랜드 전략을 어떻게 수립해야 할까?

한국 기업들은 다각화된 사업 영역을 보유하다 보니 특정 사업이나 제품에 집중하기 힘들다는 근본적인 약점을 가지고 있다. 하지만 이미 특정 세분 시장에서 강력한 브랜드를 구축하고 있는 글로벌 브랜드들과 경쟁하기 위해서는 먼저 한 가지 확실한 제품을 확보하는 것이 필수적이다. 글로벌 브랜드들은 특정 세분 시장에서 대표 브랜드로 군림하고 있기 때문이다. 따라서, 모든 제품, 모든 시장에서 잘하려고 하기 보다는 우선 특정 제품에 집중하여 히트 제품을 창출한 후 다른 제품으로 후광 효과를 이어가는 것이 바람직한 전략이다. LG전자 휴대폰의 북미 시장 개척 사례는 좋은 시사점을 준다. LG전자 휴대폰이 북미 시장에 진출한 것은 불과 몇 년 전이지만 현재 CDMA 시장에서 선두를

5) 연합뉴스, 2013. 5. 13.

달리고 있다. 이는 'VX6000'이라는 단일 모델의 성공에서 기인한다. LG전자는 VX6000 모델의 성공으로 미국 소비자들에게 휴대폰 브랜드로 인식되면서 첨단의, 혁신적인 이미지를 구축하고 있다. 또한 휴대폰의 성공을 바탕으로 디지털 TV 쪽으로 영역을 확대해나가고 있다.

5. 글로벌 아웃소싱6)

아웃소싱(outsourcing)이란 기업경영에 있어서 필요한 기능을 자체적으로 수행하지 않고 외부에 위탁하여 조달하는 업무 처리방식을 뜻한다. 따라서 글로벌 아웃소싱은 아웃소싱을 특정 지역에 국한하지 않고 전 세계적으로 수행하는 행위를 의미한다. 최근 들어 선진기업들이 IT, 서비스 관련 업무와 기능들을 해외로 활발하게 이전하고 있다. 기업들은 고객대응 서비스 기능을 담당하는 콜 센터와 같은 백오피스 기능뿐만 아니라 S/W 개발 및 보수·유지, 디자인 설계 등 고부가 서비스도 아웃소싱하고 있다. 글로벌 아웃소싱은 이제 구미 기업들에게 하나의 새로운 경영전략으로 정착되고 있다.

IT 및 서비스 부문의 글로벌 아웃소싱의 확대 요인은 첫째, IT기술의 발달에 힘입어 국제간 통신비용이 급격하게 줄어들었기 때문이다. IT 기술의 발달로 국제간 통신 서비스는 급속도로 개선된 반면 통신비용은 오히려 줄어들어 기업이 IT 부분이나 서비스 부문을 해외에 두더라도 비용 측면에서 그다지 부담이 되지 않게 되었다. 둘째, 아웃소싱을 통해 비용을 크게 절감할 수 있기 때문이다. 동일한 숙련도를 갖춘 인력이라도 미국과 기타 개도국간의 임금 수준은 상당한 격차를 보이고 있다. 끝으로 IT업무를 해외에서 처리하더라도 큰 불편함이 없기 때문이다. 이전부터 구미지역에 근무하던 인도나 중국의 3세계 국가 출신 인력들이 본국으로 돌아가 자국의 산업단지에서 근무하는 경우가 크게 늘어났기 때문이다.

기업들의 해외 아웃소싱으로 시장규모는 2002년 약 1,200억 달러이지만, 향후 연평균 약 9%씩 성장하여 2006년도에는 1,850억 달러 수준에 달할 것으

6) 김득갑, World Report, 제107호, 삼성경제연구소, 2004년 3월 29일

로 전망하고 있다.

역 아웃소싱

역 아웃소싱이란, 선진국 기업들이 신흥시장 기업에서 아웃소싱하는 대개의 경우와는 반대로 신흥시장 기업이 선진국 기업에 아웃소싱하는 방식을 말한다.

경영 환경의 변화 속도가 빨라짐에 따라 유연하면서도 강한 체질을 갖추기 위한 노력의 일환으로 핵심역량만 내재화 하고 나머지 부분은 아웃소싱하려는 기업이 늘어나고 있다. 또, 보다 나은 인프라와 저렴한 인건비를 찾아 세계를 무대로 실행하는 '글로벌 아웃소싱'도 활발하게 진행되고 있다. 이처럼 아웃소싱이 확대되는 가운데 역 아웃소싱(Reverse Outsourcing)이 새롭게 등장했다. 역 아웃소싱이란, 신흥시장 기업이 선진국 기업으로 아웃소싱하는 현상을 말한다. 주로 저렴한 인건비를 기반한 생산이나 콜센터 운영 등의 기능을 아웃소싱하던 선진 기업형 아웃소싱과는 다른 형태가 나타난 것이다.

〈정용수, 주간경제, LG경제연구원, 2007. 2. 9.〉

미국과 영국기업들이 해외 아웃소싱에 적극적인 것은, 자국의 노동시장이 유연하여 고용과 해고가 용이한데다 세계공용어인 영어를 모국어로 사용하고 있기 때문이다. 인도, 아일랜드, 이스라엘, 남아프리카 공화국, 필리핀, 러시아, 중국 등에 대한 아웃소싱도 점차 늘고 있다. 현재 미국기업들이 선호하고 있는 아웃소싱 대상 국가는 인도이다. 인도는 정보 통신 분야의 숙련 노동력이 풍부하고, 영어 구사능력을 갖추고 있는 데다 임금이 싼 대표적인 지역이기 때문이다. 일례로 GE, 시티뱅크 등 상당수의 미국 기업들이 콜센터 기능을 임금이 낮은 인도로 이전한 결과 인도의 콜센터 산업은 인도의 소프트웨어 및 서비스 수출의 1/4를 차지할 정도로 성장하였다.

유럽에서는 폴란드, 체크, 불가리아, 루마니아, 발틱 3개국 등 동유럽 국가들이 IT 아웃소싱 대상국으로 새롭게 부상하고 있다. 그 이유는 이들 국가들이

지리적으로나 정서적으로 가깝고 문화, 언어, 종교적 배경도 비슷해 별다른 마찰 없이 고급 기술자들을 저렴한 비용으로 고용할 수 있기 때문이다.

그러나 미국에서는 자국 기업들의 해외 아웃소싱 확대에 대한 우려의 목소리가 커지고 있다. 미국은 제조업에서 일자리가 줄어들어 '고용 없는 경기회복'을 초래한다는 주장이 제기되기도 하였으며, 영국에서도 아웃소싱 규제의 목소리가 커지고 있다. 80년대에 제조업의 공동화를 경험했던 영국 노조는 이제 서비스 산업의 공동화를 우려하고 있는 실정이다. HSBC 등 대형은행들과 보험회사들은 콜센터 업무와 고객서비스 업무의 절반가량을 인도에서 아웃소싱하고 있다. 그 결과 지난 2년간 영국내 일자리가 5만 개 이상 사라졌다.

이러한 규제 움직임에도 불구하고, 글로벌 아웃소싱은 기업 투자패턴이 변화한 것으로 궁극적으로 자국내 고용을 창출하게 될 것이라고 주장하고 있다. 특히 아웃소싱으로 비용절감 효과를 누리고 있던 미국 업체들은 장기적인 관점에서 미국경제 성장과 고용에도 기여한다고 주장한다. 컨설팅업체인 맥킨지는 최근 연구에서 글로벌 아웃소싱을 통해 벌어들인 수익 중 미국 기업이 78%, 아웃소싱 대상국이 22%를 가져간다는 분석결과를 내놓은 바 있다. 인도정부는 구미 기업들의 아웃소싱으로 이미 17만 개의 일자리가 생겨났고, 앞으로 2008년까지 아웃소싱으로 인한 고용규모가 110만 명에 이를 것으로 내다보고 있다.

삼성전자, 세계서 맹위… 국민들 "남의 잔치"

뉴스는 매일 접하지만, 일반 시민에게는 남의 잔치로만 느껴진다. 기업이 잘 나가는데 국내 경기 상황은 좋지 못하다. 이유는 뭘까. 수년 전부터 국내 기업들의 생산기지를 해외로 옮겨가고 있다. 제조업이 금융업과 서비스, 유통업보다 존경을 받는 이유는 모든 산업의 기초가 되는 것은 물론 고용 효과에서 다른 업종과 비교할 수 없기 때문이다. 그러나 해외로 생산공장을 이전하면서, 대기업의 이익이 증대돼도 전체 저소득층에게도 혜택이 돌아가는 이른바 낙수효과를 기대하기 어려워졌다.

10여년 전만 하더라도 가전제품의 경우 일본 제품이 거의 절대적이었다.

소니나 파나소닉의 경우 제품의 완성도는 물론 브랜드 인지도, 그리고 일제라는 막연한 환상까지 더해져 세계시장을 제패했다. 그러나 2000년대 들어서는 삼성이나 LG제품의 품질이 워낙 좋고 국산이라 가격도 합리적인 수준이라 일제를 사야 할 이유가 없다.

그럼 과연 그가 산 제품이 국산일까. 이들 제품의 뒷면에는 제조공장 '중국'이라고 선명하게 적혀 있었다. 브랜드만 보고 국산인지 중국산인지 구분하는 것은 무의미한 셈이다. 현재 삼성전자에서 생산하는 모바일 제품중 갤럭시 시리즈를 제외하면 대부분은 해외에서 생산된 제품이다. 노트북이나 슬레이트PC 등은 제조국가가 중국이라고 표시돼 있다. 모바일 제품의 경우에도 갤럭시 시리즈 등을 제외하면 구미공장에서 생산하는 제품보다 해외에서 생산하는 제품이 많다. 구미공장에서 생산된 휴대폰 비중은 20% 수준에 불과하다. 또 오는 2014년부터는 반도체까지 중국에서 생산되게 된다. 중국 시안에 반도체 생산공장을 설립하기 위해 이미 착공에 들어갔다. LG전자 제품 역시 노트북의 경우 중국에서 만들어지고 있으며, 냉장고와 세탁기 등 백색가전도 해외기지에서 생산된다. 현대자동차의 경우에는 국내 생산과 해외생산 비중이 50대 50으로 가져가고 있다. 다만 중국의 생산공장 증설과 브라질공장이 완공되면 이 역시 역전될 것으로 예상된다. 다행히 아직 국내에 판매되는 완성차는 국내에서 만들어진다.

'국산이 좋다'라는 생각은 이제 상식이다. '메이드 인 코리아'라는 표시는 이제 좋은 제품을 의미하는 대명사가 됐다. 일부 제품은 미국이나 일본 제품보다 비싸도 수긍이 갈 정도다. 시민의 대다수는 "국내 대기업들이 자랑스럽다"고 했다. 또 비용문제로 생산공장을 해외로 이전하는 것도 이해하고 있었다. IMF 이후 학습효과가 생겨 고용보다는 성장을 우선하면서, 기업들이 잘돼야 가계가 잘될 것이란 낙수효과를 기대하고 있는 셈이다. 그러나 브랜드의 국적이 제품의 국적을 의미하는 것은 아니다. 세계적으로 IT·자동차 분야의 경쟁이 갈수록 치열해지고 있고, 각국이 무역 장벽을 다시 높여가면서, 현지에서 생산된 제품이 경쟁력을 갖게 된다. 기업의 생산공장 이전은 어쩔 수 없는 선택인 셈이다. 그럼 과연 국산 여부와 상관없이 국내 대기업의 제품이 잘 팔리면 어떤 점이 좋을까. 우선 법인세가 있다. 삼성전자를 예로 들면 매년 영업이익을 늘어나면서 법인세가 2009년 2조 4,310억 원에서 2010년 3조 1,831억 원, 2011년 3조 4,349억 원으로 급증세를 보이고 있다. 올해는 사상 최대 실적을 기록한 만큼 법인세 비용이 더 늘어날 것으로 보인다. 여기에 설비투자가 늘어나 고용이 증가하게 된다. 다만 국내에서는 설비투자는 점차 연구개발(R&D) 중심으로 이뤄지고 대규모 채용이 이뤄지는 생산설비 투자는 해외에 집중된다. 또 영업이익의 상당 부분은 외국인들의 배당으로 지급된다. 해외 생산제품의 역수입 증가도 예상할 수 있다.

구글은 지난해 6월 가정용 스트리밍 엔터테인먼트 플레이어인 '넥서스Q'를 공개하면서 '미국에서 디자인하고 미국에서 생산하다'라는 문구를 레이저로 새겼다. 넥서스Q의 경우 기본 틀은 미국 중서부에서 만들고, 최종 조립은 캘리포니아 마운틴뷰에서 하고 있다. 프랑스의 전기 자전거 회사인 벨루스쿠트는 중국 생산공장을 자국으로 옮겨 생산하는 계획을 진행하고 있다. 소비자들의 의견을 빠르게 반영하고, 제품 이미지를 끌어 올리기 위한 것이다.이 같은 기업들의 자국내 제조가 가능해진 이유는 중국 등 아시아 국가의 인건비 상승, 제품조달 시간, 운송비 등을 고려할 때 자국에서 생산하는 비용과 차이가 줄었기 때문이다. 여기에 소비자들이 제대로 된 제품을 얻고자 하는 기대감과, 환경에 대한 관심이 커지면서 자국 내 생산 제품을 선호한 것도 요인으로 작용했다.

미국의 소비자 리서치 회사 퍼셉션리서치는 미국 쇼핑객의 76%가 '미국산'임을 확인했을 때 그 제품을 선호한다고 밝혔다. 자국 내 생산이 기업의 이미지를 끌어올리는 최상의 마케팅 수단이 될 수 있는 것이다.

〈조선일보, 2013. 01. 20.〉

6. 글로벌 M&A7)

전세계 M&A 거래 규모 및 건수는 지속적으로 증가하고 있다. 2000년 IT 거품 붕괴 이후 위축되었던 M&A 거래는 2007년 약 4만 건, 5조 달러에 이르러 거래규모 기준으로 1999년의 전고점 수준을 넘어섰다. 최근 미국의 서브프라임 사태로 사모펀드 등 금융자본의 M&A 참여가 위축되어 거래 규모가 줄

7) 오상준, M&A의 유혹과 함정, LG경제연구원, 2008년 4월 21일.

어들겠지만, 중장기적 관점에서 많은 기업들이 M&A를 효과적인 성장 수단으로 인식하고 적극적으로 실행을 고려 또는 추진하고 있다.

국내 M&A 거래 또한 빠르게 성장하고 있다. 2007년 국내 M&A 거래 규모는 약 445억 달러에 이르렀다. 무려 40조 원이 넘는 돈이 M&A에 투자된 것이다. 2003년 M&A 거래 규모가 10조 원에도 미치지 못했던 것을 감안할 때 불과 4년 만에 4배 이상으로 성장하였다. 거래의 성격 또한 과거의 공기업 민영화나 외환위기로 인한 구조조정 중심이던 것에서 벗어나 새로운 성장 동력의 확보나 신규 시장 진출을 위해서 일반 기업을 인수하는 모습으로 바뀌고 있으며, 해외 기업을 인수하는 Cross-border M&A 사례도 나타나고 있어 향후 지속적인 확대가 예상된다.

McKinsey는 1990년에서 1997년 수행된 193개를 조사해 65%가 주주 가치를 증대시키는 데 실패했다는 결과를 내놓았다. 2002년 Boston Consulting Group의 조사 결과 1995년에서 2001년에 수행된 302개의 거래 중 61%가 주주가치를 감소시켰고, 인수 기업의 성과는 산업 내 경쟁사 대비 4% 포인트, S&P 500 대비 9% 포인트가 저조하였다고 발표하였다. 특히 2007년 McKinsey는 1997년에서 2006년 수행된 1,000개 M&A의 거래 전, 후 주가를 비교하여 인수자의 주주 가치 변화를 분석한 결과 분석 대상중 62%가 주주가치를 증가시키지 못한 것으로 나타났다.

1) 왜 기업들은 M&A에 적극적인가?

이처럼 약 60%에 가까운 M&A가 별 성과를 올리지 못하거나 심지어 인수기업 가치를 훼손하고 있음에도 불구하고 M&A 건수는 왜 계속 늘어나는 것일까? 그것은 무엇보다 M&A가 성공적일 경우 얻을 수 있는 장점이 크기 때문이다. 기업은 M&A를 통해 새로운 사업 또는 시장에 보다 용이하게 진출할 수 있다. 기존 기업의 인수는 신사업 또는 시장 진출 시 필요한 역량, 즉 기술, 인력, 유통망 등을 구축하는 데 필요한 시간을 단축시켜 주고, 사업 경험을 제공해 줌으로써 실패 확률을 낮춰 준다. 기업은 M&A를 통해 규모의 경제 및 범위의 경제를 달성하거나, 인수 기업과 피인수 기업 간의 시너지를 통해 기존 사업의 경쟁력을 향상시킬 수 있다. 또한 경쟁 기업의 인수를 통해 시장에서의 선도적 위치를 점유하여 지배력을 강화할 수도 있다. 이러한 이점은 자체의 힘만으로 얻기에는 상당한 시간과 자원이 소요되거나, 불가능할 수도 있는 것이다. M&A가 성공적일 경우 얻을 수 있는 장점들에 매혹되어 많은 기업들이 낮은 성공률을 도외시하고 M&A에 뛰어드는 것이다.

또한 변화하는 사업 환경으로 인해 유기적 성장의 가능성은 떨어지는 반면, 주주들의 새로운 성장 엔진에 대한 요구는 점점 높아지는 것도 경영진으로 하여금 M&A를 적극적으로 고려하게 하는 요인이다. 기술의 변화는 가속화되고 고객의 요구는 복잡다양화되면서 사업 환경은 더욱 어려워지고 있다. 고객의 요구를 충족시키고 지속적인 성공을 이루기 위해 기업은 과거에 비해 더 빠른 속도로 더 훌륭한 제품과 서비스를 개발해야 한다. 그러므로 자체적인 개발보다 기존 사업자를 인수하는 것은 시간 측면에서 경영진에게 매력적인 대안이 될 수 있다. 그리고, 자본 시장이 국제화되고 활성화됨에 따라 투자자들은 과거에 비해 다양한 투자 대안을 가지게 되었고, 이에 주주들의 기대 수준은 상당히 높아졌다.[8] 이처럼 주주들의 기대 수준 증가는 경영진으로 하여금 보다 공격적인 성장 전략을 선택하도록 유도하고 있다.

2) M&A의 함정

M&A의 성공은 태생적인 어려움을 가지고 있다. 서로워(Sirower)는 그의 저서 M&A 게임의 법칙(Synergy Trap)에서 M&A는 지불되는 프리미엄으로 인해 주주가치를 증대시키는 데 근본적인 어려움이 있으며, 마치 도박과 같다고 주장하였다. 많은 기업들이 M&A에 있어 시너지에 대한 지나친 확신을 가지고 과도한 프리미엄을 지불하여 기업경영의 어려움을 가중시킬 수 있다.[9]

---

8) Bain & Company의 2004년 조사에 따르면, 과거에 주주들은 GDP 성장률 수준인 5% 정도의 성장을 기대하였으나, 당시의 주주들은 이보다 월등히 높은 12%의 성장을 기대하고 있었음.

9) UCLA 교수인 리처드 롤(Richard Roll)은 이를 경영자들의 '자신감 과다증'에 기인한다고 주장. Lotus가 7억 달러에 WordPerfect를 인수하려 했던 시도가 실패한 후, Novell은 WordPerfect를 14억 달러에 인수하였는데 이는 Novell의 경영진은 본인들

M&A의 또 다른 문제점은 시작 시점에서 대규모의 자금이 지급되어야 한다는 것이다. 일단 통합이 시작되면 원상태로 되돌리기가 매우 어려우며, 되돌린다 하더라도 막대한 비용이 지불되어야 하며 기업의 이미지 또한 큰 손상을 입을 수 있다.[10]

마지막으로 기업의 통합 과정은 상당한 시간과 비용의 투입을 필요로 하며, 통합 과정 진행 중 경쟁사나 경쟁 환경 변화에 자칫 적절한 대응을 하지 못할 수도 있다는 것이다. 인수 기업은 자신이나 피인수기업의 공급시장, 프로세스, 수요시장에 있어서 합병 전보다 효과적으로 경쟁기업에 대응할 수 있거나, 새로운 시장의 개척 또는 기존 시장을 잠식함으로써 경쟁자의 대응력을 약화시킬 수 있어야 한다. 그렇지 못할 경우 M&A를 통한 가치 증대는 불가능하며, 오히려 통합에 투입되는 노력으로 인해 경쟁력이 약화될 수도 있다.[11]

의 제품에 WordPerfect라는 우수한 워드 프로세스가 결합될 경우 Microsoft나 Lotus의 Office 제품과의 경쟁에서 우위를 점하여 프리미엄 이상의 시너지를 창출할 수 있다고 확신하였으나, 인수 후 주가 하락으로 5억 5,000만 달러의 가치하락을 경험하였으며, 결국 Corel사에 2억 달러에 재매각됨. 결국 시너지에 대한 과신으로 인해 인수 대금만으로 12억 달러의 손해를 본 것임.

10) 소매 유통 기업인 Sears Roebuck은 기존 고객에게 금융 서비스를 교차판매함으로써 시너지를 달성할 수 있다고 믿고, 뮤츄얼 펀드인 Dean Witter Reynolds와 부동산 회사인 Coldwell Banker를 인수하였으나 고객들의 구매 행태가 달라 교차판매가 거의 발생하지 않아. Sears는 인수 프리미엄 이외에도 금융센터 설립에 2억 5,000만 달러 이상 투입한 상태에서 두 회사를 분사시켰음.

11) 맥주 생산 및 유통 기업인 Anheuser-Busch는 1979년 Eagle Snacks라는 이름으로 사업을 시작한 후 1982년 빵과 스낵류 제조회사인 Campbell Taggart를 20%의 프리미엄을 지불하고 5억 6,000만 달러에 인수하였으나 맥주와 스낵류의 유통 차이로 인해 시너지가 창출되지 않아. Anheuser-Busch가 시너지 창출에 노력하는 동안 스낵류의 경쟁사인 Frito-Lay는 기존 제품의 가격을 인하하고 신제품을 개발하여 시장점유율을 40%에서 50%로 증대시킴. 이에 반해 Eagle Snacks의 시장점유율은 시너지 창출 노력에도 불구하고 6%대에서 제자리 걸음을 하였음. 결국 Anheuser-Busch는 17년간 스낵사업에서 지속적인 적자를 기록한 후 Eagle Snacks를 Frito-Lay에 매각하고, Campbell Taggart는 분사시킴. 항공산업의 Lockheed Martin은 항공기용 전자제품 납품업체인 Loral Corporation을 91억 달러에 인수하였는데 이는 공급사 통합을 통한 시너지를 고려한 인수였음. 그러나 공급사 통합을 통한 시너지를 확인하기도 전에 경쟁사인 McDonnell Douglas가 전자제품 납품회사를 Loral에서 다른 회사로 변경함으로써 성과 하락을 경험하게 됨. 즉 공급사를 통합함으로써 기대했던 안정된 수익 기반과 경쟁력 향상 대신에 주요 고객을 잃는 아픔을 맛본 것임.

3) M&A의 성공전략

M&A의 성공을 통하여 성과를 올리기 위해 우선, 기업의 전략 실행을 위해서 M&A가 꼭 필요한 것인지, 다른 대안에 비해서 우월한지를 면밀하게 검토하여 M&A 수행 여부를 결정하며, 둘째, M&A 검토 시부터 M&A를 통해 어떤 시너지를 창출할 수 있는 지를 명확히 하고 달성 방안을 구체적으로 수립하여야 한다. 그리고 합병 후 통합을 성공적으로 실행할 수 있도록 통합 전략 및 실행 방안을 검토 시부터 수립하고 일관되게 실행하며, 상대적으로 리스크가 적은 작은 규모의 M&A를 수행함으로써 M&A 실행 역량을 구축할 필요가 있다. M&A에 대한 경험 및 역량 축적이 M&A의 성공을 달성하는 데 필수적이다. M&A 성공 사례로서 빠지지 않고 거론되는 GE, Cisco 등의 공통점은 지속적인 M&A로 기업의 성장을 이룩하였다는 점이다. GE는 Jack Welch 취임 이후 4년간 350여 기업을 인수하고 130여 기업을 매각하였다. Cisco 또한 90년부터 10년간 55개 기업을 인수하였다. 이들은 많은 M&A 경험을 통해 자신만의 원칙을 수립하고 이를 통해 성공적인 M&A를 지속함으로써 기업의 성공을 이끌어 낼 수 있었다.

M&A는 기업 성장을 위한 하나의 도구이다. 그러나 칼과 같은 양면적인 성격을 지닌 도구이다. 잘 활용하면 득이 될 수 있지만, 도구를 활용할 줄 모른다면 우리 몸에 상처를 주고, 심할 경우 목숨을 위협할 수도 있다.

제8장 | 글로벌 금융시장

1. 금융세계화 왜 중요한가?[1)]

전 세계 금융시장을 괴롭히고 있는 서브프라임 모기지(비우량 주택담보대출) 부실 사태는 미국의 부동산 경기 침체에서 비롯됐다. 그러나 미국 내 금융불안은 유럽 및 신흥시장국 금융·외환시장으로 빠르게 확산됐다. 이러한 현상은 여러 나라의 금융시장이 과거에 비해 긴밀하게 연결되어 있기 때문이다. 이처럼 각국의 금융시장이 세계적으로 통합되어 가는 과정을 금융세계화(financial globalization)라고 한다. 금융세계화의 진전 정도는 한 나라의 대외 자산과 대외 부채 규모를 통해 가늠해 볼 수 있다.

최근 국제통화기금(IMF)이 조사한 바에 따르면 전 세계적으로 국내총생산(GDP) 대비 대외 자산·부채 합계액 비율이 지난 30년 사이에 약 3배나 높아졌으며, 소득 수준별로 보면 고소득 국가의 동 비율 상승이 중간소득 국가에 비해 훨씬 빨라 금융세계화는 주로 고소득 국가들에 의해 주도된 것으로 나타났다. 영국과 미국은 대외 자산과 대외 부채가 비슷한 속도로 늘어난 반면 일본과 한국에서는 서로 다른 속도로 증가했다. 특히 한국은 경상수지 흑자가 지속된 기간 중에도 대외 부채가 대외 자산보다 더 크게 증가했다.

---

1) 김희식, 한국경제신문, 2007년 11월 26일.

일반적으로 금융세계화의 편익으로는 자금조달의 기회 확대와 자본비용 절감, 포트폴리오 다변화 등이 꼽힌다. 비용으로는 국내 금융시장의 변동성이 커지고 다른 나라 금융 불안이 국내로 빠르게 전염되는 것과 외국인 투자자에게로 투자수익이 과도하게 빠져나갈 가능성이 지적된다. 그러나 자본이 풍부한 선진국과 자본이 부족한 신흥시장국이 금융시장 통합을 통해 얻을 수 있는 편익은 서로 다르다.

우선 신흥시장국은 부족한 투자 재원을 해외에서 싼 금리로 조달할 수 있게 된다. 이에 비해 선진국은 풍부한 자본을 해외 투자로 운용함으로써 보다 높은 수익을 거둘 기회를 갖게 된다.이처럼 자본이 선진국에서 신흥시장국으로 이동함에 따라 신흥시장국과 선진국 경제는 모두 성장하게 된다. 신흥시장국에서는 투자가 확대되고 선진국에서는 자본의 한계생산성이 높아지기 때문이다. 그런데 시간이 흐를수록 주로 받기만 하는 신흥시장국의 이득은 선진국이 얻는 이득보다 작아질 가능성이 높다. 신흥시장국이 산업화에 성공한 이후에는 추가로 투자할 사업 기회가 적어지기 때문이다. 또한 글로벌 저금리가 지속되면 신흥시장국이 해외에서 자본을 조달하는 데 따른 비용절감 효과가 선진국이 해외 투자 다변화를 통해 얻는 자산 이득에 비해 그다지 크지 않을 수 있다. 따라서 신흥시장국도 금융세계화를 통해 보다 큰 이득을 취하려면 점차 주고받는 금융세계화로 나아가야 한다.

이를 위해서는 무엇보다 경제주체들이 금융세계화에 대한 적극적 태도를 갖는 것이 중요하다. 17세기 네덜란드 금융인들은 자국 선박을 공격하는 해적에게도 자금을 제공했을 뿐만 아니라 당시 적국이었던 영국의 기업과 맺은 계약도 성실히 지켰다고 한다. 이렇게 해서 축적한 신용은 오늘날 네덜란드가 세계 자본시장의 주요 일원으로 등장할 수 있는 밑거름이 됐다. 이 사례는 금융세계화에 성공하기 위해서는 개방적 자세와 함께 부의 축적을 이루어야 함을 시사하고 있다.

규제 완화와 시장 개방을 통해 금융선진화를 추진하는 우리나라가 금융세계화의 이점을 최대한 활용하기 위해서는 금융 규제의 완화뿐만 아니라 민간 연금펀드 등 장기 기관투자가를 육성하는 일이 시급하다. 또한 국내 외환시장과 채권시장을 선진국 수준으로 발전시켜 자국통화 표시로 외채를 조달할 수 있는 여건을 조성해 나가야 한다.

이 모든 과정이 순조롭게 진행되기 위해서는 물가가 안정되고 재정이 건전해야 한다. 또한 금융 규제·감독 시스템을 선진화함으로써 해외 금융 불안의 국내 파급 효과를 최소화해 나가야 할 것이다.

2. 팍스달러리움[2)]

2차 세계대전 이후 현재까지 국제통화체제는 미국의 달러만이 진정한 기축통화(국제거래의 중심 통화)로 사용돼 온 소위 '달러패권체제(팍스달러리움)'이다. 하지만 최근 들어 달러의 기축통화로서의 지위가 흔들리고 있다는 목소리가 점점 높아지고 있다. 이는 2000년대 들어 크게 늘어난 미국의 경상 및 재정수지 적자, 서브프라임 모기지(비우량 주택담보대출) 사태에 따른 미국 경제의 불안정성 증가 달러 가치의 하락 때문이다. 이에 따라 세계외환보유고에서 달러가 차지하는 비중은 1999년 71%에서 올해 2분기에 65%로 하락한 반면, 같은 기간 유로의 비중은 18%에서 26%로 증가했다.

팍스달러리움으로 미국은 경제적, 정치적 많은 이득을 얻었다. 우선 달러가 글로벌 통화로 사용됨에 따라 미국은 국제적 세이너리지(seigniorage; 화폐발행차익)를 얻는다. 즉 미국은 저렴한 달러지폐 인쇄비용만으로 외화나 해외의 실물자산을 취득할 수 있는데, 이를 통해 외국으로부터 무이자로 돈을 차입하는 것과 같은 효과를 누린다.

둘째, 미국은 대외적자를 메울 자금을 자국통화인 달러로 충당하기 때문에 대규모 국제수지적자가 있더라도 비교적 자유롭게 국내 거시경제정책(통화·재정정책)을 시행할 수 있다.

셋째, 국제통화체제에서 달러의 월등한 지위는 미국의 국제적 위치를 상징하는 강력한 수단이 된다.이는 미국의 연성권력(soft power·믿음 또는 인식체계를 기반으로 타국에 영향력을 발휘하는 능력)의 주요 요소로 작용한다.

---

2) 최형규, 한국경제신문, 2007년 12월 4일.

마지막으로 달러가 글로벌 통화로 통용됨에 따라 미국의 경성권력(hard power; 군사력이나 경제력 등을 기반으로 타국에 영향력을 발휘하는 능력) 역시 강화된다. 다른 국가들이 달러를 사용함에 따라 이들과 미국 사이에 비대칭적 통화 의존관계가 형성되기 때문이다. 그 결과 미국은 외국의 영향으로부터 보다 자유로울 수 있고, 대외정책을 수행할 때 외국에 대한 영향력을 효과적으로 행사하기가 용이해진다.

이렇듯 미국은 달러가 기축통화로 사용됨으로써 막대한 경제적, 정치적 이익을 보기 때문에 미국이 달러패권의 급격한 하락을 좌시하지 않을 것이다. 역사적으로도 미국은 달러독점체제 유지에 적극적이었다. 한 예로 이라크가 석유 결제를 달러에서 유로로 변경한 것이 미국의 이라크 전쟁 이유 중 하나였다는 것이 최근에 발간된 앨런 그린스펀 전 미국 연방준비제도이사회(FRB) 의장의 회고록에 기술돼 있다.물론 미국이 달러를 지배적인 통화로 유지하고자 노력할지라도 다른 국가들과 시장주체들이 점

1) 재정절벽(fiscal cliff)

우리는 깎아지는 듯한 절벽을 보면 아찔함을 느낀다. 이러한 공포감은 흔히 '벼랑 끝에 몰렸다'나 '벼랑으로 떨어진다'와 같은 표현에서 엿볼 수 있는데, 절벽 또는 벼랑 아래로는 오직 추락만이 있기 때문일 것이다. 재정절벽(또는 재정벼랑)도 이와 마찬가지로 재정지출이 갑작스럽게 줄거나 중단되어 경제에 충격을 주는 현상을 뜻하는 말이다. 글로벌 금융위기 이후 미국 정부는 재정지출 확대를 통한 경기부양으로 경기침체를 탈피하고 미국의 경제성장을 견인하였다.

차 달러의 사용을 줄이고 다른 통화의 사용을 늘리면 달러패권의 유지는 현실적으로 어려워진다.

그러나 1971년 브레튼우즈체제 붕괴 이후 달러패권 시대 종식 논의는 새삼스러운 이슈가 아니다. 1970년대 말과 1990년대 초·중반 달러의 실질가치가 현재보다 낮았던 적이 있음에도 불구하고 달러의 기축통화로서의 역할이 지속되고 있다. 게다가 세계외환보유고에서 달러가 차지하는 비중도 1990년대 중반의 비중보다는 높다.

어떤 통화가 달러를 대체하는 새로운 기축통화로 성장하기 위해서는 여러 조건들이 충족돼야 한다. 우선 통화의 미래가치에 대한 광범위한 신뢰가 형성돼야 하고 높은 통화가치를 지녀야 한다. 이를 달성하기 위해서 통화 발행국은 물가를 안정적으로 유지할 수 있어야 한다.

둘째, 교환이 용이하고 해당 통화로 표시된 자산의 가치에 대한 적절한 예측가능성이 보장돼야 한다. 이는 완전히 개방되고 고도로 발달한 금융시장을 필요로 한다.

셋째, 사용의 편익을 증대시키기 위해 통화발행국의 경제가 절대적 규모에서 크고 세계경제에 고도로 통합돼 있어야 한다.

이상의 세 조건이 충족된다고 할지라도 기존에 사용하던 통화를 계속 사용하고자 하는 관성이 있기 때문에 새로운 통화가 기존의 글로벌 통화를 대체하는 것은 결코 쉬운 일이 아니다. 따라서 한 통화가 이러한 관성을 타파하고 새로운 글로벌 통화가 되기 위해선 기존의 글로벌 통화가 제공하는 편익에 더해 상당한 수준의 새로운 편익을 제공할 수 있어야 한다. 현 시점에서는 어떠한 통화도 이러한 새로운 글로벌 통화의 조건을 모두 충족시키지는 못하고 있다. 가장 유력한 후보인 유로도 마찬가지다.

최근 지속적인 달러 약세에 대한 불만이 고조되고 새로운 기축통화에 대한 열망이 증가함에 따라 유로의 역할이 어느 정도 증가할 수 있다. 그러나 당장은 유로가 달러의 지위를 완전히 대체하기 보다는 제한적인 대체통화로 사용될 가능성이 크다. 다만 앞으로 달러독점체제에서 달러·유로·엔 등 과점체제로 국제통화질서가 재편될 경우에 대비, 다각적인 대응방안을 마련할 필요가 있다.

3. 국부펀드[3)]

1) 국부펀드란?

국부펀드(Sovereign Wealth Fund)란 중앙은행(통화정책 당국)이 관리하

---

3) 박성욱, 한국경제신문, 2007년 11월 5일; 진석용, 국부펀드가 몰려온다. LG경제연구원, 2007년 11월 14일.

는 외환보유고와는 분리하여 운용되는, 정부가 다양한 재원을 기반으로 조성한 수익 창출 목적의 투자기구를 의미한다. 국제금융시장에서는 국부펀드는 2007년 현재 약 2조 달러(최소 1.5조 달러~최대 3조 달러)일 것으로 추정되며, 이는 각국의 중앙은행들이 관리하는 약 5조 달러의 외환보유고에 비해 작은 편이나, 헷지펀드 약 1.5조 달러, 사모투자전문회사(PEF)의 운용자산은 7,000억 달러보다 규모가 큰 편이다.

국부펀드는 산유국 또는 개발도상국들의 경제적 안정성 유지와 부의 저장을 위한 재원을 마련하기 위해 설립되었다. 즉 석유, 구리 등 원자재 상품 수출 의존도가 큰 개발도상국들은 상품 가격의 변동이 국내 경제에 미칠 불안정성을 조정하고 부족한 경제적 기반의 확충을 위한 수단으로 등장하였고 주요 재원의 조달도 원자재 수출액이나 기업의 원자재 수출에 부과한 세금에 기반을 두었다.

국부펀드는 세계적으로 약 40여 개 정도가 활동 중이며 가장 오래된 것은 1953년 석유 수출금을 재원으로 설립된 쿠웨이트의 국부펀드이다. 국부펀드를 운용 중인 국가는 30여 국으로 노르웨이, 미국, 캐나다, 호주 등 선진국들도 있다. 노르웨이[4]나 중동 같은 석유 수출국은 부존 자원으로 그리고 싱가포르는 자원 빈국이지만 국민이 절약한 돈을 세금이나 사회보장기금을 통해 강제 저축해 국부 펀드를 축적했다. 외환보유액 세계 1위를 자랑하는 중국[5]은

4) 노르웨이의 국부 펀드는 자산 운용의 투명성이 높은 대표적인 사례로 수출 규모 세계 3위인 석유 판매 대금이 재원으로 1990년 설립됐으나 1996년 이후 본격적으로 투자한 결과, 노르웨이의 재정이 건전해지고 국제 유가가 큰 폭으로 상승함에 따라 기금 규모가 급속히 늘어나 2007년 3000억달러 수준에 달함. 최근 노르웨이는 국부 펀드의 이름도 연금제도 개편 과정에서 정부석유기금에서 연금기금으로 변경됨(한국경제신문, 2007년 11월 5일자).

5) 중국의 국부 펀드인 외환투자공사는 2007년 2,000억 달러 규모로 출범했으며, 외환투자공사가 향후 관리를 맡게 될 국영 중국건설은행은 작년 말 뱅크오브아메리카(BOA) 홍콩, 마카오 지점 17개를 인수하고 최근 남아프리카공화국 최대 은행인 스탠더드뱅크의 지분 20%를 인수키로 하는 등 최근 들어 외국 기업 인수에도 적극 나서고 있음. 중·장기적으로 에너지 통신 금융 등 전략적 사업 분야의 해외 주요 기업에 대한 투자가 늘어날 것으로 보여 서방 국가들의 우려가 가시지 않고 있음(한국경제신문, 2007년 11월 5일).

2,000억 달러 규모의 국부 펀드인 외환투자공사를 발족시켜 정부가 국채 발행을 통해 마련한 자금으로 외환 보유액을 매입해 조성했다는 점에서 기존의 국부 펀드와 차별화된다. 우리나라의 한국투자공사(KIC)도 외환 보유액 일부를 일시적으로 위탁받아 운영하고 있어 현재로서는 전형적인 국부 펀드라기보다 외화자산 운용공사에 가까운 측면이 있다. 공적 외환보유액은 환투기 공격 등 유사시 바로 사용할 수 있도록 현금으로 바꾸기 쉽고 안전한 선진국 정부 채권의 형태로 가지고 있는 것이 보통이다. 그러나 국부 펀드는 좀 더 장기간 돈이 묶이더라도 보다 높은 수익을 거둘 수 있는 고수익 채권, 주식, 부동산 등 다양한 자산에 투자한다.

국부펀드는 투자 성향이나 설립 재원, 정보 공개의 투명성 정도 등에 따라 구분할 수 있는데 투자 성향에 따라 국부펀드는 다양한 자산에 분산 투자하는 포트폴리오 투자 펀드와 기업 경영에 직접 참여할 가능성이 큰 전략적 투자 펀드로 나눌 수 있다. 설립 재원을 기준으로는 원자재 등의 상품 수출액을 주요 재원으로 하는 상품 펀드와 경상수지 흑자국들이 외환보유고 등을 기반으로 조성한 비상품 펀드로 분류될 수 있다. 1990년대 이전 국부펀드는 대부분 원유 등의 원자재 수출액을 기반으로 하면서 포트폴리오 투자 펀드의 성격을 지녔다. 그러나 중국의 CIC(중국투자공사)나 싱가포르의 Temasek 및 중동의 국부펀드는 전략적 투자 성향을 보이고 있다.

2) 국부펀드의 특징

국부펀드는 설립에서 투자까지 활동 전반에 걸쳐 민간 금융자본들과 다르다. 특히 자금 운용의 주체, 자금의 원천, 운용 목적 등 금융자본의 성격을 파악하는 주요 잣대로 비교하면 민간 금융자본과 전혀 다른 속성이 뚜렷하게 드러난다. 국부펀드의 주체는 국가 경제를 좌우하는 정부이다. 따라서 자금 운용의 목적으로 수익성보다는 국가 경제의 장기적 성장 기반을 확보하는데 있다.

국부펀드은 제반 정보를 공개하지 않는다. 정부가 유일한 투자자이므로 민간 금융자본들처럼 투자자 보호를 위한 정보 공개의 의무를 질 필요가 없다. 따라서 각국의 국부펀드 규모나 투자 활동 등에 대한 제반 정보는 대부분 인터

뷰나 기타 간접적인 경로를 통해 파악될 뿐 어느 정도 규모의 자금이 어떻게 형성되어서 어디로 흘러가는지를 알 수 없다.

이러한 국부펀드 변화의 조짐은 다음과 같은 특징들이 있다. 우선, 근래 들어 국부펀드의 수가 점점 늘어나고 있다는 사실이다. 현재 파악된 40여 개의 국부펀드들 중 절반은 2000년대에 신설되었다. 특히 전략적 투자 성향을 지닌 국부펀드의 다수는 최근 수 년 내에 설립되었다.

둘째, 설립 재원의 다변화이다. 과거 원유 등의 상품 수출국들이 대부분이었으나 중국과 같은 경상수지 흑자국이나 정부의 재정 상태나 외환보유고에서 여유분이 있는 국가들이 국부펀드를 설립하는 사례가 늘어나고 있다.

셋째, 수익성 향상을 위해 주식 등 위험도가 높은 자산에 대한 적극적인 투자 활동의 강화이다. 세계 최대의 국부펀드인 ADIA(아랍에미레이트)의 주식투자 비중은 최대 60%에 달하였고, 헷지펀드, PEF 등 대안투자까지 감안하면 총자산 중 무려 80%가 고위험 자산군에 투자하고 있다. 뿐만 아니라 노르웨이의 국부펀드 역시 총자산 중 주식 투자 비중이 60%를 차지하고 있다. 선진국의 국부펀드조차 위험자산 비중을 늘린 사실은 적극적인 투자 활동이 강화되는 분위기를 나타내는 중요한 신호로 해석된다.

3) 국부펀의 문제점

국부펀드는 자금의 향방이 각종 자산 가격 뿐 아니라 환율, 금리 등 거시경제 변수에까지 영향을 줄 수 있기 때문에 시장에 미치는 파급 효과가 매우 크다. 특히 국부펀드의 투자 활동이 달러화 자산에서 유럽 또는 아시아 등 비달러화 자산으로 국부펀드의 자금이 집중될 경우 달러화 약세 추세를 더욱 부추켜 글로벌 리밸런스(Global Rebalance)를 가속화시킬 수 있다. 국부 펀드는 국제 금융시장에 대규모 유동성을 공급하는 새로운 자금원 역할을 하고 있다. 그러나 최근 일부 국가의 국부 펀드 부상을 바라보는 각국, 특히 선진국의 시각은 그리 호의적이지만은 않다. 국부 펀드를 경계하는 선진국들은 정부의 관리를 받는 국부 펀드가 순수한 경제적 목적 이외에 정치적 목적에 따라 투자할 수도 있는데 이는 전통적인 외환보유액 운용 방식과 달리 부동산 주식 등 고수의 자산의 투자 비중이 높아지면서 정부가 채권자가 아니라 소유자로서 다른 나라 기업의 경영에 관여할 수 있기 때문이다.

이처럼 선진국들은 경쟁국의 국부 펀드가 석유 등 희소 자원을 독점하거나 자국 기간산업의 핵심 기업 경영에 관여하고 내부 정보에 접근할 수 있다. 이런 이유로 국제통화기금(IMF)이나 세계은행 등은 국부 펀드의 운용 및 규제 방식에 대한 국제적인 행동 강령을 만들 것을 제안하고 있다. 또한 독일 프랑스 등 일부 유럽 국가에서도 국부 펀드의 투자를 제한하는 장치를 둬야 한다고 주장하고 있다. 반면에 영국은 국부 펀드 규제를 빌미로 한 새로운 형태의 금융보호주의 등장을 우려한다. 한편 미국은 엑슨-플로리오(Exon-Florio)법을 개정해 외국인 투자가 국가 안보에 저해되는지를 심사하는 필수 대상에 국부 펀드 등 외국 정부의 투자를 명시했다. 2006년 아랍에미리트 기업이 미 정부의 승인까지 얻어 미국 6개 항구의 운영권을 인수했으나 미 의회의 압력으로 재매각한 적도 있다.

국부펀드가 자칫 국가 간 갈등 요인으로 부각될 소지도 적지 않다.[6] 국부펀드의 가장 큰 문제점은 투명성 결여이다. 현재 노르웨이의 국부펀드 외엔 모두 베일에 가려져 있다. 가장 비밀스러운 투자를 한다는 헤지펀드보다 투자 내용이 불투명하다는 평가도 나온다. 국부펀드에서 파생되는 문제점이 어느 날 느닷없이 나타날 수밖에 없는 구조다. 덩치가 워낙 크다 보니 투자 전략에 조금만 변화가 생겨도 자산 가격에 엄청난 영향을 미치게 된다. 게다가 실체가 드러나지 않기 때문에 각종 루머가 횡행할 수밖에 없고 그럴싸한 소문이 불거질 때마다 금융시장의 불안정성은 극대화된다. 국가 간 분쟁의 소지가 될 수도 있다. 독일이 최근 국부펀드에 대항할 수 있는 기구를 만들겠다고 나선 것이나 싱가포르의 테마섹이 태국 통신그룹인 신코프를 인수했다가 격렬한 반발에 부딪힌 것이 대표적 사례이다.

국부펀드가 금융시장에서 민간자본을 위축시킬 것이라는 지적도 있다.아무리 큰 민간자본도 한 나라의 국부펀드를 당해내긴 어렵다. 이로 인해 자산 가격이 왜곡되는 현상도 나타날 수 있다. IMF는 원자재나 원유 가격이 떨어질

---

6) 안재석, 한국경제신문, 2007년 7월 23일.

경우 산유국 등 해당 국가가 국부펀드를 이용해 가격 흐름을 바꿀 수도 있다고 경고했다. 경제논리 대신 정치논리가 개입되어 외교와 안보 분야 문제를 해결하기 위해 국부펀드를 무기로 활용할 개연성이 적지 않다는 것이다. 뿐만 아니라 독재국가의 경우 정권을 유지하는 수단으로 변질될 가능성도 있다.

4. 급부상하는 이슬람 금융[7)]

1) 수쿠크(이슬람채권) 발행과 사모펀드

이슬람경제권이 커지면서 이슬람율법인 샤리아에 따라 발행하는 수쿠크가 빅뱅(대폭발)을 연상시킬 정도로 급팽창함에 따라 국제 금융시장의 새 화두로 떠오르고 있다. 유럽이나 아시아 투자자들이 이슬람권 경제의 성장 과실을 누릴 수 있는 가장 간단한 방법이 수쿠크에 투자하는 것이라고 할 만큼 수쿠크(이슬람채권)시장은 2000년 3억 3,600만 달러에서 2006년 240억 달러 이상으로 6년 만에 71배나 커졌다.[8)]

한편 두바이를 중심으로 한 중동지역에만 30개 안팎의 사모투자펀드 전문회사가 40개가 넘는 PEF를 설정, 최소 52억 달러 규모(4조 9,400억 원)의 자금을 운영 중이다.이러한 사모투자펀드는 지역 개발의 가속화는 물론 미공개 기업 등에 대한 투자를 이끌면서 자본시장 발전을 선도하고 있다. 이처럼 사모투자펀드가 이슬람 지역에서 활성화되고 있는 것은 우선 지난 4년간 새로 축적된 7,000억 달러 상당의 오일 달러와 연 6% 안팎에 달하는 지역경제 성장 등 우호적인 여건 둘째, 걸프국가들의 잇단 WTO(세계무역기구) 가입, 민영화 추진 등 경제자유화 가속 끝으로, 9·11 테러 이후 아랍권 동류의식 확산으로 역

---

7) 한국경제신문, 2007년 1월 31일자와 2월 3일.

8) 사우디아라비아 부동산 개발업체인 다르 알 아르칸 4억 2,500만 달러, 두바이 부동산 개발업체인 낙힐그룹 35억 2,000만 달러, 말레이시아 정부 투자기관(카자나 나쇼날 베르하드) 7억 5,000만 달러, 독일의 작센 안하르트주 정부 2004년 9월 1억 유로, 세계은행 2005년 4월 2억 달러, 미국 석유회사 이스트카메론 파트너스 1억 6,600만 달러, 일본 재무성과 일본국제협력은행(JBIC), 말레이시아 중앙은행 4억 달러(예정), 중국 쿠웨이트 2억 달러(예정), 인도네시아 6억 5,000만 달러(예정)임.

내 투자 선호 마지막으로, 점진적인 자본시장 발전으로 투자 및 자금회수가 용이해진 점 등이 복합적으로 작용했기 때문이다. PEF 투자 대상은 대부분 중동과 북아프리카, 인도 파키스탄 등 남아시아지역 기업으로 주로 이슬람권 국가에서 투자가 이루어지고 있다.

2) 치열한 허브경쟁

각국들이 중동 기업의 투자를 끌어들이기 위해 노력 중이다. 영국은 2006년 런던을 국제 이슬람 금융 허브로 키우겠다고 선언하였으며, 싱가폴은 2007년 초 법인세를 1%포인트 감면안을 내놨다. 뿐만 아니라 급성장하는 이슬람 금융을 잡기 위한 국가 간 허브(중심지) 경쟁이 불을 뿜고 있다. 런던(영국), 싱가포르, 말레이시아, 두바이, 바레인, 카타르 등이 저마다 이슬람 금융 허브를 외치고 있다. 이들은 경쟁에서 승리하기 위한 핵심 카드로 세제 혜택과 규제 완화를 꺼내들고 있다.

런던은 내친 김에 이슬람 금융까지 집어삼킬 기세다. 2004년과 2005년 각각 영국이슬람은행(IBB)과 유럽이슬람투자은행(EIIB) 설립을 인가, 이슬람 금융의 기반을 닦았다. 이들 은행은 서방 은행 중에선 처음으로 100% 샤리아(이슬람 율법)에 따라 운영되고 있다. 싱가포르는 아시아 금융시장의 허브라는 강점을 살려 주식시장과 부동산시장에 오일머니를 끌어들이기 위해 2006년 2월 이슬람주가지수[9]를 도입하여 샤리아에 부합하는 상장 기업만을 편입했다. 아시아의 이슬람국가라는 위상을 바탕으로 1980년대 초부터 이슬람 금융을 육성해온 말레이시아는 2004년 외국인의 수쿠크 투자에 대한 원천과세 폐지 등을 제시하여 2,500만 동남아시아 무슬림들이 보유한 금융자산의 12%를 관리하고 있다. 또한 말레이시아는 향후 10년간 이슬람 금융회사에 대해 법인세를 면제하는 파격적인 조건도 제시하였다. 두바이는 2004년 일종의 금융자유지대인

---

9) 무기, 술. 담배. 도박. 포르노 등에 대한 투자를 금지한 샤리아의 가르침에 따라 투자할 수 있도록 고안된 주가지수. 주류회사나 담배회사 등을 제외한 기업들로 구성된다. 싱가포르가 도입한 이슬람주가지수가 대표적임. 이 중 아시아 기업 100개로 구성된 '아시아 샤리아 100지수'가 많이 쓰임(한국경제신문, 2007년 2월 3일).

두바이국제금융센터(DIFC)를 오픈하면서 비과세, 외국인의 100% 지분 소유, 이익금의 무제한 본국 송금 등 다른 중동 국가에선 상상하기 힘든 혜택이 주어진다. 2005년 설립된 두바이국제금융거래소에는 전 세계 수쿠크 발행 물량의 44%가 상장됐다. 현재까지 중동에선 외국계 금융회사가 가장 많이 포진해있는 바레인은 2009년까지 금융센터, 호텔, 주택 등이 한데 어우러진 금융항구를 건설할 예정이다. 카타르는 2006년 카타르금융센터를 설립한 이후 두바이 출신 관료들을 적극 영입하여 10년 내에 두바이와 바레인을 따라잡겠다고 공언하면서 허브 경쟁에 뛰어들었다.

이처럼 급부상하고 있는 이슬람 금융에 대해 이슬람금융 파워를 활용하려는 중국과 일본의 은 이슬람 금융회사들과 네트워크를 형성하는 차원을 넘어 투자금이 오가는 금융 거래로 급속히 발전하고 있다. 반면 한국은 이슬람금융에 대한 기본적인 시장조사조차 파악이 안 된 상태이다. 2006년 10월 싱가포르에서 열린 '아랍·아시안 금융포럼'에서는 이슬람권과 중국·일본과의 협력 방안만 논의됐을 뿐 한국은 관심권 밖이었다.

중국은 2004년부터 중국·아랍포럼을 정례화하며 고위 공무원, 기업인, 금융인의 유대관계 형성을 폭넓게 지원하고 있다. 중국 인민은행은 말레이시아에 있는 이슬람 금융감독기구인 이슬람금융서비스위원회(IFSB) 준회원으로 활동 중이다.

일본에서도 국책은행인 JBIC가 수쿠크 발행을 앞두고 최근 정부 후원 아래 처음으로 이슬람금융 국제 세미나를 연 것을 계기로 사회적인 관심이 높아졌다. 아사히, 니혼게이자이 등 유력 신문들이 최근 이슬람경제와 금융에 대한 특집기사를 봇물처럼 쏟아내고 있다. 일본 정부는 이슬람금융서비스위원회(IFSB)와의 교류를 늘리기 위해 일본은행의 IFSB 회원 가입을 추진키로 했다. 미쓰이스미토모은행 등 민간 금융회사들도 JBIC와 함께 이슬람금융연구회를 만들었고 도쿄미쓰비시UFJ는 말레이시아 금융그룹 CIMB와 말레이시아에 이슬람금융회사를 설립하는 방안을 추진 중이다. 대형 벤처캐피털회사인 아시아투자도 1억 달러 규모의 이슬람펀드를 만들었다.

이에 반해 한국 금융회사나 기업들은 이슬람금융을 활용하려는 움직임을 보이지 않고 있다. 사우디아라비아 아람코의 에쓰오일 투자 등 몇몇 전략적인 투자를 제외하면 이슬람금융과의 직접적인 교류도 거의 없다. 고작해야 수출입은행이 최근 수쿠크 시장 조사에 나섰을 뿐이다. 외환, 우리은행 등이 걸프지역에 지점이나 사무소를 두고 있지만 주로 한국 기업에 대한 무역금융 지원에 머물고 있을 뿐이다.

전 세계 무슬림은 15억 6,000만 명으로 중동, 북아프리카, 동남아시아 등지에 많으며 유럽에서도 수가 증가하고 있다. 1971년 창설된 이슬람회의기구(OIC)에는 57개국이 가입돼 있으며, 한국에도 4만 명 정도의 이슬람교도가 있다. 아랍권 투자자들이 새로운 투자처를 물색하고 금융산업도 급팽창하고 있어 해외 자금 조달 다변화나 현지 영업 확대 차원에서 이슬람금융을 파고들 필요가 있다.[10)]

5. 세계 기축통화 전쟁[11)]

미국 달러화는 지금까지 세계 경제의 기축 통화로 군림하며 막대한 파워를 행사했고, 미국 경제에 엄청난 이득을 가져다 주었다. 달러를 찍으면 그만큼의 구매력이 고스란히 미국에게 돌아간다. 이를 세뇨리지(seigniorage)[12)]라 하는데 이는 기축통화를 공급하는 국가만의 특혜라 할 수 있다. 뿐만 아니라 세계 각국이 불평 없이 달러를 외환보유고로 쌓아온 덕분에 미국은 막대한 정부 부채를 유지할 수 있었다. 그러나 이러한 이득은 달러가 기축 통화로 유지된다는 전제 하에서만 가능하다. 달러 가치가 급속하게 떨어지면서 기축 통화로서 달러화의 지위가 흔들린다면 누구도 달러를 보유하려 하지 않으려 할 것이고, 무역이나 금융 거래도 달러로 표시하길 꺼려할 것이기 때문이다. 사실 기축통화

10) 한국경제신문, 2007년 2월 5일.
11) 신관호, 조선일보, 2008년 3월 22일.
12) 국가가 화폐 발행으로 얻게 되는 이득을 말하며, 기축 통화 효과 또는 화폐 주조차익이라고도 한다. 중세 봉건 영주, 즉 세뇨르(seignior)들이 돈을 찍어 팔았기 때문에 생긴 말로 화폐의 액면가치와 실제로 만들어지는데 들어간 비용과의 차액을 가리킴.

로서 달러의 지위가 위기에 빠진 것은 이번이 처음은 아니다. 미국이 급속한 인플레이션을 경험하였던 1977~79년, 그리고 미국의 경상수지 적자 문제가 급속히 부각되었던 1985~89년에도 달러 가치가 급속하게 떨어지면서 달러의 위상에 의심의 눈길이 쏠렸다.

당시 일본 엔화나 독일 마르크화가 대안으로 등장하려는 움직임도 보였다. 그러나 일본이나 독일이 경제 규모 면에서 미국과 상대가 되지 않았기 때문에 큰 위협은 되지 못하였다. 결국 각국 외환보유고에서 달러화가 차지하는 비중은 1990년대 초까지 일시적으로 감소하였을 뿐 다시 상승세로 돌아섰다.

하지만 지금의 상황은 여러 모로 과거와 다르다. 우선, 과거에는 달러화만이 독보적인 위치에 있었고 마땅한 대안이 없었지만 지금은 막강한 경쟁자인 유로화가 있다. 유로화는 과거의 엔화와 마르크화에 비해서는 강자이다. 유로 국가 전체 GDP 규모가 아직 미국 경제를 능가하지는 못하지만, 동구 국가들이 속속 유로에 편입된다면 곧 미국 경제를 넘어설 것으로 전망된다. 그리고, 미국 경제의 적자 규모가 너무 커서 세계 각국에 외환보유고가 과도하게 쌓여 있다. 이처럼 천문학적인 외환보유고를 쌓아둔 국가들로서는 달러 가치의 급속한 하락은 곧 엄청난 손실을 의미한다. 그러므로 이런 파국을 막으려는 환율 공조의 움직임이 있기 마련이고, 결코 달러화의 급속한 가치 하락을 허용하지 않을 것이라는 주장이 있다. 하지만, 지금은 이러한 전 세계적인 환율 공조를 바라기 어려운 실정이다.

과거 플라자합의는 사실상 미국과 일본, 독일이 합의하면 되었기에 상대적으로 쉬운 측면이 있었다. 하지만 지금은 이들 국가 이외에 중국과 유로 국가 그리고 산유국 등 너무 많은 국가들이 경상수지 흑자를 보이며 외환보유고를 쌓아 놓고 있다. 이렇게 많은 국가들이 공조에 합의하기에는 이해 관계가 너무나도 복잡하다. 특히 일본은 과거 플라자 합의의 결과가 자산시장의 거품을 키워 일본 경제의 잃어버린 10년의 불씨가 된 뼈아픈 경험을 가지고 있으므로 또 다시 합의에 동의하기 어려운 실정이다. 또 중국도 일본의 경험을 내세우며 호락호락하게 동의하려 하지 않는다. 오히려 이들 국가 중 하나가 달러 가치의 추가적인 하락이 있기 전에 혼자만이라도 손해를 줄이고자 달러 자산을 팔기 시작한다면, 다른 국가들도 가만히 있지는 않을 것이며 하루 빨리 달러를 팔려는 경쟁이 시작될지 모른다. 이렇게 되면 달러화의 가치 하락은 걷잡을 수 없는 속도로 이루어질 수 있다.

달러화의 가치가 떨어지면 달러가 세계 기축통화로 사용되는 비중은 점차 줄어들고, 유로화 사용이 점차 늘어날 것이다. 이에 따라 달러화가 독점하던 파이는 달러화와 유로화에 의해 양분될 가능성이 커 보인다. 기축통화로서의 지위를 결정짓는 가장 중요한 요인은 경제 규모, 즉 GDP(국내총생산) 크기이다. 경제 규모가 크지 않고는 경제적 파워를 행사하기 어렵기 마련이다. 두 번째 요인은 금융시장의 발달이다. 기축통화는 여러 가지 형태로 보유되기 때문에 이를 뒷받침할 금융 수단이 다양하게 발달하여야 한다. 세 번째 요인은 화폐 가치의 안정성이다. 화폐의 가치가 지속적으로 하락한다면 외환보유고로 보유할 매력이 없어지기 때문이다.

달러화와 유로화는 경제 규모 면에서 동등해 보이나 금융시장 발달 면에서는 아직 달러화가 가장 강력하다. 하지만 화폐 가치의 안정성 면에선 유로화가 보다 유리한 위치에 있다. 서브프라임 쇼크 등으로 달러 가치에 대한 의구심이 높아지고 있기 때문이다. 결국 유로화는 달러화에 강력하게 도전하며 세계 기축통화의 파이를 더 가지기 위해 달러와 격렬하게 다툴 것으로 보인다. 달러화와 유로화 외에 기축통화로서의 각축전에 뛰어들 또 다른 후보로는 영국 파운드화와 일본 엔화가 있다. 영국 파운드화는 실제로 달러화 이전에 세계 기축통화였다. 하지만 식민지 상실로 경제 규모 면에서 미국에 추월 당하면서 기축통화로서의 지위를 달러화에 양보한지 이미 60년이 지났다. 지금 와서 이러한 추세가 반전될 가능성은 없다. 일본은 개별 국가 기준으로는 GDP 규모가 미국에 이어 2위이다. 또 1985년 플라자합의 이래 엔화의 가치가 지속적으로 상승하면서 국제 화폐로 통용될 호기를 맞기도 했다. 실제로 미국도 일본에게 엔화 절상을 촉진하기 위해 엔화가 전면적으로 거래될 수 있도록 엔화의 국제화를 적극적으로 요구한 일이 있다. 하지만 일본 당국은 국내 금융시장의 혼란 방지라는 명목 하에 엔화의 국제화에 소극적으로 대응하였고, 최근 아시아에서 엔화의 활발한 통용을 모색하고 있지만, 실현 가능성은 적다.

또 하나, 엔화가 아시아에서조차도 국제 화폐로 널리 사용되기 어려운 보다 중요한 이유는 아시아에서 엔화를 위협하는 강력한 다크호스인 위안화가 등장했기 때문이다. 중국은 엄청난 규모의 경상수지 흑자와 외환보유고로 위안화의 가치가 앞으로 떨어질 가능성은 거의 없다. 이미 위안화는 중국의 베트남, 몽고, 러시아와의 국경 무역에서 거래 수단으로 사용된 지 오래이다. 중국인이 홍콩이나 마카오로 관광을 가는 경우에도 위안화를 그대로 사용한다. 최근 중국은 아세안(ASEAN·동남아시아국가연합) 국가에 차관을 제공할 때도 위안화를 사용한다.

그러나 중국은 경직적인 환율 제도와 아직 충분히 발달하지 못한 금융시장 등의 문제점으로 아직 위안화의 국제화를 본격적으로 추진하지는 않고 있다. 하지만, 중국은 이미 아시아에서 가장 금융시장이 발달되어 있는 홍콩을 가지고 있으며, 강력한 차세대 주자인 상하이가 급속도로 발전하고 있다. 세계 굴지의 투자은행들이 아시아 헤드쿼터를 상하이로 옮기고 있다. 중국이 보유하고 있는 1조 6,000억 달러 가량의 천문학적인 외환보유고의 운용권은 이들에게 엄청난 미끼이다.

기축통화 시장의 이러한 변화는 무엇보다 세계 경제의 변동성이 앞으로 보다 심화될 것으로 예상되며, 특히 기축통화의 파이를 놓고 미국, 유로, 중국이 치열하게 경쟁하게 되면 세계 경제는 엄청난 혼란에 빠질 수도 있다.

블록체인, 세계 무역에서 1조 달러 가치 창출할 것"

선진국의 통화 완화와 이에 따른 통화 약세로 캐리자금이 신흥국으로 유입될 여건이 재성숙되고 있다. '캐리 트레이드'란 투자자가 차입한 자금으로 유가증권에 투자하는 것을 말한다. 이때 유가증권의 수익률이 차입금리보다 높으면 '포지티브 캐리', 반대의 경우를 '네거티브 캐리'라고 한다. 또 차입통화에 따라 엔캐리와 달러캐리, 유로캐리 자금 등으로 구별된다.

캐리 트레이드의 이론적 근거는 통화가치를 감안한 국제 간 '자금이동설(m=rd−(re+e), m: 자금유입액, rd: 투자 대상국 수익률, re: 차입국 금리, e: 환율 변동분)'이다. 이 이론에 따르면 투자 대상국의 수익률이 통화 가치를 감안한 차입국 금리보다 높을 경우 차입국 통화로 표시된 자금을 일으켜 투자 대상국의 유가증권에 투자하게 된다. 투자 대상국과 자금 차입국 간의 금리차익과 환차익을 얻을 수 있기 때문이다.

1990년대 중반 이후 캐리자금은 엔캐리 트레이드를 주도하는 와타나베 부인이 주도해 왔다. 당시 일본은 장기간 경기침체와 선진국 간 달러 가치 부양을 위한 역(逆)플라자 합의 이후 '제로' 수준에 가까운 금리와 엔화 약세를 배경으로 엔캐리 트레이드를 할 수 있는 조건이 충족됐기 때문이다. 아베노믹스 추진 이후 비슷한 여건이 재조성되고 있다.

2000년대 들어서는 달러캐리 트레이드를 주도하는 스미스 부인이 눈에 띄기 시작했다. 미국의 금리 인하를 계기로 달러 가치가 약세를 보임에 따라 미국계 자금의 차입금리가 낮은 시대가 도래했기 때문이다. 특히 서브프라임 모기지(비우량 주택담보) 사태 이후 달러캐리 트레이드가 엔캐리 트레이드를 웃돌 만큼 급증했다.

작년에 등장하기 시작한 소피아 부인도 최근 다시 활동할 수 있는 여건이 형성되고 있다. 지난주 유럽 금리를 내리고 드라기식 양적완화 정책을 추진하기로 함에 따라 유로캐리 트레이드 여건도 무르익고 있다. 특히 앞으로 한국 등 신흥국에서는 와타나베 부인과 소피아 부인이 '랑데부(rendezvous·만남)'할 가능성이 높다.

〈한국경제신문, 한상춘, 2013. 5. 6.〉

미국과 유럽 금융위기 공통점은?

반(反)월가 시위의 열기가 뜨겁다. 구호의 범위가 점점 확대되고 있지만 표적의 중심은 금융위기의 진원지인 월가 금융회사다. 자본주의 역사에 길이 남을 대형 사고를 쳐놓고도 정부의 대담한 구제와 솜방망이 처벌로 건재한 금융가들의 모습과 긴 실업 속에 오그라든 소득으로 겨울을 나야 할 서민의 모습을 대비해 보면 시위대의 분노가 당연하게 느껴진다.

금융시장 통제는 어떠한 형태로든 강화되어야 한다. 그런데 구체적으로 어떤 규제를 해야 위기의 재발을 방지할 수 있을까? 위기가 왜 발생했는지 먼저 알아야 한다.

하버드대의 슐라이퍼 교수는 인간과 제도의 비합리성에 바탕을 둔 금융이론으로 세계적인 각광을 받고 있는 학자다. 그는 금융위기의 원인을 몰랐기 때문이라는 것이다. 보유 자산과 부채의 위험을 분석하는 금융분석가들도, 투자에 최종적인 책임을 져야 할 금융회사 경영자들도 무슨 일이 진행되고 있었는지 그냥 몰랐다는 것이다.

불길한 평온을 생각하자니 진행 중인 유럽의 재정위기가 절로 생각난다. 이탈리아 국채 금리가 7%를 넘나드는 데도 세계 금융시장의 파도는 아직 그리 높지 않다. 설마 메르켈 독일 총리가 1000년의 꿈 유럽통합을 파괴한 악녀로 자신이 역사에 기록되는 일을 하겠느냐는 것이다. 그런 믿음 때문에 국채 시장의 전설이었던 코자인이 경영했던 투자은행이 얼마 전 파산했다.

사고는 금융상품 중 가장 단순한 구조를 가진 국채에서 발생했다. 금융시장의 시각에서 바라보면 문제의 근원은 남유럽의 방만한 재정에 있는 것이 아니다. 왜 많은 유럽의 은행들이 독일 수준의 저금리로 그리스와 이탈리아에 그 많은 돈을 꿔줬는가를 물어야 한다. 문제는 위험한 금융상품이 아니라 그때는 믿었지만 지금은 알 수 없는 독일의 마음이다.

금융회사가 반복적으로 '실수'하는 원인이 나라마다 시절마다 다르다면 무식해 보여도 단순한 방법밖에 없다. 은행의 자본규제를 강화하고 국가든 가계든 부채가 소득에 비해 과도하게 증가하는 것을 막는 것이다. 멈칫했던 우리나라의 가계부채 증가가 또 시작되고 있다. 그때마다 금융당국은 낮은 담보대출비율(LTV)을 보이며 괜찮다고 하지만 주택가격 자체가 소득에 비해 너무 높은 상태라면 그리 안심할 형편은 아니다. 언제 끝이 날지 알 수 없는 금융 혼란의 시대에 말이다.

〈매일경제, 2011. 11. 13.〉

기축통화를 꿈꾸는 위안화

중국이 부상하고 있다. 이미 잘 알려진 대로 세계의 공장이요 제2의 경제대국으로 금융부문에서도 위상을 가파르게 높여가고 있다. 중국은 '우공이 산을 옮긴 이야기'(愚公移山)처럼 당장은 불가능할지 모르지만 언젠가는 실현될 위안화 국제화라는 거대한 꿈을 꾸고 있다. 글로벌 금융위기 이후 미 달러화의 위상이 흔들리고 있는 절묘한 타이밍에 위안화 국제화를 추진하고 있는 것이다.

그렇다면 중국이 왜 위안화를 국제화하려는 것일까? 중국이 글로벌 위기의 직접적인 영향권에서 벗어나 있었지만, 그때 느낀 위기감만은 다른 나라 못지않았던 데서 그 원인을 찾을 수 있을 것이다. 즉 2008년 중반에만도 2조달러에 가까운 막대한 외환보유액을 가진 데다 외환금융시장이 개방되지 않았기 때문에 금융위기의 직격탄은 피했다. 그러나 30여 년간 수출시장으로 삼아 왔던 미국과 유럽 등이 위기에 빠지자 수출이 급감하면서 성장이 크게 둔화되었다. 게다가 국제금융시장이 불안해지면서 땀 흘려서 곡간에 차곡차곡 쌓아 온 막대한 부가 하루아침에 휴지조각으로 변할 수도 있다는 우려가 현실이 될 수 있음을 깨달은 것이다. 즉 미국은 기축통화국으로서의 특권(시뇨리지)을 누리며 막대한 무역적자에도 불구하고 허리띠를 졸라매지 않는 반면 중국은 달러가치의 하락으로 국부가 급속하게 줄어드는 위험에 직면하게 된 것이다. 이에 중국은 중앙은행에 위안화 국제화를 추진할 전담부서를 설치하고 위안화 국제화에 눈을 돌리게 되었다.

먼저 금융위기 당시 아시아 주변국들이 외화유동성 부족으로 어려움을 겪게 되자 중국인민은행은 내심 위안화 국제화의 호기로 보고 주변국 중앙은행과 통화스왑 체결을 확대해 나갔다. 2008년 말부터 2010년 중반까지 한국, 인도네시아 등 8개국과 총 8천억위안 규모의 통화스왑을 체결하였는데 이는 향후 위안화 국제화의 사전포석으로도 볼 수 있다. 또한 홍콩과 상하이 등 일부지역에서 실시한 위안화로 무역결제를 실시하였다. 초기 위안화 무역결제를 실시한 초기 성적표는 문에 그물을 쳐서 참새를 잡으려 할 정도로 실적이 극히 부진하였다. 그러나 중국내 실시지역을 베이징 등 20개 성(省)으로 확대하고 해외 대상지역에 대한 제한을 폐지한 뒤로는 위안화 무역결제가 빠른 속도로 늘어나고 있다. 지난해 하반기 36억 위안에 불과했던 위안화 결제규모가 금년 1분기 180억 위안, 2분기 490억 위안, 3분기 약 1,300억 위안으로 매분기마다 배 이상 가파르게 늘어나는 추세이다. 물론 아직까지는 전체 무역규모의 1%에 불과하지만, 이러한 증가세가 지속될 경우 향후 무역결제 통화로서 위안화의 전망은 밝다고 아니할 수 없다. 다만 현재로서는 외국의 수출상이 위안화를 취득하더라도 이를 운용할 마땅한 수단이 없기 때문에 위안화 결제 활성화의 장애요인이 되고 있다. 이에 중국 당국은 홍콩을 위안화 채권 발행·유통을 위한 역외시장으로 육성하고, 외국 중앙은행과 위안화 결제 금융기관에 대해 중국내 은행간 위안화채권시장에 참여할 수 있도록 허용한 것도 위안화 국제화를 촉진하기 위한 조치이다.

한편 위안화가 국제통화로 거듭나기 위해서는 무역뿐만 아니라 국제금융 거래의 표시통화로 사용되거나 다른 나라의 외환보유액 운용통화로 활용되어야 할 것이다. 그러나 이렇게 되기 위해서는 위안화의 자유태환 보장, 자유변동환율제 도입, 자본시장 개방 등이 진행되어야 하겠으나 중국의 신중한 태도에 비추어 아직은 넘어야 할 산이 한두 개가 아닌 것 같다.

위안화 국제화는 무역결제를 제외한다면 아직은 꿈에 지나지 않는다. 원자바오 총리도 위안화가 진정한 국제통화가 되려면 상당한 시간이 필요하며, 한 나라의 통화가 국제통화가 되느냐는 그 나라의 경제실력을 반영하여 시장이 결정할 것이라고 언급한 바 있다. 그러나 최근 중국경제의 급속한 성장세와 중국 정책당국의 행보에 비추어 위안화가 국제통화로 도약하는 시기가 예상보다 빨리 도래할 가능성이 없지 않다 하겠다.

〈김진용, 한국일보, 2010.11.22〉

아베노믹스가 국내경제에 미치는 영향과 시사점

아베노믹스(Abenomics: 새로운 아베정부의 성장지향적인 재정 및 통화 완화정책)란 무제한 금융완화, 강력한 경기대책, 규제개혁을 통해 디플레이션과 엔고에서 탈출하여 일본경제를 성장궤도로 환원시키는 것으로 아베내각의 일본경제 재생전략이다. 이를 위해 아베노믹스는 제로금리 유지와 매월 수조엔 규모의 자산 매입 등 무제한 금융완화 정책을 실시하고 있다.그러나 아베노믹스는 단기적으로 수출 및 경상수지 악화를 초래하여 경기 회복의 걸림돌로 작용할 것으로 보일 뿐 아니라 중장기적으로도 대일 산업경쟁력 약화로 국내 산업의 글로벌 시장 경쟁력 하락을 유발할 것으로 우려된다. 첫째, 대폭적인 수출 감소가 우려된다. 원/엔 환율 하락 시 국내 총수출은 감소할 가능성이 있다. 둘째, 원/엔 환율 상승으로 일본인 한국 관광객 감소 및 국내 소비 감소는 물론 한국인 일본 관광객 증가 및 국내 소비 유출로 경상수지와 국내 경기에 부정적인 영향을 미칠 것이다. 일본인 관광객 수의 감소로 총 10억 달러의 관광수입 손실이 발생될 것이며 한국인의 일본 관광객 수도 동일한 수준으로 증가하면 관광 지출의 증가로 손실이 우려된다. 셋째, 중장기적으로는 미국 중국 시장 내 주력 수출 상품 경쟁이 심화될 것이다. 주요 수출산업별 비교우위지수 분석 결과 미국 시장에서는 기계 자동차 정밀기기 부문은 한국의 비교열위가 심화될 우려가 있으며 부문은 격차가 축소되면서 경쟁이 치열해질 것이다. 중국시장에서는 일본의 철강 기계 자동차 부문에서 일본의 비교우위가 더욱 확대될 것으로 보이며 조선 정밀기기는 양국 간 격차가 축소되면서 경쟁이 심화될 것으로 우려된다.

아베노믹스로 인해 추세적인 엔저 현상과 일본의 중장기적인 산업경쟁력 회복이 예상되는 만큼 이에 대한 적절한 대응이 필요하다. 우선 엔 달러 환율의 추세적인 상승에 대한 종합적인 대응 전략이 모색이 시급하다 다음으로 국내 산업의 수출경쟁력 제고와 기업경영 여건 개선이 필요하다. 또 환경 에너지 인프라 등 대규모 복합형 산업의 수출 산업화를 촉진해야 한다. 마지막으로 국가 차원의 중장기 산업경쟁력 강화 대책 마련 등 중장기적인 일본의 산업경쟁력 회복에 대응할 수 있는 전략을 수립해야 한다.

아베노믹스의 전략과 일본경제에 미치는 영향

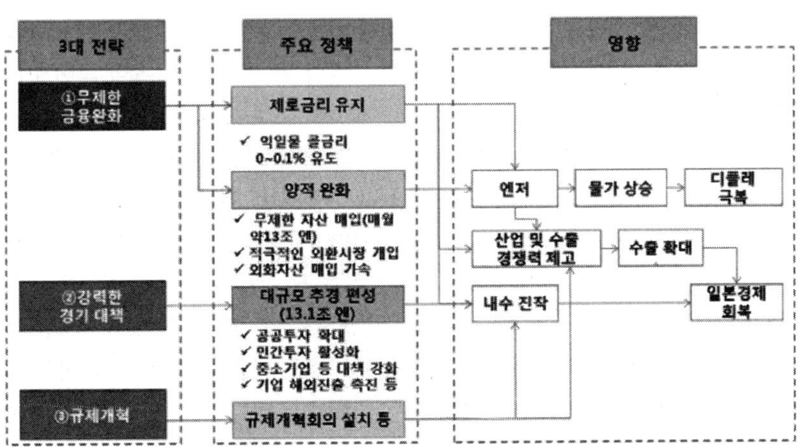

〈현대경제연구원, 경제주평, 2013. 2. 1., 13-06(통권 523호)〉

세계 20대 국부펀드 중 11개, 산유국서 운영

세계의 부(富)가 산유국으로 집중되고 있다. 중동과 유럽 산유국들은 원유 등을 팔아 축적한 막대한 돈을 기반으로 국부펀드를 운용, 세계 금융시장을 쥐락펴락하는 큰손으로 떠올랐다. 국부펀드(SWF·Sovereign Wealth Funds)란 정부가 외환보유액의 일부 등 여윳돈을 따로 떼어 투자용으로 모아놓은 자금이나 운용기관을 말한다. 미국 금융전문지 인스티튜셔널인베스터의 '2012년 세계 국부펀드 보고서'에 따르면 중동 등 산유국(석유를 생산하지만 수입이 더 많은 미국·중국 제외)은 지난 3월 말 현재 세계 20대 국부펀드 가운데 11개를 운용하고 있는 것으로 조사됐다. 유가가 수년간 배럴당 100달러를 넘는 고공행진을 계속하면서 산유국들의 오일머니가 급속히 늘어난 데 힘입었다.

세계 10대 국부펀드 중 산유국 펀드 수도 지난해 3월 말 5개에서 올해 6개로 늘었다. 지난해 20위권 밖에 있던 아랍에미리트 아부다비투자위원회(ADIC)가 9위로 뛰어올랐다. 운용자산이 가장 큰 국부펀드는 북해산 브렌트유를 생산하는 서유럽 최대 산유국 노르웨이의 글로벌연금펀드(GPF)였다. 2위와 3위는 중동의 주요 산유국인 아랍에미리트의 아부다비투자청(ADIA)과 쿠웨이트투자청(KIA)이 각각 차지했다. 이 밖에 카타르와 리비아, 카자흐스탄, 아제르바이잔 등 산유국이 운용하는 국부펀드들도 20위권에 포진했다. 이들은 세계 금융시장에서 주식 채권 등 금융상품뿐만 아니라 주택 등 부동산을 대거 사들이고 있다. 블룸버그통신은 최근 노르웨이 GPF가 본격적인 회복 조짐을 보이고 있는 미국 주택시장에 투자하고 있다고 보도했다. 한편 영국 이코노미스트지(誌)는 "글로벌 무역수지 불균형의 주범은 산유국들"이라고 분석했다. 무역 적자에 시달리고 있는 미국이 과거 글로벌 불균형의 주범으로 '세계의 공장'인 중국을 지목했지만 지금은 산유국들이 주요 원유 소비국인 미국 중국 등에 원유를 팔아 막대한 무역흑자를 누리고 있다는 것이다.중국의 경상흑자는 최근 급감한 반면 산유국들의 경상흑자는 큰 폭으로 늘어나고 있다고 이코노미스트는 전했다. 2000년 이후 원유 수출국들의 누적 경상흑자는 4조 달러를 넘었다. 같은 기간 중국 경상흑자의 두 배에 이르는 규모다.

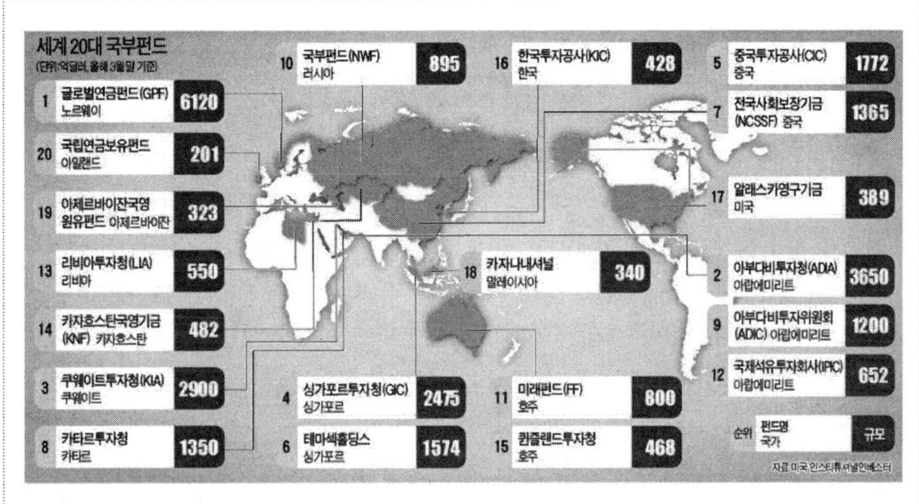

〈한국경제신문, 2012. 10. 08.〉

미 통화 긴축이 신용에 미치는 영향은?

미국 경제가 10년여의 경기 확장세를 이어가고 있는 요즘 투자자들은 경제가 지속적으로 성장하고 시장에서 수익을 낼 수 있을지 예의 주시하고 있다. 이번 경기 확장은 미국 중앙은행(Fed)이 대규모 자산 매입을 통해 경기 변동성을 줄이고 각종 자산의 가치를 부양했다는 점이 특징이다. 이는 주식 60%와 채권 40%로 구성하는 전통적인 '60:40 포트폴리오'에 순풍으로 작용했음을 입증했다. 2008년 이후 채권과 주식 모두 연평균 7.5%의 수익률을 기록했다.

낮은 금리와 전례 없는 유동성은 금융 자산뿐만 아니라 기업도 떠받쳤다. 기업들은 새 프로젝트에 자금을 대거나 재무구조를 재편하는 과정에서 더 많은 부채를 끌어왔다. 이로 인해 신용시장이 기하급수적으로 커졌다. 레버리지(부채)가 매우 높아졌다. 국내총생산(GDP) 대비 비(非)금융기업 부채 비율은 사상 최고이고 부실채권 발행도 크게 늘었다.

공공과 민간의 신용시장은 적극적인 통화 팽창 정책의 희생자인 것처럼 보인다. 그러나 궁극적으로 위험을 떠안는 것은 투자자다. 레버리지 시장에서 거래되는 채권의 56%는 B등급 이하다. 역사적으로 B등급 부채의 연간 부도율은 BB등급보다 5배가량 높다.

주식시장 상황도 비슷하다. 이번 경기 확장 시기에 성장주는 가치주를 훨씬 웃도는 상승률을 보였다. 올 들어서도 우량 기업의 주가 상승률이 비우량 기업보다 낮았다. 그러나 이런 추세는 지속될 수 없다. 현재 10억 달러 이상 가치를 평가받는 비상장 기업은 260곳에 달한다. 이들 기업의 총 평가액은 8,400억 달러에 이른다. 하지만 지난해 상장한 기업의 76%는 이익을 내지 못했다. 이는 2000년 이후 가장 높은 수치다. 신용시장이 조만간 어느 때라도 붕괴할 수 있다는 말은 아니다. 재정지출 확대와 기업 투자, 구조 개혁으로 미국의 경제성장은 당분간 지속될 가능성이 높다. 경제성장 속도는 최고조에 달했다. 어쩌면 정점에 다다랐을지도 모른다. 그러나 경기 침체가 오기까지는 24~36개월 정도 걸릴 것으로 추정한다.

하지만 경제 환경 변화에 따라 투자자가 고려해야 할 몇 가지 사항이 있다. 첫째, 투자 상태를 유지하는 것이 중요하다. 투자자들이 이익을 극대화할 수 있는 투자 시점을 찾기는 어렵다. 시장은 예측을 불허할 정도로 유동적이어서다. 대부분의 투자자에게 현금으로 전환하는 것은 정답이 될 수 없다.

둘째, 적합한 재무 파트너를 확보해야 한다. 앞으로 2년 동안 극도로 완화한 통화정책이 유지될 것이다. 미약한 생산성 증가와 포퓰리즘의 부상, 벼랑 끝 정치 전술로 불확실성이 증가할 수도 있다. 적합한 재무 파트너는 일관된 전략으로 투자하면서 각 상황에 맞는 투자를 안내할 것이다. 시장의 위험성을 이해하고 시장에 위기가 닥칠 때 탈선하는 것을 막는 데 도움을 줄 것이다. 현 단계의 경기 순환기에는 시장 성장이나 레버리지에 의존하기보다는 혁신과 가치 창출에 관한 전문지식이 필요하다.

이 모든 것은 투자자들이 중기적으로는 긍정적인 전망을 유지하면서도 새로운 환경에 대비하기 시작해야 한다는 것을 의미한다. 통화 긴축과 금리 인상은 항상 신용 부도에 선행했다. 내년에 중앙은행들이 자산을 순매도해 시장에 대한 지원책을 완전히 뒤바꿀 때에만 그 영향이 세계 시장에 미칠 것이다. 역사는 똑같이 되풀이되지 않지만 확실히 일정한 리듬이 있다.

〈한국경제신문, 2018. 11. 05.〉

달러의 여행

2008년 11월. 미국이 무지막지하게 달러를 찍어내기 시작한 때 달러의 세계 여행은 본격화됐다. 아무 돈이나 세계 여행을 할 수 있는 것은 아니다. 만약 한국 원화가 세계를 여행한다면 입국이 거부되는 나라가 많을 것이다. 하지만 달러는 달랐다.

세계 모든 나라가 환영했다. 달러를 외국으로 보내야 하는 미국 입장과 그 달러를 받아야 하는 각국의 이해관계가 교묘하게 맞아떨어졌다. 미국에서는 달러가 세계 여행을 안 떠났다면 끔찍한 결과가 불가피했다. 2008년부터 2013년까지 미국이 양적완화(QE) 정책을 통해 새로 찍어낸 돈만 무려 3조 8,000억 달러다. 이 돈이 미국에 있었다면 물가는 천정부지로 치솟고 달러의 몸값은 추풍낙엽처럼 떨어졌을 것이다. 당시 미국은 금융위기로 침체에 빠진 경제를 막대한 돈을 풀어 살리겠다고 나섰다. 하지만 이 돈이 미국에 있으면 아무 효과가 없다는 걸 그들은 알고 있었다. 달러의 세계 여행을 조장해야 할 절박한 이유였다.

세계 각국은 달러가 제 발로 찾아오니 반가웠다. 경제 여건이 좋지 않은 신흥국일수록 달러는 환영받았다. 이들은 물건을 팔고 달러를 받아왔고 어떨 땐 싼 이자를 주고 달러를 빌렸다. 처음에 조금 오다 말겠지 했던 달러는 5년 동안이나 물밀듯이 밀려왔다. 각국은 밀려오는 달러를 곳간에 쌓아뒀다. 각국은 곳간에 달러가 넘쳐난다며 좋아했지만 사실 혜택은 미국이 봤다. 수조 달러를 찍어내도 세계 곳곳에서 이를 받아주고 곳간에 쌓아주니 수요가 늘면서 달러 값은 오히려 올랐다. 세계 각국 통화와 비교한 달러 값을 표시하는 달러 인덱스는 2009년 70대 후반이었지만 2018년에는 95를 오르내린다. 달러는 아무리 찍어내도 가치가 오르는 마법 같은 통화였다. 그 덕분에 미국은 돈을 찍어내 돈을 벌었다. 당국이 찍어낸 많은 돈이 금융회사와 기업에 유입되면서 미국 경제는 금융위기에서 탈출했다. 정책의 성공처럼 보였지만 그 이면에는 미국이 찍어낸 달러를 받아주면서 가치를 지탱해준 많은 나라들이 있었다. 만약 각국이 달러의 여행을 금지했다면 달러 값은 급락하고 미국은 아직도 침체기를 벗어나지 못했을 것이다.

사람도 그렇듯 달러도 여행을 한없이 할 수는 없다. 지난 10년간 세계를 여행했던 달러가 본격적인 귀환 시기를 맞았다. 미국의 기준금리 인상은 여행 중인 달러에 대한 소집 명령이다. 세계 어느 곳에 있는 달러부터 귀환할지는 아무도 모른다. 경제가 어렵거나 정치적으로 불안정한 나라에 있는 달러가 가장 먼저 돌아갈 것이라는 예측만 있을 뿐이다. 달러의 귀환은 여타 외국인투자자들의 동요와 이탈을 불러 금융시장부터 시작해 경제를 마비시킨다. 선의로 달러를 불렀던 나라들은 달러가 돌아갈 때면 냉정한 현실 앞에 치를 떨게 된다. 역설적이지만 미국이 어려울 때 달러를 가장 많이 받아준 국가들이 더 큰 피해를 본다. 10년 간 세계 각국을 대접받으며 여행하고 돌아갈 때 매정하게 뿌리치며 국가경제를 할퀴고 떠나는 것은 분명 특권을 가진 달러의 횡포다.

각국은 달러의 귀환을 조금이라도 늦추기 위해 여념이 없다. 아르헨티나는 단기 기준금리를 연 60%까지 올렸다. 미국 기준금리가 연 1.75~2%인 것을 감안하면 30배나 높은 수준이다. 그래도 달러는 돌아가겠다고 짐을 싸고 있다. 브라질·터키는 물론이고 중국·인도까지 비상이 걸렸다. 1997년 달러의 귀환에 대비하지 못해 외환위기까지 겪은 한국도 마찬가지다. 모든 나라가 달러를 잡기 위해 안간힘을 쓰는 형국이다. 달러의 귀환에 안전지대는 없다. 안일한 대응이 화를 부르는 것은 시간문제다. 대비하지 못한 나라는 국가부도와 같은 재난에 빠진다.

달러의 귀환이 일단락될 때까지 세계 금융시장에서는 금리, 주가와 통화가치가 급등·급락하는 불안정한 장세가 연출될 것이다. 무소불위 달러로부터 벗어나고 싶지만 그럴 수 없는 것이 냉정한 현실이다. 도널드 트럼프 미국 대통령이 연일 관세폭탄을 투하하며 윽박지르는 보호무역보다 훨씬 무서운 게 달러다. 달러의 여행에 따른 파장은 세계경제가 얼마나 미국 중심적으로 굴러가는지, 그리고 이로 인한 글로벌 경제의 불균형이 얼마나 심한지를 극명하게 보여주고 있다.

〈매일경제, 2018 .9. 3.〉

이탈렉시트의 이면

신판 흥부놀부전 이야기. 어느 날 놀부가 흥부에게 자기 집에 들어와 살라고 했다. 흥부와 그의 식구들은 부자 형님과 한집에 살면 좋을 것이라는 막연한 기대감에 들어가 살기로 했다. 그런데 막상 집에 들어와 살다 보니 당초 생각과는 달랐다. 같은 공간에서 살 뿐 살림살이는 따로 했다. 인색한 놀부는 틈만 나면 흥부에게 '나처럼 잘살려면 절약해 돈을 모아야 한다'고 가르쳤다. 돈을 모아야 살림도 합칠 수 있단다. 흥부는 속으로 '누가 그걸 모르나' 하며 투덜거렸다. 문제는 또 있었다. 흥부가 따로 살 때는 밖에 나가면 친구들이 가난한 흥부를 도와줬다. 이제 친구들은 '한집에 사니 당연히 부자 형님이 도와주겠지' 하며 외면했다. 흥부는 형님이 도와줄 것을 생각하고 씀씀이를 늘린 것도 후회가 된다. 살림은 합치기 전보다 더 어려워졌고 한번 늘린 씀씀이를 줄이긴 힘들었다. 아내와 자식들의 불만은 쌓여갔다. 급기야 이럴 거면 다시 나가 살자고 조른다. 흥부는 '그래도 형님이 도와주겠지' 하며 놀부 눈치를 보고 있다. 여차하면 집을 나갈 생각도 있다.

놀부는 독일, 흥부는 이탈리아로 보면 최근 유럽에서 벌어지고 있는 이탈렉시트(이탈리아의 유로존 탈퇴) 논란과 본질이 비슷하다. 이탈렉시트는 정치권 슬로건으로 등장했지만 근본 원인은 유럽국가 간 경제적 불균형의 심화다. 역설적이지만 유럽 국가들이 1990년대 들어 '하나의 유럽 건설'이라는 명분 아래 본격적으로 추진했던 화폐 통합과 관세동맹이 원인으로 작용했다. 유로화라는 단일통화를 내걸고 출범한 유로존은 '평균의 함정'이라는 문제를 드러냈다. 경상수지 흑자국은 화폐가치가 절상돼 흑자 폭이 줄어들고 적자국은 반대로 화폐가치가 절하되면서 적자 폭이 줄어드는 것이 일반적이다. 하지만 유로화의 가치는 여기에 참여한 19개국 통화가치의 평균에 가깝게 결정됐다. 그러다 보니 경상수지 흑자국 통화는 상대적으로 저평가되고 적자국 통화는 고평가됐다. 경상수지 적자국은 적자가 더 커지고 흑자국은 흑자가 더 커지는 불균형이 확대됐다. 남유럽 국가들은 화폐 통합 초기 소비를 늘린 데다 날로 커지는 경상수지 적자까지 국가 재정으로 메우다 보니 나랏빚이 더욱 늘었다.

유럽 경제 통합의 다른 축인 관세동맹도 비슷하다. 관세동맹을 체결하면 역내 관세는 철폐되고 역외 국가에 대해서는 단일 관세를 매긴다. 그러자 산업경쟁력이 높은 국가는 수출이 늘어 '즐거운 비명'을 질렀고 상대적으로 경쟁력이 떨어지는 국가는 수입이 더 늘어 불균형이 심해졌다. 독일은 관세동맹과 화폐 통합의 수혜국, 이탈리아를 포함한 남유럽 국가들은 피해국이 됐다. 남유럽 국가들이 독일에 재정문제를 해결하는 데 적극 나서줄 것을 요구한 것도 이런 이유 때문이다. 하지만 독일은 남유럽 국가들의 방만한 소비에서 이유를 찾았다. 이 때문에 이들 국가가 허리띠를 졸라매는 '긴축'을 해야 한다며 맞섰다. 불균형은 국가 간 불신을 낳았다. 유럽이 당초 계획했던 재정과 정치 통합의 로드맵은 교착 상태에 빠졌다. 남유럽 국가들의 불만은 커졌다.

이 공간을 대중의 불만을 자극해 정치적으로 이용하는 포퓰리즘 세력이 파고들었다. 이탈리아 포퓰리즘 정당인 오성운동은 자국 문제를 해결하기 위해 '유로존 이탈'도 불사해야 한다고 주장하며 선거에서 제1당에 올랐다. 유로존 이탈은 이탈리아 하나로 끝나지 않는다. 스페인, 포르투갈 등의 연쇄 이탈을 불러와 유로존의 붕괴와 직결된다. 이들 국가를 지원할 돈줄을 쥐고 있는 독일은 딜레마에 빠졌다. 유로존이 붕괴되면 그동안 누렸던 이익이 사라지는 것은 물론 유럽 분열에 따른 정치적 책임도 감수해야 한다. 하지만 무턱대고 지원할 경우 갈수록 늘어날 지원금을 감당하기 어렵다.

유로존 위기는 일시적 지원으로 해결될 문제가 아니다. 경제적 불균형을 해소하는 보다 근본적인 방법이 마련되지 않으면 위기는 계속 반복될 수밖에 없다. 이탈렉시트 이면에 있는 구조적 문제를 해결하기 위한 유럽 국가 간 신뢰 회복과 공동 노력이 시급한 시점이다.

〈매일경제, 2018. 6. 7.〉

통화 패권전쟁

유럽연합(EU)이 미국 달러화를 견제하기 위해 유로화 결제를 늘리는 방안을 오늘 공개할 예정이다. 역내 에너지 수입액의 80% 이상을 차지하는 달러화 결제를 유로화로 전환하고, 아프리카에 유로화 차관을 확대하는 등 EU 차원의 새로운 결제 시스템을 개발할 모양이다. 기축통화를 둘러싼 글로벌 패권 경쟁이 다시 불붙을지 주목된다.

그동안 국제 통화 패권의 역사는 유럽과 미국, 아시아를 중심으로 부침을 거듭했다. 1500년대에는 스페인 페소화가 기축통화 역할을 했다. 식민지에서 들여온 은과 금으로 해상무역을 장악한 덕분이었다. 16세기 말 스페인 무적함대가 침몰한 뒤에는 동인도회사를 앞세운 네덜란드의 길더화가 국제 통화로 떠올랐다. 다음은 영국 파운드화의 시대였다. 19세기 후반 각국은 무역거래의 60%를 파운드로 결제했다. 파운드화 시대는 두 번의 세계대전을 겪으면서 막을 내렸다. 2차대전이 끝날 무렵인 1944년 미국 브레턴우즈에서 44개국이 새로운 협약에 합의하면서부터는 달러화의 시대가 열렸다.

기축통화는 세 가지 요소를 두루 갖춰야 한다. 상품가격 표시나 거래 과정에서 정보비용을 낮출 수 있고, 각국 화폐와 환전할 때 거래비용도 줄일 수 있어야 한다. 통화가치의 안정성으로 가치저장 기능까지 겸비해야 한다. 현재의 달러화는 이런 요건을 다 갖추고 있다.

지난 70여 년간 다른 통화의 도전이 없었던 것은 아니다. 중국의 위안화는 2016년 국제통화기금(IMF) 준비통화인 특별인출권(SDR)의 다섯 번째 구성통화가 되면서 달러와 '통화 전쟁'을 예고했다. 하지만 환율이나 자본이동 등에 대한 당국의 규제에 막혀 새로운 기축통화로 부상할 가능성은 높지 않다. 한때 꿈틀거렸던 일본 엔화도 낙후된 금융 시스템 때문에 주저앉고 말았다. 유로화 역시 달러화의 벽을 넘기에는 역부족이다. 경제 규모로는 미국에 버금가고 아프리카에 대한 영향력도 만만치 않지만 가입국의 정치·경제적 배경이 달라 단일국가의 통화처럼 안정성을 확보하기 어렵다. 그리스 이탈리아 등 일부 회원국의 막대한 재정적자와 고령화된 인구구조, 단일 금융감독기관 부재 등 문제점도 한둘이 아니다.

영국의 EU 탈퇴로 결속력이 약해진 상황에서는 유로화 위상에 한계가 있을 수밖에 없다. 다만 도널드 트럼프 미국 대통령의 '자국 우선주의'에 위기감을 느낀 유럽 국가들이 통화 주권에 관한 인식을 새롭게 하는 계기가 될 수 있을 것으로 전문가들은 보고 있다. 이달 말 브뤼셀에서 만나는 유럽 정상들은 어떤 결정을 내릴까. 역사상 경제 패권 경쟁이 무역 전쟁, 통화 전쟁, 금융 전쟁 순서로 전개됐다는 점에서 유럽의 움직임에 관심이 쏠린다.

〈한국경제신문, 2018. 12. 4.〉

서구 "첨단 기술 빼가는 차이나머니 막아라"

지난달 26일 국제 이동통신박람회 '모바일월드콩그레스 2018'이 열린 스페인 바르셀로나의 화웨이 부스 모습. 사진공동취재단

중국 첨단기업들의 '기술 확보' 공세에 미국과 유럽연합(EU) 등 서방 선

진국이 경계감을 드러내며, 중국 자본의 관련 기업 인수에 제동을 걸고 나섰다.

미국 외국인투자심의위원회(CFIUS)는 6일(현지시간) 싱가포르에 설립된 통신기기 개발사 브로드컴의 미국 퀄컴 인수를 검토하기 위해 주주총회를 일시 유예하라는 명령을 내렸다고 밝혔다. 첨단기술 업계 사상 최대 거래가 될 수 있었던 이번 인수가 가로막힌 건 중국 정보기술(IT) 업체 화웨이에 대한 공포 때문이다. 영국 파이낸셜타임스는 브로드컴이 화웨이와 오래 관계를 맺어온 점을 지적하며 중국 IT업계가 5세대 이동통신(5G) 표준 경쟁에서 미국 실리콘밸리를 앞서는 상황까지 미국 정부가 우려하고 있다고 관측했다.

이런 상황은 처음이 아니다. CFIUS는 최근 중국 자본의 미국 첨단기술업체 인수에 꾸준히 제동을 걸고 있다. 첨단기술은 안보 문제와 떼놓고 생각하기 어렵다는 게 미국 논리다. 올해 1월 중국 IT기업 알리바바 계열사인 앤트파이낸셜의 미국 송금회사 머니그램 인수를 불허한 게 대표적이다. 미국 정부는 당시 '경제안보 위협'이라는 논리를 내세웠다. 미 의회는 지난해 말 '외국인 투자 위험 심사 현대화' 법안도 제출했는데, 중국 기업의 첨단기업 인수는 물론 미국의 중국 투자와 합작까지도 들여다 보겠다는 내용이다.

유럽에서도 최근 비슷한 경계심이 고개를 들었다. 지난달 중국 지리자동차가 독일 메르세데스벤츠 브랜드를 보유한 다임러 지분 약 9.7%를 인수하자, 브리기테 치프리스 독일 경제장관이 견제구를 날렸다. "독일의 개방된 시장이 타국에 남용돼선 안 된다"고 말했다. 지리는 다임러에 전기차 및 자율주행 개발 노하우 공유를 요구하고 있는데, 이 기술이 군사분야에 적용될 가능성을 경계하고 있는 것이다. 독일과 프랑스는 유럽연합(EU) 집행위원회에 중국 투자 규제책을 마련하라고 촉구했다.

2016년 중국의 대미 투자는 460억 달러(약 49조 원)로 전년도 대비 3배가 뛰었는데 상당수가 첨단제조·정보·통신분야로 들어갔다. 미국 싱크탱크 스트랫포는 "20세기 냉전 당시 미국과 소련이 우주개발 경쟁을 내세워 미사일 경쟁을 벌였듯, 21세기 미국과 중국도 첨단기술 경쟁을 벌일 것"이라고 예측했다.

물론 서방의 경계가 과도하다는 지적도 있다. 미국 IT기업 IBM은 "미국 기업의 해외 투자를 막게 되면 오히려 미국 기업의 기술 개발 능력이 뒤처질 것"이라며 투자 규제에 공개 반대 의사를 표명했다. 버락 오바마 정부 때

백악관 경제고문이었던 미국 싱크탱크 카네기국제평화재단의 크리스토퍼 스마트 선임연구원도 “도둑을 막으려고 손님조차 들이지 않는 격”이라며 득보다 실이 많다고 비판했다.

실제 중국의 기술력이 이미 상당 수준까지 올라왔다는 지적도 나온다. 미국 국립과학재단(NSF)이 2018년 발표한 과학·공학지표에 따르면 2015년 중국의 연구개발(R&D) 지출은 구매력평가지수 기준 4,088억 달러로, EU(3,865억 달러)를 제치고 1위 미국(4,966억 달러)을 빠르게 뒤쫓고 있다.

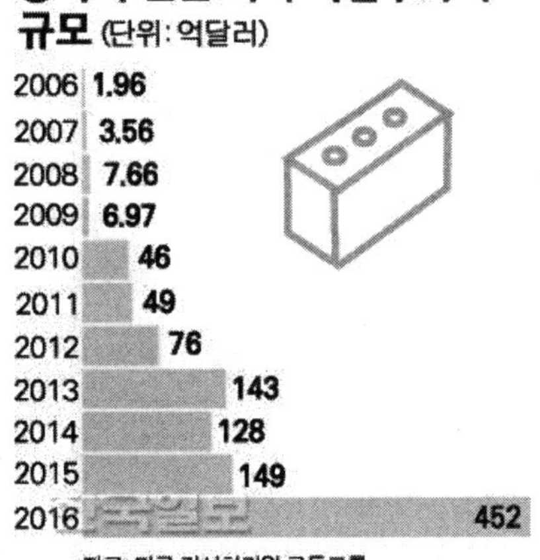

〈한국일보, 2018. 03. 08.〉

美 통화 긴축이 신용에 미치는 영향은?

미국 경제가 10년여의 경기 확장세를 이어가고 있는 요즘 투자자들은 경제가 지속적으로 성장하고 시장에서 수익을 낼 수 있을지 예의 주시하고 있다. 이번 경기 확장은 미국 중앙은행(Fed)이 대규모 자산 매입을 통해 경기 변동성을 줄이고 각종 자산의 가치를 부양했다는 점이 특징이다. 이는 주식 60%와 채권 40%로 구성하는 전통적인 ‘60:40 포트폴리오’에 순풍으로 작용했음을 입증했다. 2008년 이후 채권과 주식 모두 연평균 7.5%의 수익률을 기록했다.

낮은 금리와 전례 없는 유동성은 금융 자산뿐만 아니라 기업도 떠받쳤다. 기업들은 새 프로젝트에 자금을 대거나 재무구조를 재편하는 과정에서 더 많은 부채를 끌어왔다. 이로 인해 신용시장이 기하급수적으로 커졌다. 레버리지(부채)가 매우 높아졌다. 국내총생산(GDP) 대비 비(非)금융기업 부채 비율은 사상 최고이고 부실채권 발행도 크게 늘었다.

공공과 민간의 신용시장은 적극적인 통화 팽창 정책의 희생자인 것처럼 보인다. 그러나 궁극적으로 위험을 떠안는 것은 투자자다. 레버리지 시장에서 거래되는 채권의 56%는 B등급 이하다. 역사적으로 B등급 부채의 연간 부도율은 BB등급보다 5배가량 높다.

주식시장 상황도 비슷하다. 이번 경기 확장 시기에 성장주는 가치주를 훨씬 웃도는 상승률을 보였다. 올 들어서도 우량 기업의 주가 상승률이 비우량 기업보다 낮았다. 그러나 이런 추세는 지속될 수 없다. 현재 10억 달러 이상 가치를 평가받는 비상장 기업은 260곳에 달한다. 이들 기업의 총 평가액은 8,400억달러에 이른다. 하지만 지난해 상장한 기업의 76%는 이익을 내지 못했다. 이는 2000년 이후 가장 높은 수치다.

신용시장이 조만간 어느 때라도 붕괴할 수 있다는 말은 아니다. 재정지출 확대와 기업 투자, 구조 개혁으로 미국의 경제성장은 당분간 지속될 가능성이 높다. 경제성장 속도는 최고조에 달했다. 어쩌면 정점에 다다랐을지도 모른다. 그러나 경기 침체가 오기까지는 24~36개월 정도 걸릴 것으로 추정한다.

하지만 경제 환경 변화에 따라 투자자가 고려해야 할 몇 가지 사항이 있다. 첫째, 투자 상태를 유지하는 것이 중요하다. 투자자들이 이익을 극대화할 수 있는 투자 시점을 찾기는 어렵다. 시장은 예측을 불허할 정도로 유동적이어서다. 대부분의 투자자에게 현금으로 전환하는 것은 정답이 될 수 없다.둘째, 적합한 재무 파트너를 확보해야 한다. 앞으로 2년 동안 극도로 완화한 통화정책이 유지될 것이다. 미약한 생산성 증가와 포퓰리즘의 부상, 벼랑 끝 정치 전술로 불확실성이 증가할 수도 있다. 적합한 재무 파트너는 일관된 전략으로 투자하면서 각 상황에 맞는 투자를 안내할 것이다. 시장의 위험성을 이해하고 시장에 위기가 닥칠 때 탈선하는 것을 막는 데 도움을 줄 것이다. 현 단계의 경기 순환기에는 시장 성장이나 레버리지에 의존하기보다는 혁신과 가치 창출에 관한 전문지식이 필요하다.

이 모든 것은 투자자들이 중기적으로는 긍정적인 전망을 유지하면서도 새로운 환경에 대비하기 시작해야 한다는 것을 의미한다. 통화 긴축과 금리 인상은 항상 신용 부도에 선행했다. 내년에 중앙은행들이 자산을 순매도해 시장에 대한 지원책을 완전히 뒤바꿀 때에만 그 영향이 세계 시장에 미칠 것이다. 역사는 똑같이 되풀이되지 않지만 확실히 일정한 리듬이 있다.

〈매일경제, 2018. 11. 05.〉

제9장 | 글로벌에너지와 대외원조[1)]

1. 글로벌 자원위기[2)]

1970년대 두 차례의 석유파동 이후 비교적 안정세를 유지하던 원유의 연평균 가격은 2002년 배럴당 26달러에서 2008년 1분기 중 102달러로 5년여 만에 3.9배 수준으로 상승하였고, 곡물은 4.7배 상승하였다. 이러한 자원 가격의 상승원인은 미 달러화 가치의 하락으로 달러 표시 국제 자원 가격이 상승 압력을 받는 가운데 투기수요까지 가세해 상승폭이 더욱 확대되었기 때문이다.

1) 글로벌 자원위기 가능성

국제 자원 가격은 개도국을 중심으로 한 수요 확대와 자원 보유국의 공급능력 제약이라는 구조적인 수급요인으로 인해 상승세가 장기간 이어질 가능성이 있다. 국제원유의 경우 원유 가격이 상승하고 있음에도 불구하고 원유의 공급증가가 미미한 수준에 그치는 공급제약 상황을 맞게 된 것이다.[3)]

---

1) 국민일보, 2006년 4월 24일자 매일경제, 2006년 11월 15일 All과 이데일리, 2006년 12월 4일자에서 정리
2) LG경제연구원, 글로벌 자원위기의 의미와 영향, 2008년 5월 14일
3) 원유 공급의 가격탄력성은 1990년대 0.810으로 상당히 높은 수준이었으나 2000년대 들어서는 0.083으로 10분의 1로 떨어졌으며, 지난 2005~2007년 중에는 다시 절반 수준인 0.044로 하락했음

원유뿐 아니라 곡물, 광물도 공급난을 겪을 가능성이 있다. 주요 곡물과 광물의 재고-소비 비율이 현재 사상 최저 수준을 기록하고 있는 데다 앞으로도 더 낮아질 것이라는 전망이 점점 많아지고 있다. 곡물의 경우 지난 20년간 생산성 증가율이 연평균 1% 수준에 그친 점을 감안할 때 수요 급증에 대처하기 위해서는 재배 면적이 크게 늘어나야 하나, 도시화, 산업화, 사막화와 함께 농촌인구의 고령화 등으로 재배 면적은 좀처럼 늘어나지 않고 있다. 2007년 세계곡물 재배면적은 1981년의 93% 수준으로 오히려 낮아졌다. 엥겔계수가 높은 중국·인도 등 거대인구 국가의 소득 증가, 농촌 인구의 도시 유입 등으로 농산물 수요가 급증 추세에 있고 바이오 연료용 곡물 수요 증가도 곡물가격 상승의 구조적인 요인이다. 세계 인구의 1/5에 달한다는 기아 인구가 개도국의 성장으로 기아에서 벗어나기 시작할 경우 장기적으로 세계의 곡물 공급난은 더욱 심해질 가능성이 있다.

금속 등 광물은 주로 소재, 중간재로 쓰이기 때문에 개도국의 제조업 생산활동에 상대적으로 민감하게 반응하는 특징이 있다. 주요 생산지에서 빈발하고 있는 광산 파업과 함께 광물 채굴에 많은 에너지와 장비가 소요된다는 점도 광물의 공급 확대를 제약하는 요인이 될 전망이다.

2) 자원위기가 우리 경제에 주는 의미

자원 공급의 제약은 여러 경로를 통해 세계 경제에 많은 영향을 미치는데 우선, 자원의 공급 제약이 세계경제의 성장을 제약하여 세계 경제의 장기 평균 성장률이 약 3%로 하락할 것이라는 점, 둘째, 성장활력이 제조업 중심 국가에서 자원보유국으로 이동할 것이라는 점이다.

2000년대 들어 자원 가격이 빠르게 상승한 주 요인은 개도국이 투자를 중심으로 고성장하면서 투자에 필요한 에너지와 각종 자원의 수요가 크게 늘고, 생활수준이 높아지면서 곡물에 대한 소비수요도 빠르게 늘었기 때문이다. 이 과정에서 자원가격이 지속적으로 상승했음에도 불구하고 개도국을 중심으로 한 수요증가가 자원 가격 상승의 부정적인 효과를 대부분 상쇄해 주었다. 2000년대 들어 세계경제 성장률이 1990년대 평균 성장률 2.9%보다 1.2%p나 높은

4.1%를 기록하여 이를 뒷받침하고 있다. 원유, 곡물, 광물 등 다양한 자원 가격이 본격적으로 동반 상승했던 2003~2007년 중엔 세계 경제 성장률이 4.6%로 더 높아졌다.

자원가격 상승 속에서도 세계 경제가 고성장할 수 있었던 것은 물가 상승을 감안한 자원의 실질가격이 과거에 비해 여전히 낮았기 때문이다. 2007년 중 주요 자원의 실질 가격(=국제 자원가격지수/글로벌 소비자물가지수, 1980년 100 기준)은 원유 60.9, 곡물 37.6, 금속 92.6으로 2차 석유파동 당시보다 낮은 수준이었다. 그 동안 자원의 실질가격이 상대적으로 낮았다는 것은 경제 전체적으로 생산원가에서 차지하는 자원투입의 비중도 줄어들었다는 것을 의미한다. 이는 제조업 부문의 생산성 향상에 크게 기여하였고, 제조업 부문의 생산성을 높인 중국과 같은 신흥 개도국들이 세계경제의 고성장을 이끄는 견인차가 되었던 것이다.

그러나 이번 글로벌 자원위기는 단기적인 공급 차질이 아니라 수요에 비해 공급능력이 장기적으로도 따라가지 못하는 공급 제약이라는 특징을 지니고 있기 때문에 2000년대 초중반과 같은 고성장세가 지속되기는 어려워 보인다.

수요 측면에서는 글로벌 인플레 압력이 확대되면서 가계의 실질구매력이 떨어져 수요 확대가 제약될 전망이다. 공급 측면에서도 원료에 대한 비용 부담이 늘면서 제조기업을 중심으로 수익성이 악화되고, 투자여력도 줄어들 것이다. 이는 단기적으로 수요 둔화, 장기적으로는 세계경제의 성장잠재력을 떨어뜨리는 역할을 하게 될 것으로 보인다.

현재 서브프라임 위기에 따른 미국 경기의 침체로 세계 경제가 둔화될 것으로 예상되지만, 경기순환 상 수요가 회복되더라도 자원 공급 제약에 의해 세계 경제의 평균성장률이 지난 5년과 같은 4% 중반의 높은 수준을 지속하기는 어려울 것으로 보인다. 자원 공급이 제약되는 정도에 따라 세계경제의 평균 성장률이 3%대 초반 혹은 1990년대 수준 이하로 떨어질 가능성도 배제할 수 없다.

베네수엘라, 인도네시아, 사우디아라비아, 러시아 등 주요 자원 수출국의 성장이 크게 높아지는 등 대부분의 자원 수출국들이 2000년대 들어 성장이 가속되고 있는 반면 선진국 등 자원 수입국들은 중국, 인도 등 거대 개도국을 제외하고는 성장률이 오히려 낮아지는 모습을 보이고 있다.

자원 보유국들은 자원 가격 상승을 통한 소득 확대분으로 인프라투자나 설비 투자를 확충하면서 성장의 활력을 계속 높이고 있다. 자원 머니를 활용한 M&A나 국부펀드 등을 통한 해외 직간접 투자를 통해 국제금융시장에서의 영향력도 커지게 될 것이다. 두바이가 세계적 금융 중심지로 도약하고 있는 것이 좋은 사례이다. 반면 선진국 등 자원 수입국들은 공산품의 가격이 상대적으로 떨어지는 교역조건 악화 현상이 지속적으로 나타날 것으로 보인다. 교역조건 악화는 실질소득을 자원 보유국으로 이전시키게 되어 자원 수입국들은 소비, 투자 등 내수부문의 부진이 장기화될 우려가 있다. 특히 투자의 둔화는 장기 공급능력을 떨어뜨려 세계경제의 잠재성장률을 낮추는 요인으로 작용할 것으로 보인다.

2. 세계 석유 전쟁

석유시장 쟁탈전이 전세계적으로 퍼지고 있다. 최근 이란 핵 문제에서 야기된 중동 원유 공급 차질 우려로 유가가 사상 최고가 행진을 멈추지 않는 가운데 소규모 산유국들마저 분쟁에 휘말리거나 석유를 무기로 영향력을 행사하고 있어 석유시장을 위협하고 있다. 전세계 하루 석유 소비량은 8,500만 배럴로 산유국들은 이 수요를 빠듯하게 맞추고 있다. 사우디아라비아만 비상사태에 대비, 150만 배럴을 추가 확보하고 있는 정도다. 12개 소규모 산유국의 하루 원유 생산량은 460만 배럴로 OPEC 회원국의 5%에 그치지만 사우디아라비아를 제외한 단일 회원국의 생산량보다 많은 양이다. 더욱이 석유 완충 역할을 하는 사우디아라비아조차 최대 원유 정제공장 폭파 위협에 시달리는 등 테러에 노출돼 있어 마이너 산유국의 입김은 세지고 있다. 이라크 내 분쟁 및 이란의 핵 개발 위협에다 아프리카 1위 산유국인 나이지리아 사태까지 겹쳐 석유 문제는 갈수록 꼬여가고 있다. 러시아는 에너지 패권국을 꿈꾸며 유럽 에너지 시장에 대한 영향력을 행사하고 있고,중국은 자원 확보를 위해 중동 및 아프리카 국가들과의 관계 증진에 나서고 있다. 고유가 시대가 조만간 일본에조차 국가 안보를 위해 대미 우호와 대이란 우호 가운데 더욱 긴요한 것을 선택하도록 강요할 수도 있다고 전망했다.

▌표 6▐ 소규모 산유국들 석유분쟁 현황

지역	국가	하루 석유 생산량(배럴)	석유시장 위협 요인
남미	에콰도르	533,000	• 잦은 파업, 저융회사에 석유 공급중단 위협 • 미국 수요량의 15% 공급중단 위기
	아르헨티나	777,000	• 외국 석유회사의 투자 및 원유생산 감소 • 남미 두 번째 경제대국
아프리카	차드	180,000	• 반군 공격 속 세계은행에 석유생산 중단 위협 • 애틀런티 지역 수출 위협
	모리타니아	15,000	• 2005년 쿠데타 발생
	기나아 (에콰도르령)	358,000	• 잦은 해적 출몰, 정부 부패 • 미국의 세 번째 아프리카 석유수출국
	수단	325,000	• 다르푸르 지역 분쟁, 남부지역 석유투자 위협 • 빈 라덴, 처방국가 상대분정지역 선포
	이집트	696,000	• 호수니 무바라크 대통령 승계 둘러싼 정정불안 • 여행객 상대 테러위협, 콤트계 소수 기독교인 분쟁
	콩고공화국	241,000	• 부정부패 만연
중동	바레인	198,000	• 집권 수니파와 다수야당 시트파간 갈등
	예엔	405,000	• 정부 지배력 약화로 강력한 이슬람 강경 세력과 갈등
	시리아	458,000	• 정부불신 안연, 원유생산과 보유량 감소추세 • 2012년까지 순 석유수입국으로 전략
유라시아	아제르바이잔	450,000	• 분리독립을 꾀하는 노고르도·바라바크 지역 둘러싸고 아르메니아와 긴장 고조 • 지중해 연안 국가 상대 석유수출 차질 우려

3. 자원민족주의

세계가 석유에 목말라 하고 있다. 에너지 자원 고갈의 우려가 높아지면서 경제성장과 안보를 위해 한 방울의 자원이라도 미리 확보하려는 힘겨운 전쟁이 소리 없이 벌어지고 있다. '경제가 국력'이라면 '에너지는 경제를 움직이는 심장'이다. 에너지 확보를 위한 전쟁에서 기름 한 방울 나지 않는 우리나라는 '맨주먹 붉은 피로' 적을 막아내야 한다.

에너지 자원에 대한 수요가 많아지고 원유가격이 폭등하면서 자원보유국가의 배짱 튕기기도 갈수록 심해지고 있다. 정권이 바뀌거나 상황이 변하면 계약서는 사실상 무용지물이 된다. 유전개발 도중에도 세금이나 로열티를 올려받겠다고 나오는 경우가 허다하다. '싫으면 석유 캐지 말고 나가라'는 태도지만 아쉬운 쪽이 굽힐 수 밖에 없는 상황이다. 이런 '배째라 식' 우격다짐의 피해자들의 면면을 보면 내로라하는 메이저 석유회사부터 일본 같은 경제강국까지 포함되어 있다.

| 표 7 | 각국의 에너지 개발 계약조건 중도 변경사례

해당국	내 용
베네수엘라	로열비 비율을 16%에서 30%로 인상, 국영석유회사 PDVSA가 51% 이상의 지분 참여
러시아	지하자원에 대한 외자 진출 규제 강화, 유코스의 해체를 통한 국영화
카자흐스탄	지하자원법 개정을 통해 국영석유회사의 프로젝트 참여권한 선매권 확대
나이지리아	국영석유회사 NNPC의 이권 확대 추진
알제리	프로젝트에서 국영석유회사 소나트라의 이권을 51%로 인상
볼리비아	자국 석유산업의 국유화
에콰도르	미국 옥시덴탈사 자산 강제압류
트리나다드타바고	로얄티 인상, 계약조건 개정

유전개발투자는 단순한 비즈니스처럼 보이지만 그 이면에는 국가간의 알력과 예민한 외교문제가 거미줄처럼 얽혀있다. 일본은 2004년 이란의 초대형 유전인 아데나간 유전 지분 75%를 사들였다. 중동 최대의 유전을 개발해 안정적인 에너지 공급원을 확보하려던 꿈을 키웠다. 그러나 이란의 핵개발 의혹이 불거지고 미국이 이란에 대해 경제 제재를 시행하면서 일본의 입장이 난처해졌다. 일본이 이란에 석유개발을 위해 투자한 자금이 핵개발에 전용되는 것을 막기 위해 미국 정부가 나섰고 설상가상으로 석유탐사와 개발에 필요한 비용이 천정부지로 오르면서 사업이 지지부진해졌다. 그러자 칼자루를 쥔 이란 정부는 일본에 대해 원유 개발 프로젝트의 취소를 통보했다. 이란은 그 유전을 다른 회사에 팔면 그만이기 때문이다. 정유업계의 한 관계자는 '미국은 애초부터 이란 유전에 일본이 투자하는 것을 못마땅해 했으나 일본 자위대의 이라크 파견으로 미국이 묵인하면서 프로젝트가 시작된 것'이라며 '북한과 이란이 핵개발을 시작하면서 일본이 북한의 핵개발 등에 대해서는 제재를 주장하면서 이란에 대해서는 핵개발과 무관하게 유전투자를 계속하기는 어려웠을 것'이라고 해석했다. 볼리비아는 지난 5월 천연가스 사업의 국유화를 선언하고 가스전에 군대를 파견했다. 가스전에 투자한 외국계 회사들에게 국유화에 협조할 것인지 국외로 떠날 것인지를 선택하라면서 압력을 행사했다. 그러나 이를 지켜보는 다른 나라들은 이 사건을 '볼리비아 쇼크'로 부르며 신문에 보도하는 것 말고는 별다른 대책이 없었다.

산유국들의 횡포가 심해지면서 석유가 필요한 나라들은 몸이 달았다. 지난 8월 M&A시장에 매물로 나온 '페트로카자흐스탄'은 가채매장량 5.5억 배럴의 대형 유전을 갖고 있는 회사이다. 시장에서는 20억 달러 정도에서 낙찰될 것으로 예상하고 있었지만 인도의 국영 석유회사인는 무려 31억 달러를 써냈다. 늘어나는 인도의 석유수요를 해결하기 위해 꼭 필요했던 유전이었기 때문이다. 그러나 페트로카자흐스탄은 무려 41억 8,000만 달러를 써낸 중국의 국영석유회사로 팔렸다. 세계 유전 거래사상 최대 금액이었다. 전세계의 석유전문가들조차 이해하기 어려운 가격이라는 반응이었지만 중국은 한 달 뒤 에콰도르의 엔카나 유전도 시장에서 평가하는 가치의 3배가 넘는 14억 2,000만 달러

를 주고

▌표 8▌ 최근 자원 민족주의의 주요 사례

국 가	내 용
베네수엘라	• 차베스 베네수엘라 대통령은 지난 3월말 자원 국유화 선언함 • 외국기업이 참여하고 있는 32개 유전개발사업의 지분 60%를 베네수엘라 석유공사에 넘기라고 발표함
볼리비아	• 모랄레스 볼리비아 대통령은 지난 5월 1일, 석유 및 천연가스에 대한 국유화 조치를 발표함 • 바로 다음날, 볼리비아 정부는 광물 및 산림자원에 대한 국가 통제를 강화하겠다고 밝힘 – 다국적 기업들이 보유한 자원에 대한 사실상의 통제권을 볼리비아 국영 에너지 기업(YPFB)에 넘기든지, 아니면 6개월 이내에 떠나라는 엄포에 이은 조치임
에콰도르	• 미국의 석유 기업인 옥시덴탈 패트롤리엄과 석유생산에 관한 계약을 파기, 5월 16일 압류작업을 개시하였음 – 미국은 이에 대한 보복조치로 현재 추진 중인 양국의 FTA 교섭을 중단함
러시아	• 우크라이나가 2005년 오렌지 혁명에 성공한 후, 친 서방노선을 펴자 러시아는 올 2분기부터 천연가스 가격을 형행 1000m당 50달러에서 230달러로 인상한다고 통보하고, 우크라이나가 이를 거부하자 가스 공급을 중단함 • 푸틴 러시아 대통령은 지난 4월 국영 에너지 기업인 가즈프롬이 영국 에너지 회사 인수를 추진하다가 반발을 사자 에너지 수출을 유럽에서 아시아로 돌리겠다고 위협함 • 극동 파이프라인에 대한 중국과 일본의 치열한 경쟁을 유도하여 경제적 실리를 챙기고 유럽 견제수단으로 활용함

사갔다. 중국 국영석유회사는 올해 카자흐스탄의 카라잔바스 유전도 20억 달러에 사들였다. 이 유전은 3년전 한국의 석유공사가 한때 매입을 검토했지만 당시 8억 달러이나 되는 비싼 가격 때문에 망설이다 포기한 유전이다. 중국의 이런 공격적인 움직임에 다급해진 인도와 다른 나라들의 입찰가격도 덩달아 높아지면서 석유를 생산하고 있는 생산유전의 거래 가격은 2004년보다 5배가량 올랐다. 이처럼 중국이 유전 시장의 망나니라는 손가락질에 아랑곳하지

않고 대형 유전들을 사들이고 있는 것은 에너지 확보를 비즈니스 측면에서 접근하기보다 국가의 생존을 위한 전략의 차원에서 접근하기 때문이라며 탱크나 미사일이 비싸다고 사지 않을 수 없는 것과 같다.

중국의 이같은 독특한 전략의 배경에는 에너지가 상품이 아니라 전략물자라는 인식이 깔려있다. 자국의 석유수요를 충족시키기 위해서는 미국이 주도하는 국제 석유시장에 의존해서는 안된다는 판단이다. 언제든지 미국이나 일본, 러시아와의 정치적 군사적 분쟁으로 원유 수송로가 막힐 수 있다는 점이 중국을 다급하게 만들고 있다. 중국 국영 석유사의 공격적인 움직임 뒤에는 언제든지 필요한 자금을 지원하는 중국 정부소유의 은행들이 있다.

에너지 대국 러시아 블라디미르 푸틴 대통령이 석유수출국기구(OPEC)와 유사한 천연가스 국제 카르텔을 설립하려는 구상을 구체화하고 있다. 파이낸셜타임스(FT)는 러시아가 알제리 리비아 등 북아프리카 국가, 카타르, 이란, 카자흐스탄, 우즈베키스탄 등 중동과 중앙아시아 국가를 망라한 천연가스 카르텔 설립을 추진하고 있다. 시베리아와 극동 지역의 막대한 원유와 가스를 개발해 동북아시아로 공급한다는 푸틴 대통령 구상이 구체화하면 아시아는 물론 유럽에 대한 러시아 발언권은 더욱 강화되는 셈이다. 러시아로서는 현재 가스 에너지 부문의 주요 고객이 유럽뿐이지만 향후에는 이 물량을 언제든지 아시아로 돌릴 수 있다는 얘기이다.

▌표 9▌ 천연가스 국가 카르텔 참여 예상 국가

국 가	입 장
러시아	카르텔 설립 주도
알제리	카르텔 참여와 창설에 적극적
리비아	카르텔 참여 고려중
카타르	카르텔 참여에 거부감
이 란	카르텔 참여 고려중
카자흐스탄등 중앙아시아 4개국	카르텔 참여 고려중
노르웨이	카르텔 참여하지 않을 전망

4. 대외원조 경쟁[4)]

2006년 11월 3일 제3회 중국-아프리카 합작 포럼에 참가하기 위해 아프리카 53개국 중 48개국 3,000여 명의 각국 대표단과 취재진이 베이징에 몰려들었다. 중국은 이 행사에서 아프리카에 커다란 경제 선물을 안겨줬다. 만기가 도래한 차관과 채무를 전액 면제해 주기로 했고, 2009년까지 아프리카에 대한 원조를 올해의 두 배 규모로 늘리기로 약속했다. 이제 국제원조는 단순한 후진국 지원책이 아니다. 시장개척과 자원확보 등을 염두에 두고 철저한 계산하에 전략적으로 이루어지고 있는 국가 사업으로 서방 선진국뿐 아니라, 중국, 일본 등 경쟁국가들에 이르기까지 각국의 원조경쟁은 이미 시작되었다.

1) 빠르게 성장하고 있는 아시아 시장의 유혹

세계 문화유산으로 지정된 앙코르와트(Angkor Wat)는 캄보디아의 정신을 담고 있는 사원이다. 이 사원은 아이러니하게도 중국, 프랑스, 영국, 독일, 일본 등 세계 14개국의 지원에 의해 유지, 보수되고 있다. 특히 일본은 지금까지 총 200억 원을 투자해 유엔 상임이사국 진출을 노리고 자국의 이미지 쇄신을 위해 무상으로 사원 복원작업에 참여하고 있다. 인도네시아는 아예 일본에 의해 움직인다고 할 수 있을 정도이다. 일본은 매년 10억 달러 이상씩 인도네시아에 막대한 원조자금을 지원하고 있다. 세계에서 가장 활발한 활화산 중 하나인 인도네시아 메라피 화산의 화산재와 범람을 막기 위한 수십 개의 방재 댐 건설도 유상원조를 통한 일본의 작품이다. 일본은 이 결과로 이미 1,400개 일본회사가 진출해 인도네시아를 거의 자국의 생산기지화 하고 있으며, 천연가스의 30%, 광물의 25%을 인도네시아로부터 안정적으로 공급받고 있다. 또한 중국은 인구 2억이 넘는 인도네시아에 진출하기 위해 두 섬을 잇는 5.4Km의 연육교를 수라바야에 건설 중이다. 연평균 성장률이 7%인 베트남도 세계 각국들이 치열한 원조 전쟁을 벌이고 있는 곳이다. 일본은 베트남의 세계문화유산

4) KBS, KBS 스페셜, 2006년 11월 19일자 방영 자료에서 정리

인 하롱베이를 잇는 다리와 사이공 강을 가로지르는 해저터널을 건설 중이다. 한편 중국은 2005년 11월 후진타오 국가주석이 직접 베트남을 방문해 7,500만 달러의 지원을 약속했다. 사실, 중국은 세계에서 원조 수혜를 가장 많이 받는 개도국이면서도, 자원과 시장 확보를 위해 대규모의 원조를 다른 개도국에 공여하고 있는 것이다.

2) 에너지 먹는 하마, 중국의 진출

에너지 문제로 고민하는 많은 나라들이 아프리카로 몰려들고 있다. 그 중에서도 탄자니아는 동아프리카 외교적 거점이며 금, 다이아몬드 등 광물자원이 풍부하고, 세계적 관광지인 세렝게티를 통한 관광수입이 엄청나다. 중국, 일본도 이를 놓칠 리 없다. 중국은 69명의 희생으로 탄자니아와 잠비아를 있는 1,800km짜리 TAZARA철도를 원조자금으로 건설해 주었다. 덕분에 중국은 현재 탄자니아 건설공사의 50%를 담당하고 있으며, 서민경제의 70~80%를 중국제품이 점유하고 있다. 한편, 오랫동안 지속된 내전으로 황폐해진 앙골라는, 100억 배럴로 추정되는 석유와 다이아몬드 등 엄청난 양의 자원을 보유하고 있는 자원부국이다. 따라서 세계 각국이 앙골라 도시재건을 빌미로 원조에 참여해 자원확보 경쟁을 벌이고 있다. 중국은 석유와 가스의 26%를 아프리카에 의존하고 있고 2000년부터 매년 차이나 아프리카 경제포럼을 개최하며 아프리카에 선심외교를 활발히 벌이고 있다. 앙골라에게 30억 달러 차관을 제공, 향후 3년간 100억 달러의 차관 공여를 약속하는 등 공격적으로 아프리카 원조활동을 벌이고 있어 그 대가로 중국은 이미 앙골라의 석유개발권을 단독 확보했다.

3) 한국의 원조전략

현재 우리나라의 원조 상황은 세계 12위의 경제규모에 비해 국민총소득(GNI)의 0.06% 수준으로 선진국의 약 1/4에 불과한 실정이다. 우리나라는 대외협력기금인 EDCF(Economic Development Cooperation Fund 아시아 시장에서 활발히 원조활동을 펼치고 있다. 인도네시아에선 수라바야 병원에 MRI, X-ray 장비, 초음파 진단기를 공급 하는 등 최근 5년간 9,000만 달러의 유상원조 자금을 지원했다. 우리나라가 지난 5년간 1조 3,200만 달러의 유상원조 자금을 지원한 최대 원조 수혜국 베트남에는 백신공장을 설립해 어린이들을 위한 무료백신 공급을 가능하게 했으며, 상수도처리 시설 지원으로 식수 공급을 원활히 했다. 한편, 캄보디아에서는 2002년 1차 행전전산망 사업을 성공적으로 이루어, 2차 사업에 대한 요청을 받고 계획을 검토 중이다. 이처럼, 우리나라 이제 시장개척과 자원확보를 위해 전략적으로 대외원조에 참여해야 한다.

지구온난화와 경제

최근 유엔 산하 싱크탱크인 IPCC(기후 변화에 관한 정부간 협의체)가 발표한 보고서에 따르면 지난 100년간 지구 표면온도는 섭씨 0.74도 상승했다. 그다지 심각하지 않은 수치로 보일 수 있다. 하지만 기온이 1도 상승하면 안데스 산맥의 작은 빙하가 녹아버리고 매년 약 30만 명이 질병으로 사망할 것이라는 연구 결과를 보면 생각이 달라질 것이다. 지구온난화 원인은 복합적이지만 인류가 뿜어낸 이산화탄소 등 공해물질이 대기중에 증가하고 있는 것이 주요 원인으로 지목되고 있다. 대기중 이산화탄소는 태양열이 우주로 방사되는 것을 막음으로써 지구 온도를 상승시킨다. 이것이 '온실효과'다. 특히 산업혁명 이후 이산화탄소 배출량이 많은 석탄 석유 등 화석연료 사용이 급증하면서 기온 상승이 가속됐다. 이러한 지구온난화를 그대로 방치하면 인류는 경제적으로 큰 위협에 직면하게 된다. 첫째, 기상재해 빈발이다. 지구 평균기온 상승은 태풍 홍수 가뭄 혹서 등 기상이변 빈도를 증가시키고 있다. 역사상 가장 더운 여름은 대부분 1980년대 이후 기록되고 있으며, 겨울은 따뜻해졌고 홍수와 허리케인 빈도와 강도는 급격히 높아지고 있다. 90년대 기상재해로 인한 세계 전체의 경제적 피해 규모는 4,000억 달러 수준. 80년대에 비해 무려 7~8배나 증가했다.

둘째, 농업과 식량 생산에 미치는 타격이다. 농업은 전통적으로 기상에 가장 민감한 업종으로 기상이변은 곡물 생산에 피해를 주고 농산물 시장을 교란시킨다. 지구온난화에 따라 중위도 지역 기후대와 농업 경작지가 수십 년 후에는 150~550㎞ 북쪽으로 이동할 것으로 전망된다. 강수량 변화와 기온 상승으로 인해 곡물 생산량과 경작 가능한 농작물 종류 등이 영향을 받는다. 해수면 상승으로 어장, 양식업, 저지대 농업 등 식량생산 보고들이 피해를 입게 된다. 전문가들은 특히 중국을 걱정한다. 농업피해가 크면 수억 명에 이르는 난민이 발생할 가능성도 배제할 수 없기 때문이다.

셋째, 경제와 기업 활동 위축이다. 지구온난화가 심화되고 기상이변이 빈번해지면 경제적 부담이 커지고 기업은 품질 유지 등에 애로를 겪게 된다. 국가경제 측면에서 보면 에너지와 재해 관련 재정지출이 늘어나 그만큼 생산적인 부문에 대한 투자가 감소하게 된다. 기업으로서는 수요 변동 리스크도 증가한다. 가전 패션 식음료 등은 계절상품이 많아서 기상이변이 생산기획, 재고관리, 판매 등에 큰 영향을 미치게 된다. 최근 봄과 가을이 짧아지고 겨울 기온이 올라가면서 봄·가을 의류 판매 기간이 줄어들고 겨울의류는 방한용에서 패션 위주로 변화하게 되었다. 모피, 오리털 파카, 가죽의류 등은 판매가 위축되게 된다. 섬유 등 제조업은 품질관리가 어려워지고 재해 예방과 대처에 드는 비용이 증가한다. 세계 각국이 온실가스 감축을 위해 공동으로 노력하지 않으면 21세기 인류사회는 심각한 위기 국면에 처할 수도 있다. 하지만 지구온난화를 방지하기 위한 길을 모색하기란 쉽지 않다.

세계 각국이 지구온난화 위협에 나름대로 공감하면서도 이를 방지하기 위한 공동 대책에 소극적이고 합의가 잘 이루어지지 않는 이유는 첫째, 지구온난화에 따른 위험은 장기적이고 불확실한 반면 이를 방지하는 데 따르는 단기 손실은 명백하기 때문이다. 둘째, 기후 변화가 모든 지역과 국가에서 비슷한 정도로 재난을 야기하는 것이 아니라는 점도 합의를 어렵게 하는 또 다른 이유다. 일례로 도서 국가들은 지구온난화가 진행됐을 때 해수면 상승으로 국토 일부가 물에 잠기게 되는 생존에 직결되는 재앙에 직면한다. 반면 러시아와 같이 지구온난화로 이익을 보는 국가도 있다. 동토가 녹으면 작물 재배가능 기간이 늘어나고 국가경제 버팀목이 되고 있는 석유 생산 비용도 줄어든다.

셋째, 지구온난화를 방지하기 위한 사회 경제적 비용에도 국가별로 현격한 차이가 존재한다. 미국은 온실가스를 줄이는 데 필요한 막대한 비용과 이로 인한 경제적 손실을 이유로 2002년 교토의정서에서 탈퇴를 표명하기에 이르렀다. 지구온난화에 대한 공동 대응은 지지부진하지만 온실가스 감축을 위한 인류의 행보는 이미 시작되고 있다. 선진국에 온실가스 감축 의무를 부여한 교토의정서는 미국 탈퇴, 러시아 극적 비준 등 우여곡절을 거치면서 2005년 2월 16일 체결 8년 만에 공식 발효되었다.

교토의정서 발효의 가장 큰 의미는 국제사회가 인류 역사상 처음으로 온실가스 배출을 규제함으로써 화석연료 소비구조에 근본적인 변화를 초래하게 되었다는 점이다. 선진국들은 2008년부터 2012년까지 1차 의무이행 기간에 온실가스 배출량을 1990년 대비 평균 5.2% 감축해야 한다. 또 당사국이 온실가스를 감축하는 데 따른 경제적 비용을 최소화하기 위해 배출권 거래 등 시장 메커니즘을 도입하게 되었다. 배출권 거래란 할당된 감축 목표를 초과 달성하거나 배출량에 여유가 있는 국가(또는 기업)가 감축 목표를 달성하지 못한 국가에 온실가스 배출권리를 팔 수 있게 한 것이다. 이미 유럽연합(EU)에서는 2005년 1월부터 기업간에 이산화탄소 배출권 거래시장(EU-ETS)을 운영하기 시작했다. 에너지를 많이 사용하는 사업장 1만 3,000여 개 시설에 대해 이산화탄소 배출 상한치가 부여되었고, 개별 발전소와 공장은 배출량에 따라 잉여분 또는 부족분만큼 배출권을 거래하고 있다.

최근 EU 배출권 거래시장에서는 이산화탄소가 t당 25유로 전후에 거래되고 있으며 배출권 거래 시장 규모는 향후 급속히 확대될 것으로 전망되고 있다. 탄소 배출권이 신종 에너지 상품으로 등장하고 있으며 이제 개별 기업들은 새로 부상하는 거대 탄소 배출권 시장을 둘러싼 경쟁에서 도태되지 않도록 온실가스 감축과 배출권 거래 노하우를 조속히 학습해야 할 시점이다.

〈김현진, 매일경제신문, 2007. 2. 9.〉

저개발국 원조, 무상지원보다 KSP가 더 낫다

정부가 2004년부터 개발도상국을 대상으로 시작한 지식공유프로그램(KSP·Knowledge Sharing Program) 사업은 우리나라의 경제발전 경험을 개발도상국과 후진국에 전수해 주는 것으로 지금까지 39개국에 450여 개의 정책자문을 했다.

KSP 사업과 함께 우리나라가 후진국을 지원하는 것으로는 공적개발원조(ODA)가 있다. 빈곤과 가난 퇴치, 질병과의 전쟁, 교육 등을 위해 후진국에 학교나 병원을 지어주고 도로 다리 등을 건설해 주는 사업이다. 예산은 2008년 8,900억 원에서 올해 2조 411억 원으로 증가했다. 2015년까지 3조 5,000억 원으로 늘리는 게 목표다.

그러나 지난해 기준으로 미국(305억 달러) 영국(137억 달러) 독일(131억 달러) 프랑스(120억 달러) 일본(105억 달러) 등과 비교하면 우리나라(16억 달러, 1조 9,000억 원)의 ODA규모는 새발의 피다. 다른 나라에 비해 규모가 너무 작아서 원조를 했다고 생색을 낼 수도 없을 정도다.

ODA 예산은 모두 세금으로 충당된다. 후진국을 돕는다는 취지는 좋지만 국민들은 대부분 '내 코가 석자'라는 분위기다. 기획재정부가 한국갤럽에 의뢰해 올해 1월 설문조사한 결과, 현재의 ODA 예산 수준(1조 9,000억 원)이 적당하다는 의견이 53.8%였고, 축소 혹은 중단해야 한다는 의견도 31.5%나 됐다. 우리나라의 경제상황이 좋지 않고, 국내 빈곤층도 많은데 해외에 원조할만큼 부유하지 않다는 이유에서다.

KSP 사업의 예산은 올해 257억 원이다. 예산은 적지만 원조효과는 매우 크다. 원조를 받는 입장에서는 얼마를 받았냐가 중요한 게 아니라 효과가 얼마나 컸느냐가 더 중요하다. 최소비용으로 최대효용을 누려야 한다는 경제학 개념을 들먹이지 않더라도 우리가 어디에 집중해야 하는지 알 수 있다. 선진국의 원조 방식을 그대로 쫓아가기보다 우리 식대로 해당국가에 가장 도움이 되는 원조를 하면 되는 것 아닌가.

〈정재형, 조선비즈, 2013. 6. 19.〉

바이오 에너지…석유중독 끊을 대안?

지구 온난화를 일으키는 화석연료의 대체에너지로 바이오에너지에 거는 기대가 점점 커지고 있다. 특히 각국 정부 지원 아래 바이오연료 사업에 뛰어드는 기업들이 잇따르고, 아프리카와 아시아 등 개도국도 새로운 성장전략으로 바이오연료 산업의 가능성을 모색하고 있다. 이에 대해 유엔 세계식량기구(FAO) 등이 바이오연료 붐이 최근 글로벌 식량 파동의 한 원인이 됐다고 주장하고 나서면서 바이오에너지는 국제사회의 뜨거운 논란거리로 떠오른 상태다.

미국은 석유중독을 해소하기 위해 바이오연료를 개발, 중동산 석유 수입을 향후 25%까지 줄이겠다고 표명할 만큼 이에 대한 관심이 매우 높다. 미 아르곤국립연구소는 미국의 에탄올 생산량이 2001년 17억 7,000만 갤런에서 2007년 65억 갤런으로 급증하여 이에 따른 온실가스 배출 감소 효과는 연간 1,000만t으로 자동차 150만 대를 줄인 것과 같은 것으로 분석됐다. 브라질은 사탕수수를 원료로 세계 2위의 바이오에탄올 생산국가로 부상했다. 브라질은 모든 가솔린 차량에 20~25%의 바이오에탄올이 혼합된 연료를 사용하도록 의무화하고 있으며, 생산량 20%에 이르는 연간 34억 ℓ 의 에탄올을 수출하고 있다. 중국은 곡물을 이용하지 않는 차세대 바이오연료를 생산을 위해 허베이와 장쑤 충칭 등에서 얌과 카사바, 고구마를 키워 에탄올연료로 활용할 방침이다. 우간다는 카사바를 이용한 바이오연료 연구에 2년간 9억 4,000만 달러를 투자키로 했다. 또한 미얀마는 벨기에 국토 면적과 맞먹는 농지를 바이오연료 원료인 자트로파 경작에 활용하겠다는 야심찬 계획을 수립하였다.

바이오에너지는 친환경에너지로 기업 이미지를 높이고 온실가스를 줄일 수 있기 때문에 유가 급등에 큰 타격을 받고 있는 자동차와 항공업계는 생존전략 차원에서 접근하고 있다. 국제에너지기구(IEA)는 지난 달 13일 올해 세계 바이오연료 생산이 하루 150만 배럴로 지난해보다 42만 5,000만 배럴(57%) 급증할 것으로 전망했다. IEA는 바이오연료가 없었다면 2005년 이후 세계는 하루 100만 배럴의 원유를 더 필요로 했을 것이라고 평가했다. 미국은 에탄올 생산에 쓰이는 옥수수 양이 최근 2년 새 두 배로 늘어난 131억 부셸에 이르렀다. 즉 미국에서 생산된 옥수수 22%가 에탄올 70억 갤런을 만드는 데 쓰인 셈이다. 따라서 옥수수값은 2005년에 비해 두 배로 뛰어 부셸당 5.78달러로 상승하였으며, 그 결과 콘 플레이크 한 박스에 2센트, 옥수수 사료를 먹인 소의 우유 한 갤런에는 11센트의 추가 부담으로 작용하였다.

〈김유미, 한국경제신문, 2008. 6. 2.〉

아이 러브 아프리카: 중·일 질주, 한국은 제자리걸음

머나먼 아프리카 땅에서 한·중·일 3국의 자원 삼국지가 벌어지고 있는 것이다. 중국은 이미 2006년 후진타오(胡錦濤) 국가주석과 원자바오(溫家寶) 총리가 아프리카 16개국을 순방하면서 자원 외교전의 문을 열었다. 또 같은 해 11월 아프리카 48개국 정상을 베이징으로 초청, 중국·아프리카 개발 포럼을 열고 개발기금과 특혜 차관, 무상 원조 등 총 90억 달러 규모의 선물보따리를 풀어 놓으면서 아프리카의 후원자를 자처하고 나섰다. 심지어 국부(國富)펀드인 중국투자공사가 직접 아프리카 경제 개발에 투자하는 아프리카 펀드도 조성했다.

중국에 선수를 뺏긴 일본은 지난해 10월 과학기술 협력과 원조자금(ODA)을 앞세운 아프리카 자원 외교 전략을 발표하고, 아프리카에 대한 엔화 차관을 개시했다. 이전까지만 해도 일본은 '채무변제 능력이 떨어진다'며 아프리카에 대한 차관을 거부해왔지만, 180도 달라진 것이다.

중국과 일본은 이미 짭짤한 성과를 거두고 있다. 중국은 수단·알제리·나이지리아·앙골라 등에서 유전을 개발, 연간 3,000만t 이상의 원유를 가져오고 있고, 남아공과 콩고민주공화국·짐바브웨·잠비아 등에서 구리(4만t), 크롬(30만t), 백금, 금 광산 등을 확보했다. 일본은 남아공에서 철, 크롬(53만t), 망간(170만t)을, 또 나이지리아에서 우라늄(1,800t), 마다가스카르에서 니켈 사업권을 따냈다. 뒤늦게 뛰어든 한국은 2006년 이후 나이지리아·알제리의 석유 자원개발권을 확보하고, 짐바브웨의 크롬, 잠비아의 구리와 우라늄, 남아공의 망간 자원 채굴권을 따왔지만, 중국·일본의 성과에 비하면 새 발의 피에 불과하다. 코아정보기술과 KCD홀딩스가 콩고민주공화국의 전력 프로젝트에 참가해 3조 2,000억 원 규모의 공사비를 우라늄·코발트·구리로 받아오기로 한 것이 그나마 최근의 성과다. 무엇보다 아프리카에 대한 '전략적 관심'이 적었던 것이 문제다. 한국의 해외 투자·무역량 중 아프리카 비중은 2% 내외에 불과하다. 정부의 해외자원개발투자액 역시 일본의 6분의 1, 중국의 20분의 1 수준이다.

〈정철환, 조선일보, 2008. 3. 13.〉

참고문헌

LG경제연구원, 글로벌 자원위기의 의미와 영향, 2008.5.14.
KBS, KBS 스페셜, 2006.11.19.
KIEP, 세계무역 문화의 구조적 요인분석과 정책 시사점, 연구보고서 17-08, 2017.
LG경제연구원, LG주간경제 제114호, 2003, 제672호, 제671호 2002와 제735호, 2003년 7월, 824호, 2005.3.18.
LG경제연구원, World Report 제86호, 2003.
LG경제연구원, 2019년 국내외 경제전망, 2018.
강수돌(역), 세계화의 덫, 영림카디널, 1998.
김경환 · 김종석(역), 맨큐의 경제학, 교보문고, 1999.
김광희(역), 세계경제삼국지, 나남, 1990.
김상경 · 최기억, 환유, 제대로 알면 진짜 돈 된다, 거름, 1999.
김세원, 무역정책, 무역경영사, 1988.
김시담, 통화금융론, 박영사, 2004.
김진구(역), 할머니는 어떻게 세계를 지배하는가, 바다출판사, 1998.
김창현, LG주간경제, LG경제연구원, 735호, 2003.7.9.
대외경제정책연구원, 세계경제동향, 2004년 1월.
대한상공회의소, 국제경제의 원리와 구조, 알기쉬운 경제시리즈 No.5, 1983.
매일경제지식 프로젝트팀편, 지식혁명보고서, 매일경제신문사, 1998.
박래정 외 2인, 불확실성 걷히기 시작한 인도경제, 엘지경제연구원, 2018.7.10.
박수혁, 국제경제기구, 매일경제신문사, 매경문고35, 1986.
배기형, 세계경제의 블록화와 한국의 선택, 문음사, 1993.
삼성경제연구소, 2008년 세계경제 전망, 2007.12.24.
____________, 2008년 주목해야 할 글로벌 경제의 뉴 트렌드, 2007.12.31.
삼성경제연구소편, IMF와 한국경제, 삼성경제연구소, 1997.12.
설송이, 미국 통상법의 주요 내용과 시사점, 한국무역협회, 통상리포트, Vol.18, 2018.
시사IN, 2018.11.8.
안충영, 현대 한국 · 동아시아 경제론, 박영사, 2001.

오상준, M&A의 유혹과 함정, LG경제연구원, 2008.4.21.
이상균·윤성훈, 중남미환란, 왜 반복되나, 국제경제조사연구소, 1994.
이승민 외 2인, 2018 글로벌 트렌드, 한국전자연구원, Insight Report 2018-03.
이지평, 산업공동화 어떻게 대처할 것인가, LG경제연구원, 2003.11.12.
주명건, 경제학원론, 박영사.
주명건, 자유무역과 국제경제전략, 상공회의소, 1984.
진석용, 국부펀드가 몰려온다, LG경제연구원, 2007.11.14.
진정미(역), 중국경제의 야망, 매일경제신문사, 1996.
코인리더스, 2017.11.29.
한국수출입은행, 수운경제, 2004년 6월호.
____________, BRICs 국가현황 및 우리의 진출방안, 특별조사자료 2004-1, 2004.1.
____________, ECA·국제기구편람, 2004.
한국은행, 국제금융기구가 하는 일, 2005.3.
____________, 국제금융기구협정문집, 1987.
____________, 알기쉬운 경제지표해설, 1995.
____________, 우리나라의 금융시장, 2001.
현대경제연구원, 2018년 글로벌 10대트렌드, 경제주평 17-50, 2017.12.
홍갑수, 환율상식, 매일경제신문사, 매경문고53, 1990.

찾아보기

공저자 소개

배 기 형

현) 세종대학교 경제통상학과 교수
저서) 문화경제의 이해(도서출판 두남)
생활속의 경제학(도서출판 두남)

배 영 순(裴英順)

현) 세종대학교 경제통상학과 초빙교수
논문) 중국 애니메이션 산업의 수출 증대 방안에 관한 연구 - 한국, 중국, 일본을 중심으로 (한국콘텐츠학회)

단 지 위(段智偉)

현) 세종대학교 경제통상학과 석박사통합과정
세종대학교 항공산업연구소 연구원

알기 쉬운 세계경제 – 개정판

초 판 1쇄 발행 —— 2013년 8월 25일
개정판 1쇄 발행 —— 2019년 2월 25일
지은이 —— 배 기 형 · 배 영 순 · 단 지 위
펴낸이 —— 전 두 표
펴낸곳 —— 도서출판 두남
서울시 강동구 성내로6길 34-16 두남빌딩
신 고 : 제25100-1988-9호
TEL : 02) 478-2065~7, 2311
FAX : 02) 478-2068
E-mail : dunam1@unitel.co.kr
http://www.dunam.co.kr

정가 20,000원

ISBN 978-89-6414-839-6 93320